L'ART DE RACONTER JÉSUS CHRIST

Ouvrages du même auteur

Colossiens 1,15-20 : Genre et exégèse du texte
Fonction de la thématique sapientielle
Rome, 1981

Approche poétique et théologique des Psaumes
en collaboration avec J. Trublet
Éditions du Cerf, 1983
(épuisé)

Le Monde contemporain et la Bible
collectif, sous la responsabilité de
Claude Savart et Jean-Noël Aletti
Beauchesne, 1985

JEAN-NOËL ALETTI, S.J.

L'ART DE RACONTER JÉSUS CHRIST

L'écriture narrative de l'évangile de Luc

Parole de Dieu

ÉDITIONS DU SEUIL
*27, rue Jacob, Paris VIe*

ISBN 2-02-010929-8

Imprimi potest : Rome, 12 janvier 1989,
Albert Vanhoye, S.J., recteur de l'Institut biblique pontifical.

Introduction

L'évangile de Luc : un récit suivi ?

Mon approche du IIIe évangile, qui sera *narrative*, n'a de sens que si elle s'applique à un récit suivi. Or les travaux contemporains ont très justement soulevé la question de l'opportunité et de la pertinence d'une telle approche, car l'organisation discursive du texte lucanien ne semble ni homogène ni totale. L'évangile se présente-t-il comme un récit vraiment unifié, et Luc, qu'on tient pour le rédacteur du texte actuel, est-il plus qu'un simple compilateur ? Une certaine confiance en la maîtrise narrative de l'auteur reste évidemment nécessaire au début de l'itinéraire. Seuls les résultats montreront le bien-fondé d'une telle entreprise.

Un modèle narratif ?

Cette première difficulté en entraîne une autre : les résultats de l'approche narrative sont-ils plus déterminants que ceux de l'étude de l'histoire de la tradition et de la rédaction ? Il n'est pas question de rejeter ces analyses qui essaient de déterminer l'origine d'une tradition mais aussi l'originalité du vocabulaire et de la pensée des auteurs respectifs, par comparaison avec l'usage d'une époque et d'autres cultures. Certes, l'approche narrative compare aussi un récit avec ceux de son temps [1]. Mais les comparaisons portent alors sur la consistance des acteurs, le type d'intrigue ou de perspective, le choix des épisodes, la scansion des événements. Personnages, espace et temps sont les moyens

1. Cf. surtout C.H. Talbert, *Literary Patterns, Theological Themes, and the Genre of Luke-Acts*, Missoula, Montana, 1974.

privilégiés par lesquels on entre dans un récit. Et nous verrons comment la prise en compte de la nature narrative d'un texte évangélique permet d'affiner les résultats des études exégétiques sur l'histoire de la rédaction.

Quel modèle ?

La difficulté rebondit toutefois : s'il est vrai que la narratologie emprunte ses concepts à la littérature romanesque ou fictive, de beaucoup postérieure à Luc, quelle peut être la pertinence d'une lecture utilisant les catégories d'un Genette ou d'un Chatman ? Ne faut-il pas plutôt chercher parmi les modèles littéraires de l'époque suivis par notre auteur, qu'ils soient de type chiastique, rhétorique ou autre [2] ? Certes, ces modèles, nous le verrons, ont leur utilité. Mais l'objection n'est pas totalement pertinente, car les modèles littéraires sont des formes de l'expression [3] et ne déterminent pas la forme du contenu [4], qui est l'objet de la présente étude. Or, à ce niveau, les catégories élaborées par l'approche narrative sont précieuses et ne déterminent pas *a priori* les résultats de la recherche : on aurait donc tort de se priver de leur aide.

Pourquoi Luc ?

Si j'ai choisi Luc plutôt que Marc ou Jean, c'est qu'à la différence des autres évangiles une conception du récit s'y dessine, même si elle n'est pas exprimée de manière théorique. L'analyse de la préface (Lc 1,1-4) permettra d'entrer dans les principes de la narrativité lucanienne.

L'évangile et les Actes des Apôtres forment un diptyque et le récit ne s'arrête pas en Lc 24 ; en termes techniques : l'évangile est un récit *ouvert*. Ne pas continuer les analyses jusqu'à la fin

2. Cf., dans la bibliographie, les travaux de T.L. Brodie, R. Meynet, B. Standaert.

3. Il y a des chiasmes dans des textes de genres littéraires différents ; de même les grands discours grecs et romains obéissent aux mêmes règles rhétoriques. Mettre en évidence un chiasme ou une *dispositio* ne va pas plus loin que de dire d'un poème que c'est un sonnet. Une fois déterminée une structure littéraire, il importe de voir comment l'auteur l'a utilisée à ses fins, autrement dit comment il a réduit l'écart entre forme de l'expression et forme du contenu.

4. Composantes sémantiques articulées originalement par chaque texte : acteurs, transformations, espace, temps, valeurs, etc.

du deuxième volet (Ac) comporte évidemment une part de risque. Car les signes d'ouverture sont nombreux : de l'un à l'autre livre se donne à lire une théorie de la propagation de l'Évangile, de la relation entre Jésus et ses disciples [5], du rapport au temps de la fin...

L'évangile présente pourtant des signes de fermeture qui autorisent une analyse séparée : au niveau formel, par la présence d'un nouveau prologue au début d'Ac (qui suppose donc la fermeture de Lc et son unité) et par le prologue même du IIIe évangile (Lc 1,1-4). L'analyse narrative découvrira d'autres indices de fermeture confirmant le bien-fondé du champ d'analyse.

Quel type d'approche ?

Parler d'approche narrative ne dit rien sur la méthode et ses procédures. Il y a tant d'écoles !

Narratologie ou sémiotique ? L'intérêt et l'apport de la sémiotique ne sont plus à discuter, et je l'utiliserai, non sans l'avoir dépoussiérée d'un vocabulaire abscons pour la plupart des lecteurs. La visée de la narratologie est par définition plus restreinte [6]. Mais l'approche est la même : l'une et l'autre tentent de dégager la forme du contenu. Certes des différences existent, spécialement au niveau du vocabulaire [7], mais elles ne me semblent pas abyssales.

Approche narrative ou analyse structurelle ? Ici en revanche les différences sont plus importantes. Même si dans l'un et l'autre cas l'analyste cherche à déterminer la structure organique d'un passage [8], les correspondances ne sont pas de même niveau. L'analyse structurelle en reste à la forme de l'expression, et les structures dégagées ne sont qu'un symptôme de l'organisation

5. Jésus est présent au milieu et agit par l'Esprit envoyé, de sorte qu'ils refont les mêmes signes et qu'au nom de Jésus la rémission des péchés est accordée.

6. La sémiotique ne se limite pas à l'étude des récits. Toute espèce de texte peut faire l'objet d'une approche sémiotique.

7. Ainsi, les sémioticiens évitent soigneusement le terme « personnage » et lui préfèrent « acteur », ils ne parlent jamais d'intrigue...

8. Pour les grandes divisions de l'évangile, au lieu de m'exténuer à prouver les découpages, fondés sur la forme de l'expression et sur la forme du contenu, j'ai procédé de manière pragmatique : les divisions se vérifieront par les analyses.

du sens ; elles ne dispensent pas d'une analyse de la forme du contenu, ce qui est justement le but de l'approche narrative (sémiotique ou non).

Mais il ne suffit pas de choisir l'approche narrative pour être tiré d'affaire. Les écoles sont encore nombreuses, et les batailles font rage, spécialement outre-Atlantique. Comment ne pas être prisonnier de lobbies, applaudi par les uns et rejeté par les autres ? J'ai tâché de garder une position moyenne. Sans avoir la prétention d'innover ni de faire avancer de façon décisive les questions théoriques, j'ai préféré entrer dans l'analyse concrète des textes lucaniens, afin de montrer l'utilité de ce genre d'approche pour la connaissance de l'évangile, aux niveaux *formel* (composition ; style ; type de narration ; techniques narratives), *historique* (Luc en son temps, c'est-à-dire en contact avec une littérature et des techniques données) et *théologique* (l'analyse narrative permet de préciser certains points discutés).

Est-il besoin de souligner que je reste exégète et que l'exégèse est un *art* où il faut jouer avec tous les instruments mis à notre disposition ? Tout comme le gymnaste qui ne peut oublier les lois de la pesanteur mais sait jouer avec, le bon exégète ne fait pas fi des contraintes, il les utilise originalement et mieux ; il doit surtout être cultivé, sans pour autant faire œuvre de cuistre. Je me refuse donc à considérer le récit lucanien comme un espace clos sur lui-même, séparé de ce qui l'a fait naître et de ce dont il témoigne. L'emploi systématique d'une seule méthode a ses avantages, mais ceux qui ne voient que par elle donnent souvent l'impression d'être de nouveaux gnostiques : l'arrogance peut cacher de grandes peurs ou des ignorances crasses [9]. Un récit qui renvoie aux événements du salut ne peut pas ne pas devenir lui-même parole de salut (témoignage contagieux, kérygmatique) : ne pas l'envisager comme tel, c'est tout simplement nier son identité profonde et s'interdire de le comprendre.

Questions de vocabulaire

Les spécialistes du récit rappellent qu'il ne faut pas confondre auteur et narrateur. Il est vrai que notre littérature contempo-

9. Ces remarques étant faites, je m'abstiendrai de toute polémique au cours des analyses.

raine, française en particulier, nous a appris à éviter les identifications hâtives. Ce n'est pas parce que le narrateur d'*Au plaisir de Dieu* ou du *Vent du soir* parle à la première personne qu'il faut automatiquement le confondre avec Jean d'Ormesson.

Il m'a donc semblé utile de prendre quelques précautions, pour éviter les critiques inutiles : si j'appelle notre narrateur *Luc*, ce n'est pas parce que je le confonds avec l'auteur du IIIe évangile, quel qu'il soit, mais seulement pour éviter de répéter indéfiniment le terme « narrateur » ; même remarque pour des mots comme « personnage », « intrigue », etc., qui n'ont pas très bonne presse actuellement. Souhaitons que le *lexique* en fin de volume tranquillise les uns et éclaire les autres.

La méthode

Par rapport aux études existantes sur la narrativité évangélique (Culpepper pour Jean), en particulier lucanienne (Talbert, Tannehill), comment situer la présente étude ? Sans nier l'intérêt des précédentes, j'ai évité de rester méthodologiquement prisonnier (comme Culpepper) des catégories contemporaines en les présentant l'une après l'autre à chacune des étapes de l'analyse narrative : 1) les personnages (Jésus, les disciples, les opposants, etc.), 2) l'intrigue, avec une présentation des différentes opinions sur la pertinence de ce concept, 3) le point de vue, toujours avec les discussions afférentes (Genette, Frye, Chatman, Uspensky, Iser, etc.), 4) les catégories temporelles (prolepses et analepses), 5) les déplacements.

Dans les analyses de péricopes, mon parcours reprendra certaines de ces étapes, mais sans renvois aux théories contemporaines. Supposant le lecteur plus ou moins familier avec ces théories sur le récit, je mettrai plutôt en valeur les techniques lucaniennes. Eu égard à la composante narrative (ainsi appelée par les sémioticiens), il m'arrivera également de faire l'analyse des séquences et des rôles actantiels, sans toutefois utiliser un vocabulaire inutilement abstrus.

Concrètement, on trouvera, parfois avec des omissions ou dans un ordre différent de celui exposé maintenant, les diverses étapes de l'analyse narrative utilisée pour les péricopes lucaniennes :

1) Les transformations et rôles actantiels :
   les séquences narratives ;
   les modalités.
2) Les personnages dans l'espace et le temps :
   prolepses et analepses ; temps du récit ;
   analepses bibliques ;
   la perspective et le type de récit.
3) Les passages en leur contexte narratif.

Seulement un mot sur la littérature consultée : j'ai voulu éviter l'érudition, citant les ouvrages non directement narratifs de manière globale. Sur de multiples points, je suis redevable au commentaire de J.A. Fitzmyer ; pour l'état de la recherche le travail de F. Bovon, *Luc le théologien*, me fut également très utile.

Morceaux choisis

Quelques péricopes de la triple et double tradition seront présentées et la lecture synoptique évoquée (la parabole du roi ou des mines [10] : 19,12-27 au ch. VI). Malgré tout je prendrai de préférence des passages propres à Lc, dans la mesure où s'y donnent à lire les grandes lignes de son interprétation et de ses techniques narratives. Ainsi, le premier épisode des évangiles dits « de l'enfance » (1,5-25 ; ch. III), le discours de Jésus à Nazareth (4,16-30 ; ch. II) ; deux récits de miracle (7,11-17 au ch. IV ; 13,10-17 au ch. V) ; des scènes de la passion-mort (en particulier la comparution de Jésus devant Pilate et Hérode, au ch. VII) et une des apparitions du Ressuscité (24,13-33 ; ch. VIII).

Les échantillons seront donc diversifiés : l'un ou l'autre épisode commun à la double ou triple tradition permettra de voir comment Luc traite narrativement le matériau reçu ; les passages propres

10. Je désirais présenter une parabole appartenant à Lc 13,22–17,10, sous-section très structurée aux niveaux de la forme de l'expression (chiastique) et du contenu. Mais la parabole du père et des deux fils (Lc 15) a été commentée tant de fois, même à l'aide de l'analyse narrative, que je me suis refusé à l'imposer encore au lecteur. Et Lc 16,19-31 (le riche et Lazare), où le génie narratif de Luc atteint les sommets, aurait exigé une analyse tellement longue que l'équilibre entre chapitres en aurait été détruit. Je me suis donc « rabattu » sur la parabole du roi (19,12–27), qui s'accorde avec la section du voyage (9,51–19,44) et souligne son unité.

à Luc aideront à déterminer l'originalité du donné narratif lucanien.

Ce livre n'est toutefois pas une suite d'analyses narratives de péricopes, sans autre lien entre elles que la méthode, pas plus qu'il ne suit les divisions formelles des ouvrages de narratologie (cf. Genette, Chatman, etc.) [11]. J'ai tâché de combiner les deux manières de faire, et en plusieurs chapitres on trouvera une alternance entre synthèse et analyse :

a) présentation de quelques techniques ou principes lucaniens ;
b) analyse d'un passage, considéré comme typique, pour préciser et vérifier les affirmations précédentes (en tout, neuf péricopes) ;
c) retour à la théorie, permis cette fois par l'analyse.

Le texte des différents épisodes présentés n'a pas été placé avant ou en regard des analyses : ai-je eu tort de penser que mon lecteur aurait à portée de la main une Bible, pour suivre le texte en même temps que mes analyses ?

Le commencement et la fin

Aucun commencement n'échappe à l'arbitraire. Mais puisque le IIIe évangile se présente comme un récit suivi, pourquoi ne pas respecter son déroulement, de l'*incipit* (Lc 1,1-4), qui instaure les relations entre auteur et lecteur, narrateur et narrataire, ou de la première péricope, l'annonce à Zacharie (Lc 1,5-25), à la dernière (Lc 24,50-53) ?

Il est vrai que les diverses transformations qui caractérisent tout récit ne sont en général interprétables que si l'on prend la peine de les observer continûment, en s'appuyant d'ailleurs sur une loi, souvent vérifiée, qui veut qu'un récit commence par une situation de manque, voire de perte, en tout cas négative [12], et finisse, positivement, par un rétablissement des valeurs [13]. Si j'ai

11. Les chapitres de ces manuels de narratologie commencent par les instances narratives (récit et histoire, ordonnance du récit, sa vitesse, la distance et la focalisation, le temps, l'espace...) et finissent avec les instances extra-narratives (auteur, lecteur). Si cette disposition se conçoit pour un manuel, elle devient indigeste lorsqu'elle est appliquée telle quelle (cf. Culpepper) pour l'étude d'un récit concret.

12. Ce que les sémioticiens appellent les « contenus inversés ».

13. Ce qui, toujours en sémiotique, se nomme « contenu(s) posé(s) ».

décidé de commencer notre parcours avec Lc 19,1-10, c'est avant tout pour des raisons pratiques et méthodologiques : outre sa brièveté, le passage permet de repérer quelques-uns des procédés narratifs majeurs de Luc et de présenter les étapes de ma propre analyse. Tous ceux qui sont familiers avec le IIIe évangile pourraient également objecter que cette péricope est déjà suffisamment sollicitée dans la catéchèse, durant les retraites et les célébrations pénitentielles, pour que nous n'ayons pas, une fois encore, à rabâcher des poncifs. Mais ne vaut-il pas justement la peine de confronter les différentes méthodes, de vérifier ainsi des positions considérées comme acquises et, en même temps, de faire entrevoir l'originalité de l'approche narrative ?

Et si je finis avec la préface de l'évangile (1,1-4), ce n'est pas pour le plaisir du paradoxe, mais parce que cet *incipit*, qui donne quelques-unes des clés du récit, présente des difficultés de tous ordres, surmontables uniquement après un parcours à travers l'évangile.

Quant à mon écriture, on ne s'étonnera pas de la voir épouser la technique narrative de Luc : les problèmes seront traités progressivement, par reprises – ce qui ne veut pas dire par *répétitions* – successives.

Occasion du livre

Ce livre n'est pas né du désir d'exploiter une approche qui est au goût du jour – pour des raisons d'ailleurs tout à fait compréhensibles : j'en reparlerai dans ma conclusion.

Plus que la recherche contemporaine, c'est l'enseignement (cours et sessions bibliques) qui m'a convaincu de la nécessité de livrer certains instruments d'analyse, car nombreux sont ceux et celles qui ne savent même pas repérer les techniques narratives d'un auteur, ancien, moderne ou contemporain. Aider chacun à entrer par lui-même dans la sobre beauté d'un récit évangélique m'a toujours semblé un devoir, une urgence.

Mais l'élan décisif me fut donné par la joie de lire, laquelle est en général communicative. J'espère seulement que le lecteur de ce livre découvrira le génie du narrateur lucanien et aura le désir de relire à son tour un récit inspiré s'il en est.

Mes remerciements vont à X. Léon-Dufour, maître et ami, ainsi qu'à Renza Arrighi : le soin avec lequel ils ont suivi la rédaction de ces pages, leurs remarques et leurs propositions ont sans aucun doute rendu mon écriture plus facile et intelligible.

CHAPITRE I

Lc 19,1-10 : voir et être vu. L'enjeu d'une rencontre

Comme l'a rappelé un critique et romancier contemporain [1], ce qui donne au récit toute son ampleur, c'est plus l'articulation des unités narratives que le brio du style, l'élégance de la phrase. Gageons que ce passage de Luc ne fera pas mentir un propos par ailleurs tant de fois vérifié.

1. Le découpage du texte et ses articulations

Les critères généralement utilisés pour déterminer les unités narratives sont de deux ordres, littéraire et sémantique [2] :

– critères littéraires : les modèles ou genres littéraires (ex. : parabole, proverbe, oracle, etc.), les compositions concentriques, en chiasme ou alternées ainsi que les inclusions, qui consistent en une répétition des mêmes mots au début et à la fin d'une même section ;
– critères sémantiques : l'entrée en scène ou la disparition des différents personnages, les unités d'espace et de temps ainsi que d'action et de discours.

1. U. Eco, dans ses *Postille* publiées à propos de son roman *Le Nom de la rose*.
2. En reprenant une distinction de Hjemslev, on dira que les indices littéraires de découpage relèvent de la « forme de l'expression » et les autres (sémantiques) de la « forme du contenu ». L'analyse structurelle, qui, pour les écrits bibliques et non bibliques, s'intéresse spécialement aux compositions concentriques, chiastiques ou alternées, en reste à la forme de l'expression, même si les modèles littéraires qu'elle met en évidence ont leur importance pour l'élaboration du sens.

Les exégètes combinent les deux types de critères, ce qui ne les empêche pas, évidemment, de privilégier les uns ou les autres, selon les cas. Mais il faut reconnaître leur complémentarité : ce n'est pas parce que les critères littéraires portent sur la forme de l'expression qu'il faut les négliger ou les omettre, d'autant que certains, comme l'inclusion, indiquent aussi la thématique d'une section ou d'une péricope et que d'autres, considérés comme littéraires, décrivent en réalité la forme du contenu – ainsi en est-il de toutes les procédures juridiques : dispute, procès, etc. Les critères retenus ne respectent pas toujours la distinction littéraire/sémantique ; au demeurant, cela n'implique pas qu'on doive les séparer ! Il faut cependant reconnaître que le seul fait d'avoir mis en évidence une composition concentrique, par exemple, ne dit absolument rien sur la façon dont on doit l'interpréter. Les lecteurs du récent roman de Gabriel Garcia Márquez, *L'Amour au temps du choléra*, ont sans doute noté que la composition d'ensemble est chiastique, puisque l'on part des événements plus récents (deux morts) pour retourner dans le lointain passé de certains personnages (la longue histoire d'un difficile amour entre un télégraphiste et celle qui va lui préférer le médecin dont on vient justement de raconter le décès), observer leur évolution et revenir, en fin de parcours, aux événements présents, qui suivent les deux morts :

a les deux morts ;
b histoire d'un amour qui précède ces événements ;
a' après les deux morts.

Mais pourquoi le récit commence-t-il avec la chronique du passé récent plutôt que de suivre, depuis sa naissance, c'est-à-dire depuis la première rencontre, l'amour, pour le moins tourmenté, des deux personnages dont nous venons de parler ? La réponse ne peut être fournie qu'au niveau de la forme du contenu, par une analyse de la stratégie du narrateur, à supposer qu'il en ait une. Les phénomènes littéraires ne sont donc que des symptômes.

Mais, pour déterminer les frontières d'une péricope, les seuls critères sémantiques sont parfois maigres. Ainsi, pour notre passage, les indications spatiales et temporelles inviteraient plutôt à couper en 19,29 (« Quand il arriva près de Bethphagé... ») et à réunir en un seul tout 19,1-10 et 19,11-28, qui semblent se dérouler dans Jéricho. Le critère de l'apparition et de la disparition des personnages pourrait d'ailleurs renforcer cette hypothèse, puisqu'en 19,11 aucun changement sur ce point précis n'est signalé. Cela même paraît signifier que, si 19,1-10 forme une unité littéraire, cette dernière est néanmoins inséparable de ce qui suit.

Nous avons pourtant de bonnes raisons pour proposer une césure entre les versets 10 et 11. Par la suite, en effet, il ne sera plus jamais fait mention de Zachée, qui, en 19,1-10, est avec Jésus sur le devant de la scène. Ensuite, le passage manifeste une unité interne, due surtout à la manière dont Zachée est présenté ; les commentateurs notent tous la révélation progressive de son identité : cet homme que, grâce au narrateur, le lecteur connaît d'abord extérieurement, par son nom et son rang social, se voit ensuite déclaré « pécheur » par tous (v. 8) avant de retrouver, par la parole de Jésus, sa vocation de « fils d'Abraham » (v. 9). Cette unité interne est encore soulignée par une inclusion, relevée par les mêmes commentateurs :

v. 3 « il *cherchait* à voir qui est Jésus » ;
v. 10 « le Fils de l'homme est *venu chercher et sauver* ce qui était perdu ».

Le lecteur est ainsi invité à saisir le paradoxe de la rencontre : Jésus venait pour chercher et sauver Zachée avant même que celui-ci ne cherchât à le voir et le connaître.

2. Les personnages : à la recherche d'un protagoniste

Les indices littéraires et sémantiques justifient donc le découpage proposé, Lc 19,1-10. Tout n'est pas résolu pour autant, car, selon que l'on fait de Zachée ou de Jésus le protagoniste de l'épisode, l'interprétation change. Dans le premier cas, le récit semble devoir insister sur le bénéficiaire du salut, sur son itinéraire et sa transformation, laquelle se manifeste au niveau éthique par l'attention aux pauvres. Dans le second, le récit pointera le regard sur Jésus, qui porte le salut et a conscience d'être envoyé pour cela. Les deux hypothèses ont leurs tenants ; essayons de voir comment la mise en récit les vérifie.

Zachée

Bien des éléments peuvent donner à penser que le narrateur insiste avant tout sur Zachée et sa transformation intérieure. Notons en effet les choix de Luc, qui, au départ du moins, semble rester à la superficie des choses, en fournissant sur Zachée des informations objectives, neutres, sur ce qu'il est – sexe, nom, emploi [3], compte en banque, taille – et ce qu'il fait – courir, monter sur un sycomore et en descendre. Certes, il n'en reste pas là, puisqu'il note en passant le désir intime du personnage, en sa complexité [4], et ses sentiments – « il le reçut tout joyeux (*khairôn*, v. 6) ». Mais du profil moral de Zachée, notre narrateur ne dira rien ; il va laisser aux personnages du récit le soin de le faire connaître. Ce sont en effet les témoins de la scène qui murmurent : « il est allé manger chez un *pécheur* » (v. 8), et Jésus, ensuite, qui proclamera devant tous son identité de croyant, de fils d'Abraham. De soi, le verbe « murmurer » n'a pas de signification négative ; la connotation péjorative que nous lui donnons vient des épisodes précédents (Lc 5,20 ; 15,2). Le nar-

3. On dira sans doute que le métier de collecteur d'impôts (*telônès*) a, dans les évangiles, et ici même, une résonance négative ; le terme n'est-il pas presque toujours associé à d'autres, franchement péjoratifs : « publicains et pécheurs » (Mt 11,19 ; Mc 2,15 ; 5,20 ; Lc 5,30 ; 7,34 ; 15,1), « publicains et prostituées » (Mt 21,31.32) ? Certes, mais il s'agit là d'expressions toutes faites, et les évangélistes laissent toujours à leurs personnages (Jésus, les pharisiens, les foules) le soin d'exprimer la connotation péjorative du terme « publicain ». En ce sens on peut dire que, comme narrateurs, ils restent neutres.

La discrétion des écrivains anciens eu égard à la vie intérieure de leurs personnages a depuis longtemps été notée. Cf. R. Scholes-R. Kellog, *The Nature of Narrative*, New York, 1966, p. 160-206.

4. L'expression utilisée (« il cherchait à voir *qui il est* », v. 3) peut être interprétée de façon plus ou moins dense (Jésus comme prophète, voire messie, etc.).

rateur peut ainsi l'utiliser sans avoir besoin d'ajouter : « et tous, scandalisés, outrés, manifestèrent leur désaccord, en disant... ». Ce faisant, il garde la discrétion relative qui fut et restera la sienne, tout au long de l'épisode.

En Lc 19,1-10, la sobriété des descriptions et la neutralité du vocabulaire ne sont pas les seules caractéristiques du narrateur, qui sait également utiliser les silences. Il signale que Zachée, trop petit, sera incapable de voir Jésus à cause de la foule : mais nous saurons par la suite qu'il y avait une autre raison, tue par le narrateur. Zachée aurait en effet pu demander qu'on lui laisse un peu de place au premier rang. S'il ne le fait pas, c'est, comme nous l'apprendrons au v. 7 grâce à la réflexion des témoins : « il est allé manger chez un *pécheur* », parce qu'on ne fréquente ni ne parle aux pécheurs ! En taisant cette raison au début de l'épisode, l'évangéliste va donc laisser son lecteur entrer progressivement dans les véritables enjeux et les lui faire connaître de la bouche même des personnages du récit. La transformation n'en apparaîtra que davantage, puisque Zachée va enfin pouvoir parler à quelqu'un, et pas n'importe qui : son Seigneur.

Mentionnons un autre silence sur Zachée : après que les témoins ont prononcé le mot « pécheur », le narrateur n'ajoute pas qu'ils sont dans l'erreur ni ne le fait dire à Jésus. La remarque finale de ce dernier semble au contraire leur donner raison : il dit indirectement que Zachée était perdu, pécheur donc, mais il ne lui applique pas le mot. Nous verrons pourquoi plus loin. Il faut en tout cas noter, à propos de la situation spirituelle passée et nouvelle de Zachée, que le narrateur n'ajoute rien à ce qu'en disent Zachée lui-même et les autres personnages du récit : en définitive, ce n'est pas lui, Luc, qui dévoile le fond des cœurs ou l'enjeu de l'épisode, mais Jésus. Dans le prochain chapitre, nous aurons à nous interroger sur la portée de ce phénomène littéraire, qui parcourt tout l'évangile.

Une autre donnée pourrait enfin confirmer l'hypothèse d'un Zachée protagoniste : le simple fait que Jésus vienne à lui et dise qu'il devait en être ainsi. Que le Seigneur se déplace, honore Zachée de sa présence, le déclare fils d'Abraham, tout cela indique à n'en pas douter une montée rhétorique qui met en relief notre personnage. D'autres indices, qu'il faut maintenant examiner, plaident pourtant en faveur d'une « pointe » christologique.

Jésus

Si le narrateur présente Zachée aux versets 1*b*-4, il le fait justement en fonction de Jésus qui doit passer par là (v. 4*b*) et que l'autre veut absolument voir (v. 3) : le pôle d'attraction de tous, du collecteur d'impôts et des autres au bord du chemin, n'est-ce pas Jésus ? Et si le récit vise à la révélation, par Jésus, de l'identité cachée, voire perdue, de Zachée comme croyant, cela n'est pas son seul propos, puisque, de son côté, Zachée va découvrir en Jésus son Seigneur :

v. 3 de *il cherchait à voir qui est Jésus*
v. 8 à *il dit au Seigneur : « Seigneur ! »*

Comment cette transformation a-t-elle d'ailleurs été rendue possible ? Zachée ne voulait que voir Jésus. Si ce dernier ne s'était arrêté et ne l'avait interpellé, rien ne serait sans doute arrivé ; son initiative a changé la vie d'un homme. Bref, Jésus n'est pas seulement l'acteur de la transformation, il la provoque.

Et, à y regarder de plus près, le murmure des témoins ne vise pas Zachée, mais Jésus : « il est allé loger chez un pécheur ». S'il y a quelque chose de choquant ici pour les foules, ce n'est pas le statut de Zachée, mais l'initiative de l'autre. Dans son laconisme, l'observation « il est allé manger chez un pécheur », laisse place à tous les sous-entendus : un prophète réagirait-il ainsi (cf. Lc 7,39) ? Ne fustigerait-il pas plutôt les malversations du percepteur ? Ce qui étonne, c'est que le narrateur signale leur dissentiment à propos de l'invitation et ne mentionne aucune réaction eu égard à un fait qui aurait dû les frapper davantage. Car, en voyant Zachée sur son arbre, Jésus aurait pu demander à la cantonade : « Qui est ce petit homme là-haut ? » Or, sans consulter personne, il l'appelle par son nom, montrant ainsi qu'il le connaît. Les gens alentour ne se sont-ils pas demandé comment Jésus pouvait connaître un homme qu'il n'avait jamais vu ?

Laissant de côté toute reconstruction de type historique ou psychologique, nous devons répondre ici en termes de stratégie narrative ; cela seul permet d'éviter l'arbitraire. Or, que constatons-nous en suivant le fil du récit ? Que la remarque des témoins a une double fonction : faire connaître au lecteur les valeurs reçues et partagées par les juifs du temps de Jésus et permettre à Jésus lui-même de proclamer que Zachée est sauvé à tous ceux qui ne voient en lui qu'un pécheur. Ajoutons que le récit ne finit pas sur une réaction des témoins à cette déclaration : ni refus (« et tous, entendant cela, s'en allèrent »), ni louange (« et tous se mirent à rendre grâce »), preuve que le narrateur insiste non sur la réception des paroles de Jésus mais sur les paroles elles-mêmes. Or, le v. 10 ne décrit pas le projet de Zachée, mais celui de Jésus, son rôle de sauveur et les implications qu'il comporte. Le récit aurait évidemment une tout autre portée si le narrateur avait inversé les déclarations de Zachée (v. 8*bc*) et de Jésus (v. 9*bc*-10). En finissant par une révélation de Jésus sur lui-même, un Jésus qui sait qui il est, ce qu'il fait, doit faire [5], pour qui et quand, le narrateur indique immédiatement la portée christologique de l'épisode, ce que confirmera une étude du contexte.

Nous en avons ainsi terminé avec la question d'un éventuel protagoniste, notant au passage qu'en Lc 19,1-10 ce sont les actions qui sont au service des personnages, et non l'inverse ; ce qui advient a en effet pour fonction de favoriser une double révélation, sur le salut et l'identité de Zachée et, par là, sur la façon dont Jésus accomplit et conçoit son propre rôle : le « que va-t-il se passer ? » y est subordonné au « qui sont-ils ? ». Il nous faut maintenant préciser et élargir cette conclusion.

Nous avons signalé qu'en Lc 19,1-10 la dynamique du récit va vers la révélation de l'identité profonde de Zachée et de Jésus. En d'autres termes, il s'agit là d'un processus de véridiction au sens fort du terme, puisque c'est par le *dire* de Jésus que le lecteur connaît en vérité les deux acteurs, Zachée et Jésus lui-

5. Point n'est besoin de s'attarder dans un premier chapitre sur les modalités liées à chaque personnage. Notons seulement que le *vouloir-faire* (cf. le « il cherchait à » du v. 3) et le *ne-pas-pouvoir-faire* (même verset) caractérisent Zachée – au moins au début du passage –, et le *devoir-faire* Jésus (v. 5).

même. Mais, dira-t-on, comment savoir que la parole d'un personnage du récit est plus fiable que les qualifications données par un narrateur sur ses propres personnages ? Nous avons heureusement en notre péricope une indication précieuse, lorsque le narrateur note : « debout, Zachée dit *au Seigneur...* ». En nommant Jésus « le Seigneur » et pas simplement « Jésus », il laisse immédiatement entendre que lui-même – son lecteur Théophile (Lc 1,1) également – fait partie de ceux qui le reconnaissent pour tel et le servent. Le passage n'est donc plus uniquement la chronique de ce qui advint ce jour-là, mais le récit d'un disciple – ce qui n'interdit pas l'objectivité, évidemment. Dès lors, le personnage Jésus et sa parole n'en prennent que plus d'autorité. Une analyse des catégories spatio-temporelles donnera le loisir de vérifier cela.

3. Espace, temps, Écritures

L'espace

Notre épisode se situe à Jéricho, où Jésus ne fait que passer, car il s'en va vers Jérusalem, le lieu de ses souffrances. Là donc, c'est-à-dire chez Zachée, sans doute le temps d'un repas, il va rester (*meinai*, v. 5), faire halte (*kataluein*, v. 7), non parce qu'il a peur et veut retarder le moment de l'échéance, mais pour manifester la finalité salvifique de sa visite (v. 10). En s'arrêtant en un lieu frappé d'interdit, contaminé par un pécheur et où donc aucune des personnes présentes au bord du chemin ne voudrait se rendre, *a fortiori* faire une pause, Jésus n'entend-il pas bousculer les codes reçus et partagés ? Sans aucun doute, mais parce que l'enjeu de la visite est tout simplement une question de vie ou de mort, de perdition ou de salut. En Lc 19,1-10, comme en beaucoup d'autres récits, bibliques ou non, l'espace est donc axiologiquement prégnant.

Mais, plus que les lieux mentionnés (Jéricho v. 1, le sycomore v. 4, la maison v. 5 et 9), il faut retenir les verbes de mouvement.

A cet égard, l'épisode est tout en contrastes ; au début, Jésus et Zachée bougent – le premier est en train de traverser le village ; l'autre court, monte, descend – mais, à partir du v. 8, ils sont dans la maison [6]. Pour les raisons énoncées plus haut [7], le texte n'insiste vraiment que sur l'un de ces différents contrastes, sur le « venir » de Jésus. Un coup d'œil sur d'autres épisodes, précédents, avec la fameuse question de Jean en Lc 7,19 : « Es-tu celui qui vient ? », mais aussi subséquents, en particulier celui où la foule des disciples le reprend en chœur : « Béni soit *celui qui vient...* » (19,38), permet de vérifier l'importance de ce verbe de mouvement. Zachée voulait aller vers Jésus, pour le voir passer, ou plutôt pour voir « qui il est », et voilà qu'il apprend, et le lecteur avec lui, qu'en réalité c'était Jésus qui venait à lui, pour le chercher. Ici se donne à entendre que la venue de Jésus permet aux différents lieux égrenés par le texte de devenir lieux de salut, d'être donc axiologiquement déterminés [8].

Le fait que dans notre passage Jésus se définisse comme celui qui vient pour chercher et sauver ce qui est perdu explique sans doute pourquoi le narrateur ne dit rien sur ce qu'a fait Zachée ensuite : a-t-il suivi le Seigneur, est-il plutôt resté chez lui ? Peu importe, puisque la fin (v. 10) nous fait réaliser que l'essentiel était dans la venue de Jésus, qu'il avait désirée et préparée à sa

6. Noter comment le narrateur retarde la mention du lieu. Aux v. 8-9, Zachée et Jésus pourraient être n'importe où : dehors, en chemin vers la maison de Zachée ou à peine sortis du repas, d'ailleurs non mentionné, ou chez Zachée. Seulement au v. 10, lorsque Jésus dit « cette maison », on peut savoir où ils se trouvent.

7. Il s'agit en effet de la déclaration de Jésus au v. 10, lequel, de l'avis même du narrateur, est hyperqualifié pour dégager l'enjeu fondamental de la rencontre.

8. Il se peut également que certaines autres expressions, indirectement spatiales, aient des connotations éthiques ou religieuses. Ainsi, la position debout (*statheis*, v. 8) de Zachée indiquerait son être-justifié (il peut désormais tenir debout devant son Seigneur) ou encore sa transformation intérieure (il tient debout)... Les indices manquant, il est pratiquement impossible de dégager la bonne connotation.

De même, la petite taille du percepteur doit être interprétée non à partir de considérations extratextuelles (la petitesse de Zachée comme symbole de son infirmité morale, etc.), mais de la stratégie narrative de Luc, c'est-à-dire comme ce qui va provoquer un handicap ; car, dès lors qu'il y a foule au bord de la route, il va devoir compter avec sa taille, nous donnant ainsi de pouvoir examiner sa réaction : va-t-il retourner chez lui, ému et peiné, ou bien tout faire pour supprimer l'empêchement, signifiant ainsi la force de son désir ?

manière. Cela même explique encore les différences existant entre cet épisode et le précédent (Lc 18,35-43) où, juste après avoir recouvré la vue, l'aveugle se met à suivre Jésus en glorifiant Dieu. Nous allons d'ailleurs y revenir à propos du rapport voir/ne-pas-voir.

Le temps

Les indications temporelles fournies par le narrateur sont encore moins nombreuses que les spatiales. Rien, par exemple, n'est dit sur la durée du séjour chez Zachée ni sur le moment de la séparation. La seule expression temporelle, « aujourd'hui », se trouve deux fois dans la bouche de Jésus :

> v. 5 « descends vite. *Aujourd'hui* je dois rester chez toi » ;
> v. 9 « *Aujourd'hui* le salut advint pour cette maison ».

Mais qu'entendre par « aujourd'hui » ? Seulement une halte provisoire d'une journée, car Jésus doit aller ailleurs ? Ou bien, puisque Zachée doit se dépêcher, faut-il y voir une indication de l'urgence du moment ? Le passage favorise évidemment cette seconde interprétation : « aujourd'hui » équivaut à « maintenant », « sans délai » (opposé à « demain », « plus tard ») ; c'est sans tarder, tout de suite, que Jésus veut rester chez Zachée, et immédiatement, sans délai, durant le temps de la visite, que le salut a rejoint cette maison. Bref, le salut vient avec et par Jésus, sans qu'il faille encore attendre. Mais si les expressions explicitement temporelles se font rares, les analepses et prolepses renvoyant indirectement à un avant et un après de l'épisode sont des plus intéressantes. Il y a d'abord l'évocation, par Zachée, de ce qu'il va faire : donner la moitié de ses biens aux pauvres et rendre quatre fois plus à tous ceux qu'il a pu voler (v. 8). Lc 19,1-10 ne dit rien sur la réalisation de cette promesse [9], car l'important n'est pas le geste d'exécution, bien plutôt ce qui le permet, un

9. Il s'agit donc d'une prolepse externe. Remarquons en passant le présent des verbes donner (je donne, *didômi*) et remettre (je remets, *apodidômi*), comme si l'action était déjà en train de s'opérer : l'exécution est imminente.

désir inouï, insoupçonnable au commencement de l'épisode, et qui indique la transformation intérieure de Zachée. Juste avant la prolepse dont il vient d'être question, Zachée évoque son passé en une analepse apparemment surprenante : « et si j'ai fait du tort à quelqu'un ». Mais n'oublions pas qu'en grec la condition est supposée réalisée et doit se traduire : « du moment que j'ai fait du tort ». Si Jésus insiste sur le présent, l'aujourd'hui du salut, c'est Zachée qui, de lui-même, évoque la dimension passée, celle du péché, et informe son sauveur de ce qu'il fera dans l'avenir. Étonnante finesse de Jésus, et par là du narrateur, qui, en apercevant le petit homme sur son arbre, évite de lui rappeler son péché : « cœur incirconcis, penses-tu échapper à la colère ? Convertis-toi [10]. » Le rappel du passé mortifère, par l'intéressé lui-même, suit la transformation, il n'en est pas la condition ; c'est un converti, touché par la grâce, le salut, et non un homme apeuré, qui évoque le temps de ses errances.

Les allusions aux Écritures

Les évocations bibliques sont également discrètes, au sens où le narrateur et les personnages ne renvoient pas explicitement aux livres bibliques. Nous avons déjà signalé le verbe « venir » avec ses probables attaches prophétiques voire apocalyptiques, qui vérifie l'accentuation christologique de la péricope. Mais il existe deux autres allusions, qui retiennent l'attention des exégètes. Celle faite par Zachée (v. 8) au système de compensations réglé par la Loi [11], ensuite la reprise, par Jésus cette fois (v. 10), d'Ez 34,16 (où YHWH dit des brebis de son peuple : « Je chercherai celle qui est perdue... »). Que le premier renvoie à un texte législatif et le second à une prophétie ne nous surprendra pas, étant donné leurs rôles respectifs dans la péricope. Mais c'est la fonction exacte des évocations ou analepses bibliques

10. Cf. Lc 3,7-10.
11. Les exégètes sont divisés sur les passages qui auraient pu servir de modèle à la déclaration de Zachée. Il semble bien qu'il s'agisse d'Ex 21,37 et 2 S 12,6 (et non Nb 5,6-7 ; Lv 5,15-16). Peu importe ici la source exacte des estimations données par Zachée, il suffit de reconnaître un probable modèle biblique

qu'il nous faudra examiner tout au long de notre parcours : pourquoi ce sont les personnages du récit lucanien, surtout Jésus, et non le narrateur [12], qui renvoient aux Écritures, parfois explicitement (aux commandements du décalogue, à l'histoire biblique, en particulier celle des prophètes), le plus souvent par allusion (aux prophéties elles-mêmes) ? Est-ce parce qu'ils les reconnaissent comme la norme de leur agir ? Parce qu'elles leur semblent indiquer la continuité, la cohérence existant entre le passé de la promesse et le temps présent, perçu comme accomplissement, et aident à reconnaître en Jésus le prophète attendu, le messie, le héraut et le porteur du salut de Dieu ? Parce qu'avec elles Jésus peut mieux indiquer comment il entend porter à son accomplissement le dessein de Dieu ? Seule une étude d'un certain nombre de passages permettra une réponse autorisée.

Pour Lc 19,1-10, le point le plus intéressant n'est d'ailleurs pas qu'il y ait des analepses bibliques, mais que chacun des personnages utilise les Écritures pour soi-même : Zachée pour présenter son projet de restitution, Jésus pour laisser entrevoir son rôle salvifique. Ce n'est pas Zachée qui décrit le geste de Jésus en termes bibliques – le pouvait-il ? – et pas davantage le narrateur, mais Jésus : l'accentuation christologique en est ainsi redoublée, comme nous l'avons déjà noté.

L'analepse du v. 10 n'est pas la seule. A y regarder de plus près, c'est Ez 34 en son entier qui sert de toile de fond à notre épisode, en particulier les affirmations suivantes :

> C'est moi qui ferai paître mes brebis et qui les ferai reposer, et elles sauront que moi, je suis le Seigneur (*kyrios*). Je chercherai (*zètèsô*) celle qui est perdue (*to apolôlos*) et ramènerai celle qui est égarée...
> *Ez 34,15-16a LXX*

12. Seulement en Lc 3,4-6 (qui appartient à la triple tradition) et 4,17-19, que nous retrouverons au ch. 2, Luc, comme narrateur, utilise une formule d'accomplissement ou une formule d'introduction avant de citer un passage de l'Écriture. Dans tous les autres cas, ce sont des personnages de son récit qui introduisent formellement les citations bibliques. On peut mieux mesurer ainsi la différence entre Luc et Matthieu/Jean, qui, cela est bien connu, utilisent souvent comme narrateurs des formules d'introduction. Cf. Mt 1,22 ; 2,5.16.18.23 ; (3,3, en commun avec Mc et Lc) 4,14 ; 8,17 ; 12,17 ; 13,35 ; 27,9 ; Jn 2,17 ; 12,14.38.39 ; 19,24.28 ; 19,36.37. Nous aurons évidemment à nous interroger sur les raisons et les conséquences, pour le récit, de cette façon de procéder lucanienne.

> Je susciterai, pour le mettre à leur tête, un pasteur qui les fera paître, mon serviteur David : c'est lui qui les fera paître et sera pour eux un pasteur. Moi YHWH je serai pour eux un Dieu, et mon serviteur David sera prince au milieu d'eux. *Ez 34,23-24 LXX*

Le titre de Seigneur donné par Zachée à Jésus, tout comme l'allusion claire à Ez 34,10 faite par Jésus, ne peut donc pas ne pas rappeler au lecteur les péricopes précédentes, Lc 15 par exemple, mais aussi Lc 18,35-43, où l'aveugle avait de lui-même, sans qu'on lui ait soufflé le titre à l'oreille, « vu » que Jésus était *Fils de David* et *Seigneur*. Le lien entre la guérison de l'aveugle et la conversion de Zachée n'en apparaît donc que plus fort. Examinons brièvement l'articulation de ce segment de récit.

Le texte en son contexte

Avec la péricope précédente, Lc 19,1-10 a en commun plusieurs thèmes. Celui du salut : « Ta foi t'a sauvé », dit Jésus à l'ancien aveugle (18,42), et de la même manière il va deux fois déclarer que sa venue chez Zachée est équivalemment celle du salut (cf. 19,9.10). Celui du « voir [13] », sur lequel nous allons bientôt revenir. Enfin, thème dominant les épisodes qui précèdent et suivent Lc 19,1-10, celui de la royauté de Jésus. Utilisé indirectement par l'aveugle, qui appelle Jésus « fils de David », évoqué encore sous forme allusive par Jésus lui-même, lorsqu'il reprend Ez 34 et raconte la parabole du roi, le titre de roi est finalement prononcé, solennellement proclamé même, par la foule en liesse des disciples alors que Jésus descend du mont des Oliviers pour entrer dans son temple. Étant au début de notre parcours, nous ne saurions interpréter une telle progression, qui traverse d'ailleurs les scènes de la Passion, mais nous aurons à le faire. Ce que nous pouvons déjà soupçonner, c'est la manière dont Luc tisse son récit. On ne trouvera jamais chez lui de grandes sections thématiques relativement unifiées, comme chez Matthieu, mais une série de reprises, légères et diversifiées,

13. Avec deux verbes grecs différents, *anablepô* (18,41.42.43 ; 19,5) et la racine *eidô* (aoriste de *horaô*, 18,43 ; 19,3.4.7.8).

disséminées tout au long du parcours et qui acquerront peu à peu une incroyable densité.

Ainsi, notre épisode reprend, d'une manière oblique [14], certaines réactions de personnages déjà rencontrés, dans le récit primaire ou dans des paraboles. Ce n'est pas la première fois que ceux qui voient Jésus entouré par les publicains et les pécheurs expriment leur désaccord par des murmures [15] et qu'à ces reproches il est répondu : ce qui était perdu [16] est retrouvé, revenu à la vie. Le rapport entre Lc 15 et 19,1-10 est à cet égard typique de la manière de faire lucanienne. Le lecteur aura évidemment noté les parallèles, il est donc inutile que nous les rappelions. Ce qu'en revanche on ne voit pas toujours, c'est la façon dont Luc utilise un ou plusieurs épisodes en les transformant, pour aller plus loin. Car il y a un progrès, au niveau narratif, de Lc 15 à Lc 19 :

Lc 15	**Lc 19,1-10**
1) récit primaire publicains et pécheurs autour Jésus pharisiens et légistes murmurent	1) récit primaire Jésus se fait inviter par publicain tous murmurent
2) réponse en parabole [pasteur] cherchant brebis perdue joie et fête j'ai retrouvé ma brebis perdue mon fils	2) réponse en récit primaire Ez 34 pasteurs/brebis joie (de Zachée) je viens sauver ce qui est perdu fils d'Abraham

Le schéma montre bien comment, à tous les niveaux, Lc 19 reprend Lc 15 en allant un peu plus loin. Non seulement Jésus se laisse entourer par des publicains, mais il s'invite maintenant lui-même chez l'un d'entre eux, et pas des moindres (un chef). Ce ne sont plus seulement les pharisiens et légistes qui murmurent, mais toutes les personnes présentes. De même, Jésus ne répond pas à l'aide d'un récit fictif où s'exprime la miséricorde d'un père pour son fils perdu, mais en venant lui-même chercher et sauver un homme perdu, lui redonnant ainsi sa dignité de fils, etc.

14. Il s'agit encore d'analepses internes au récit global (Lc).
15. Cf. Lc 5,29-32 ; 15,1-2.
16. Pour le participe parfait *apolôlôs* (perdu) en Lc 15 et 19, cf. Lc 15,6.24.32 ; 19,10.

Bref, nous ne devrons jamais oublier qu'une péricope lucanienne est souvent la reprise transformée d'une ou de plusieurs précédentes, et qu'ainsi nous sommes invités à repérer toutes les analepses qui exigent qu'on les mette en série [17].

A ce propos, nous n'avons fait qu'esquisser le rapport existant entre Lc 19,1-10 et l'épisode précédent, la guérison de l'aveugle. Reprenons-le pour entrer davantage dans l'analyse des paradigmes lucaniens, en particulier, l'opposition voir/ne-pas-voir qui sera un des leitmotivs de notre parcours.

4. Cécité et recouvrement de la vue [18]

Une lecture même rapide de notre passage ne peut pas ne pas relever une série de termes ayant rapport à la vue [19] :

v. 3 Zachée voulait « voir (*idein*) qui est Jésus » ;
v. 4 il monte sur un arbre « pour le voir (*idein*) » ;
v. 5 « ayant levé les yeux (*anablepô*) », Jésus lui dit... ;
v. 7 « tous ayant vu (*idein*) ».

Zachée voulait voir Jésus et l'a vu. Jusque-là, rien de spécial. Mais nous avions noté l'étrangeté de la formule : « voir qui est Jésus », laquelle levait en quelque sorte le voile sur le désir profond de notre homme et dont nous avons vérifié qu'elle s'est réalisée au-delà de toute attente, puisqu'il a vu *qui est Jésus* ; le titre « Seigneur » (*kyrie*) utilisé au v. 8 atteste en effet la foi

17. Si Lc 19,1-10 reprend avec originalité des épisodes précédents, il est aussi une prolepse, puisqu'il prépare les suivants. Sur ce point, cf. le ch. VI, sur les paraboles lucaniennes, *infra*, p. 148.

18. Une étude systématique du « voir » en Lc 19,1-10 a récemment été faite en portugais : J. Vitório, « E procurava ver quem era Jesus... Análise do sentido teológico de " ver " em Lc 19,1-10 », *Perspectiva Theológica* 19 (1987), 9-26.

19. Ne figurent pas dans la liste les deux *idou* des v. 2 et 8, que les Bibles le rendent très justement par « voici » ou « oui ! », mais qui viennent de la même racine, « voir », *idein* (*eidô*).

de Zachée [20]. Mais si la rencontre et la façon dont Jésus l'a interpellé lui ont ouvert les yeux, la transformation ne s'arrête pas là. Voilà en effet quelqu'un qui voulait connaître Jésus et découvre, *voit* en plus des pauvres à secourir ! Telle est donc l'autre raison pour laquelle le texte ne dit pas que notre homme s'en va avec Jésus : à la différence de l'aveugle, pauvre lui-même au point de mendier et à qui manquait seulement la vue physique pour marcher à la suite de celui qu'il savait être le messie, Zachée doit rester avec ceux qu'il vient seulement de reconnaître et d'apprendre à aimer [21].

Malgré les différences qui séparent la rencontre avec Zachée et la guérison de l'aveugle, les parallèles que nous avons déjà relevés [22] nous autorisent à aller plus loin. Si les deux épisodes sont contigus, ce n'est pas seulement parce qu'ils se déroulent dans le même lieu, à Jéricho, mais parce qu'en l'un et l'autre il s'agit de cécité et de recouvrement de la vue. Le paradigme requiert donc une présentation plus fine, car il y a deux sortes de cécité et deux sens de la vue : physique et spirituelle. Avant que le Seigneur ne passe sur le chemin et ne les transforme, les libérant pour un nouvel agir, l'aveugle et Zachée étaient l'un et l'autre dans des situations analogues, mais non identiques :

	cécité	**vue**
l'aveugle (Lc 18)	physique	spirituelle
Zachée (Lc 19)	spirituelle	physique

Sans avoir jamais assisté (vu physiquement) à un seul des miracles de Jésus ni entendu sa prédication, le premier « voit »

20. Sur « Seigneur » (*kyrios*) appliqué à Jésus dans le IIIe évangile, cf. en particulier I. de La Potterie, « Le titre KYRIOS appliqué à Jésus dans l'évangile de Luc », in A. Descamps (éd.), *Mélanges Béda Rigaux*, Gembloux, 1970, p. 117-146.

21. Il n'est d'ailleurs pas dit, par le narrateur ou par l'intéressé, que Zachée abandonne son poste de percepteur. Mais sa conversion ne suppose-t-elle pas l'abandon d'un métier où il resterait, aux yeux des autres, un publicain et donc un pécheur ? Ce blanc (*blank* et non *gap*) du texte est laissé de côté, avec tant d'autres données, eu égard à la finale christologique du passage.

22. Voici quelques-uns des traits communs jusqu'à présent mentionnés :

l'aveugle	**Zachée**
veut recouvrer la vue	veut voir Jésus
dit à Jésus : « Seigneur »	dit aussi « Seigneur »
« vois ! ta foi t'a sauvé »	« le salut cette maison »

pourtant en lui le fils de David, le messie d'Israël. La guérison physique ne fera que donner à cette foi les moyens de s'exprimer, précisément par la marche, à la suite de son Seigneur. Quant à Zachée, qui, avant sa guérison spirituelle, peut courir afin de voir Jésus, il va au contraire, après l'avoir reconnu pour ce qu'il est, aller vers ceux qu'il n'avait jamais vraiment vus. Deux itinéraires vers la lumière, deux destins différents, mais qui dévoilent un pan nouveau de l'identité de Jésus. Au demeurant, si le narrateur a placé l'épisode de Zachée après celui de l'aveugle, c'est sans doute parce qu'il a voulu aller de la cécité physique à l'autre, plus aliénante encore, et montrer jusqu'où le salut peut nous atteindre.

Nous suivrons cette thématique du voir/ne-pas-voir, parce qu'elle est étroitement liée à la stratégie narrative de Luc. Pourquoi et comment passer des ténèbres à la lumière ? Et que/qui nous faut-il voir ? Ces interrogations déterminent et reflètent à la fois l'itinéraire de personnages que nous allons apprendre à connaître.

5. Le narrateur et sa perspective

En Lc 19,1-10 l'auteur, que nous ne nommerons pas, présente les faits par le biais d'un intermédiaire appelé narrateur ou instance narrative, qui décrit les différentes scènes à la troisième personne [23] ou fait parler les personnages. Quant à la narration, elle se fait au passé. Sur ces deux points la péricope reflète le macro-récit constitué par l'évangile.

Ces banalités étant énoncées, nous pouvons directement aller aux problèmes de perspective. A ce niveau, nous avons noté que le narrateur – comme tout narrateur – sélectionne ses informations : dans son propre discours (extradiégétique [24]), il tait les

23. Le narrateur est donc extradiégétique. Nous n'avons pas de récit en « je » ou plutôt en « nous », comme, par exemple, dans la seconde partie des *Actes des Apôtres*.

24. Au sens de Genette, ce qui signifie – faut-il le rappeler ? – que le narrateur n'est pas personnage du récit primaire.

qualifications intérieures et/ou morales des personnages. Nous ne connaissons la transformation qui s'est opérée en Zachée que par les déclarations, la première (celle du percepteur) inchoative, la seconde (celle de Jésus) tout à fait claire, de ces mêmes personnages. Bref, notre narrateur laisse volontiers parler ses personnages ; nous avons même vu qu'il fait tout pour les laisser s'exprimer, comme si sa narration ne devait être qu'externe. Cela dit, il ne s'interdit pas, une fois au moins, de faire un tour dans le cœur de Zachée pour nous révéler la force et la qualité de son désir.

Pour un épisode auquel on pourrait donner le nom de « récit de révélation », les silences du narrateur et des personnages sont des plus intéressants. Car bien des choses ne sont pas dites. Sur les disciples : où sont-ils ? S'ils assistent à la rencontre, comme cela semble très probable, murmurent-ils avec les autres (selon le narrateur, « tous murmuraient ») ? Ce qui n'est pas dit par Jésus : en appelant l'homme par son nom, le Seigneur montre qu'il le connaît, avec son passé donc, auquel il ne fait pourtant aucune allusion. Ce qui n'est pas dit par Zachée : les lecteurs, surtout ceux qui n'aiment pas « aller à confesse », auront remarqué avec satisfaction que Zachée est plutôt discret sur son passé. Faut-il parler de pudeur, de réticence, de regret mitigé ? On pourrait encore signaler les silences de la foule à l'égard de Jésus. Bref, eu égard à tous ces blancs du texte, peut-on parler de rétention d'information [25] ? Mais, objectera-t-on, vos questions sur les non-dits ne sont-elles pas oiseuses ? Certes non. S'interroger sur les silences d'un texte n'a rien de déplacé, seules les réponses peuvent manquer de pertinence, si elles ne se recommandent pas de l'articulation narrative. Prenons un exemple notoire, Lc 1,24-25. En ces deux versets, le narrateur révèle les sentiments d'Élisabeth (« elle se disait ») ; la focalisation, dirait Genette, y est interne. Mais alors pourquoi ne dit-il rien sur les raisons qui la font se cacher cinq mois durant : si sa longue stérilité avait été une honte, ne fallait-il pas justement annoncer au plus vite l'heureux événement aux membres éloignés de sa

25. Ce que Genette nomme « paralipse ». Cf. *Le Nouveau Discours du récit*, Seuil, 1983, p. 44.

famille et surtout se montrer aux femmes de son village pour leur signifier *de visu* que les jours de son malheur étaient finis ? Et pourquoi cinq mois ? On ne peut ici répondre qu'en termes de stratégie narrative : ce silence a des conséquences importantes au niveau de la véridiction. En effet, si Élisabeth se tait, Marie, sa cousine, ne peut apprendre la nouvelle par quiconque ; la voyant donc arriver six mois plus tard, alors que rien ne lui a été notifié, Élisabeth comprendra immédiatement qu'elle a tout su par révélation. Ces cinq [26] mois sont donc essentiels au propos du narrateur : grâce à ce long silence, les voies par lesquelles la bonne nouvelle se transmet n'en apparaîtront que plus merveilleuses et vraies.

Les silences de Lc 19,1-10 exigent eux aussi un traitement narratif. Il est inutile de revenir sur la façon dont, sans reproche ni menace, Jésus s'adresse à Zachée et s'invite chez lui ; nous avons en effet noté combien pareille attitude renvoie à celle du berger ou du père dans les paraboles de Lc 15 et indique les nouvelles modalités de la « venue » du salut. Nous avons également expliqué pourquoi, en fin d'épisode, Zachée retourne dans l'anonymat. En revanche, nous n'avons rien dit de sa confession, au v. 8*b*, que beaucoup trouveront laconique. Mais comment ne pas voir que le passage n'obéit pas au modèle littéraire de la confession des péchés ? Dans la déclaration de Zachée, le narrateur ne mentionne le passé que pour mieux mettre en valeur la générosité nouvelle, énorme, qui meut notre homme. La difficulté vient évidemment de l'apparente contradiction entre les propos de Zachée et les précédentes exigences de Jésus :

> Quiconque parmi vous ne renonce pas à tout ce qui lui appartient ne peut être mon disciple. *Lc 14,33*

Zachée ne renonce pas à tout ce qu'il a : il ne donne que la moitié de ses biens aux pauvres. Jésus aurait pu lui rétorquer : « cela ne suffit pas ; il te faut tout donner ». S'agirait-il d'une demi-conversion ? Et le Seigneur se contenterait-il désormais d'une demi-mesure ? Certes non. Mais si notre percepteur avait

26. Le texte parle de cinq mois après le retour de Zacharie chez lui, ce qui fait en gros six mois entre les deux annonciations.

annoncé qu'il donnait toute sa fortune, son immense fortune, aux pauvres, comment aurait-il pu rembourser au quadruple les gens qu'il avait lésés ? Dans sa déclaration, il faut donc considérer deux éléments inséparables : le legs de la moitié de ses biens, qui exprime sa libéralité, et la compensation au quadruple des méfaits commis, par laquelle est signifiée sa contrition. Si Zachée n'avait mentionné que l'abandon de ses biens, il se serait agi d'une situation analogue à celle du riche notable, en Lc 18,18-23, où aucune compensation n'était requise.

Quant à savoir si les disciples doivent ou non être inclus dans le groupe de ceux qui murmurent, on ne le peut que si l'on s'interroge auparavant sur la raison du silence dont ils sont l'objet dans l'épisode de la guérison de l'aveugle et dans celui de Zachée. Nous reviendrons plus tard sur la façon dont le narrateur procède dans la section dite centrale, 9,51–19,44, en particulier lorsqu'il fait alterner les destinataires des discours de Jésus. Mais avant même d'avoir déterminé le rôle des disciples dans les diverses scènes de cette section, nous pouvons, sans grand risque d'erreur, soutenir que le « tous » de Lc 19,7 a une extension maximale, comme ailleurs dans le IIIe évangile : « tous » comprend donc les disciples et la foule nombreuse qui accompagne Jésus. Tous les gens présents se sont ainsi demandé pourquoi Jésus a voulu être invité par un pécheur public. Ce n'est certes pas la première fois, au cours du macro-récit, que Jésus se trouve chez un percepteur et il s'en est déjà expliqué lorsqu'on a murmuré à ce propos (Lc 5,27-32) [27]. Mais l'invitation et le repas avaient suivi la conversion radicale de Lévi, alors qu'en Lc 19 l'invitation précède la transformation de Zachée. Jésus prend même l'initiative de s'inviter chez un pécheur apparemment non repentant. Au demeurant, c'est sur ce point qu'insiste précisément le narrateur : les initiatives (l'appel et l'invitation) viennent de Jésus. Et la dynamique du passage, nous l'avons déjà signalé, montre que la réprobation des témoins n'a pour autre fonction que de notifier combien l'initiative de Jésus a été « payante » – en tous les sens du terme. Aucune précision sur l'identité des témoins,

27. Noter encore, à la différence de ce passage, le silence de Lc 19,1-10 sur une possible présence des disciples chez le percepteur.

« tous » ceux qui ont vu et entendu : plus que leur identité, c'est leur nombre qui compte, montrant ainsi que *Jésus seul* sait, en prenant une telle initiative, les fruits qu'elle portera. La pointe christologique s'impose encore une fois.

Conclusion

Nous avons ainsi pu repérer quelques-uns des traits de la narrativité lucanienne : 1) la tendance du narrateur, en fin de péricope, à donner la parole à ses personnages, surtout Jésus, et à s'effacer devant leurs opinions ; 2) une dominance du cognitif sur le factitif, les actions débouchant sur une évaluation, sur une révélation, voire une reconnaissance de l'identité et du rôle des personnages ; 3) une reprise oblique des péricopes antérieures, en sorte que les divers épisodes sont des analepses de ce qui précède et des prolepses de ce qui va suivre. Il faudra évidemment vérifier si ces traits parcourent le reste du IIIe évangile.

L'entrée dans le récit lucanien n'a pas d'abord été un contact avec des actions d'éclat, une intrigue à suspense, bien plutôt une rencontre avec deux personnages, Zachée et Jésus, qui nous sont progressivement apparus dans leur vérité, laquelle ne vient pas du narrateur, mais de ce Jésus même.

Les résultats du chapitre ne feront pas regretter, espérons-le, que le parcours n'ait pas commencé avec les premières scènes de l'évangile. Car une péricope comme celle de l'annonce à Zacharie – ou toute autre péricope des récits dits de l'enfance – présentait des difficultés avec lesquelles nous sommes désormais en mesure de nous expliquer. Nous aurions d'abord fait connaissance avec des personnages (Gabriel, Zacharie) qui restent très peu de temps sur le devant de la scène ; ensuite, cet épisode est principalement constitué par une apparition, et les lecteurs, souvent par ignorance, ne voient plus le bien-fondé des propos de Luc en son exorde : « il m'a paru bon d'écrire... pour que, dit-il à Théophile, tu puisses constater la *solidité* des enseignements que tu as reçus » (1,4). Car la difficulté vient de l'apparition. Si vous disiez à un contemporain : « Je vais te raconter une histoire dont tu pourras toi-même vérifier la solidité. Un ange apparut à un homme d'une ville de mon pays... », votre interlocuteur vous rirait au nez, s'interrogerait sur le rapport solidité/apparition et vous taxerait de crédulité, d'humour ou de cynisme. Il nous aurait donc fallu affronter dès le départ des problèmes difficiles et non directement narratifs. Lc 19,1-10 nous a en revanche permis de faire connaissance avec le conteur qu'est Luc. Il ne nous reste plus qu'à continuer...

CHAPITRE II

Récit et révélation. Lc 4,16-30

En revenant de Lc 19 à Lc 4, nous ne voulons ni faire du saute-mouton (à reculons !) ni briser, pour le plaisir, la continuité, voire la logique du récit lucanien – cela serait désolant pour une approche qui se prétend narrative. Mais certains épisodes ont parfois l'avantage de présenter en condensé les techniques avec lesquelles un auteur tisse sa toile. Si Lc 19,1-10 était idéal pour mettre en évidence quelques composantes importantes du récit lucanien, Lc 4,16-30 va nous faire entrer dans sa dynamique.

Certes, cette péricope a déjà fait l'objet de nombreuses approches : on a analysé sa structure, sa logique – en particulier le brusque et inattendu changement d'attitude des Nazaréens à l'égard de Jésus –, sa place dans l'ensemble du IIIe évangile et surtout l'arrière-fond, manifestement juif [1]. Mais personne n'a encore, que je sache, montré sa véritable fonction narrative.

1. La présentation de Jésus et ses paradoxes

On a dit de cet épisode qu'il est une « autorévélation de Jésus [2] ». Néanmoins, s'il en est ainsi, plusieurs phénomènes ne manquent pas d'étonner.

1. Que lisait-on à la synagogue ? Y avait-il une programmation des diverses lectures, un cycle annuel ou triennal ? Que signifiait à cette époque la proclamation de l'année jubilaire, etc ? Sur toutes ces recherches, cf. U. Busse, *Das Nazareth-Manifest Jesu*, Stuttgart, 1978, où l'on trouvera une bibliographie importante. Pour les études parues depuis lors, on se reportera à mon article, « Jésus à Nazareth (Lc 4,16-30). Prophétie, Écriture et typologie », in *A cause de l'Évangile* (Hommage J. Dupont), Cerf 1985, note 1, p. 431.

2. H. Schürmann, *Das Lukasevangelium I*, *ad loc.*

Jésus est-il ou non l'envoyé de Dieu ?

Le mot *Ièsous* n'apparaît pas en Lc 4,16-30 : économie typiquement lucanienne, puisque l'évangéliste n'utilise le nom propre *Ièsous* que pour éviter un doute sur l'identité, en particulier lorsqu'il y a seulement deux personnages – là donc où le seul verbe au singulier ne suffit pas pour les différencier, comme dans la péricope de la tentation, Lc 4,1-13. Or ici, il est facile d'identifier les acteurs : aux v. 16-20*a* en effet, Jésus est le seul sujet des verbes qui entourent la citation biblique et, aux v. 20*b*-30, l'alternance singulier/pluriel rend aisé le travail du lecteur. L'absence du mot *Ièsous* n'implique donc pas *a priori* chez Luc un effacement du personnage dans le récit.

A vrai dire, en Lc 4,16-30, non seulement Jésus est le personnage principal, mais il est presque le seul. Dans les v. 16 à 20*a*, il est l'unique acteur du récit ; tout semble dépendre de son initiative et c'est à lui que renvoient tous les verbes, même le passif *apedothè* (sans complément d'agent et traduit : « on lui donna ») ; tous ses gestes sont énumérés dans le détail : il vient, il entre, il se lève, et s'assoit. Nommé en 20*a*, le second personnage du récit, le servant, disparaît aussitôt. Les autres personnages n'interviennent qu'à partir de 20*b* : nommés collectivement, comme groupe uniforme, unanime (les yeux de tous, v. 20*b* ; ils rendent tous témoignage, v. 22*a* ; ils entrent tous en fureur, v. 28*a*), ils resteront tels jusqu'à la fin. Ils n'existent qu'au pluriel (tous), un pluriel qui est totalement relatif à l'acteur Jésus, puisque leurs yeux convergent tous vers lui, leurs voix sont toutes déterminées par la sienne. C'est en quelque sorte Jésus qui donne vie à ce groupe des *pantes* (tous).

Le récit met donc nettement en relief le personnage Jésus, par la description de ses gestes d'abord (v. 16-17.20*a*), ensuite en ne considérant que son discours (v. 23-27). Mais c'est là qu'est le problème. Si tout dans le texte vise à mettre Jésus au premier plan, en particulier le texte d'Isaïe et son commentaire – par Jésus lui-même –, en sorte qu'on puisse parler d'auto-révélation, pourquoi Jésus ne dit-il pas clairement qu'il assume le pronom

« moi » du texte isaïen ? « Comment se fait-il, note un exégète contemporain, que Jésus n'explique pas aux Nazaréens que ce texte d'Isaïe le concerne personnellement (" à mon sujet ", Lc 24,44 ; cf. Ac 8,34 ; 13,29), qu'il s'accomplit en, par ou avec lui (" en moi " Lc 22,37) ? [3] »

Il y a un effet de glissement évident entre la première et la seconde partie du texte. En 16c-20*a*, la disposition concentrique

		il se leva
A	Jésus	on lui donna
		ayant déroulé le livre
B	l'envoyé	l'Esprit du Seigneur est sur moi, car il m'a oint. Il m'a envoyé [4]...
		ayant replié le livre
A	Jésus	ayant redonné
		il s'assit

a pour fonction de mettre spatialement en rapport Jésus, quasi unique acteur de ces versets, et le prophète du texte isaïen, si bien que le lecteur attend que Jésus dise aussitôt après : « ce texte parle de moi » ; or, ce que la disposition concentrique visait à rendre n'est pas explicité aux v. 23-27. On répondra sans doute que cette disposition est faite pour indiquer au lecteur chrétien ce qui est visé et que Jésus ne dira pas à ses auditeurs. Car il y a deux niveaux à distinguer : 1) celui du rapport auteur-lecteur ou même narrateur-narrataire, où fonctionne précisément la disposition concentrique qui doit faire comprendre au lecteur que Jésus est le prophète dont parle Is 61 ; 2) celui des rapports entre personnages (ici, Jésus et le groupe des Nazaréens). Il est évident que les auditeurs de Jésus n'avaient pas sous les yeux la disposition du texte lucanien : le lecteur est donc plus renseigné que les gens présents à Nazareth. Mais alors, pourquoi, juste après la partie concentrique, le narrateur n'indique-t-il pas clairement au lecteur (surtout chrétien) que Jésus est le prophète

3. J. Dupont, « Jésus annonce la Bonne Nouvelle aux pauvres », *Evangelizare Pauperibus*, Brescia, 1978, p. 127-189 (ici p. 127).

4. Je suis ici le découpage de J. Dupont (p. 132 de l'art. cité), qui montre comment en Lc 4,43 et Ac 10,38 Luc relie les différents syntagmes et donc comment le passage d'Is 61 est ici lu par lui.

du texte cité ? Sans doute parce que ce lecteur sait déjà depuis la scène du baptême que l'Esprit de prophétie est descendu sur Jésus (Lc 3,22) et que deux autres mentions lui ont permis de ne pas l'oublier (Lc 4,1.14). En Lc 4,16-30 le lecteur de l'évangile n'est donc pas dans la même position que l'auditeur de Jésus dans la synagogue, lequel ne sait pas ce qui est arrivé au baptême... et déjà bien avant, dès la conception de Jésus (Lc 1,35). En 3,23 Luc avait au demeurant souligné cette différence entre ses lecteurs et les personnages du récit primaire : « On le croyait fils de Joseph », notation explicitement reprise en écho dans notre épisode : « N'est-il pas le fils de Joseph ? » (Lc 4,22).

Cela dit, notons combien en notre péricope le narrateur intervient peu, beaucoup moins en tout cas que dans les précédentes, le récit de la tentation par exemple, où il ne décrivait pas simplement la scène comme s'il y assistait alors que Jésus y était seul avec le diable, mais en donnait le sens (v. 13) et la situait par rapport à l'ensemble de l'itinéraire de Jésus. Ici, il décrit seulement les événements, sans donner l'impression d'intervenir au niveau de l'interprétation. Cela même souligne le rôle de Jésus qui est l'unique herméneute. Et le paradoxe s'en trouve souligné : si le narrateur laisse toute explication à l'acteur omniscient Jésus, comment se fait-il que ce dernier « refuse » de mettre directement en rapport avec sa personne le texte d'Isaïe sur l'oint (Christ) du Seigneur, semblant ainsi ne pas remplir pleinement ce rôle d'herméneute unique et total ?

Avant de répondre, au terme de ce chapitre, sur les raisons du silence de Jésus, notons seulement que notre péricope donne le coup d'envoi de ce qu'il est désormais convenu d'appeler la « christologie indirecte » de Jésus [5] et que nous retrouverons en étudiant la section de l'évangile qui va jusqu'au départ vers Jérusalem (9,51).

5. J. Dupont a également insisté sur la christologie indirecte de Jésus, dans la réponse aux envoyés de Jean-Baptiste (Lc 7,18-23), dans les controverses avec pharisiens et légistes, dans les paraboles.

Jésus a-t-il ou non lu le texte d'Isaïe ?

Le second paradoxe vient de la séquence 16-20*a*. Tous les verbes expriment des actions et les décrivent, sans plus. Une seule fois la finalité est signifiée : « il se leva *pour* faire la lecture ». Or, cette intentionnalité n'est pas réalisée : le texte ne dit pas que Jésus lit. Ce fait n'aurait aucune importance, narrativement, si les v. 16-20*a* n'insistaient autant sur les autres actions de Jésus, lesquelles n'ont pas d'intérêt direct pour l'intrigue : comment le narrateur a-t-il pu mentionner des faits comme recevoir et redonner, dérouler et enrouler le rouleau, et passer l'acte si important (puisque le reste de l'épisode en dépend) de lire, qui aurait pu lui aussi « s'enrouler » en deux temps autour du centre constitué par la citation :

> il se leva... on lui donna... ayant déroulé le livre,
> *il se mit à lire*
> *après avoir lu*
> et avoir replié le livre... redonné... il s'assit.

Mais, dira-t-on, par la suite le texte suppose que la lecture a été faite, puisque si Jésus dit à tous les assistants : « Aujourd'hui cette Écriture s'accomplit à vos oreilles », c'est qu'ils ont tous entendu le passage, lu par Jésus lui-même (cf. v. 16*c*). Oui, mais il faut percevoir ici le travail subtil du narrateur. Or, deux indices montrent qu'il ne s'agit pas d'un oubli de sa part, mais plutôt d'une omission visant à mettre en valeur le commentaire de Jésus (v. 21*b* et 23-27).

Il y a d'abord l'expression « il commença à leur dire » (*èrxato legein pros autous*, v. 21*a*). Certes, le verbe « commencer » (*arkhomai*) n'indique pas un commencement absolu. Ailleurs en Luc on retrouve la même expression [6], toujours au début d'une scène, mais à la suite d'une autre où Jésus avait déjà des

6. Cf. Lc 7,24 (= Mt 11,7) ; 11,29 ; 12,1 où la séquence est la même (*Ièsous èrxato legein pros*...). En trois autres passages, Lc 7,15 ; 13,26 ; 23,30, on retrouve le binôme *èrxato legein* (« il commença à dire »), mais sans la préposition *pros*, et le locuteur n'est pas Jésus.

interlocuteurs. Ce qui est commun à tous ces passages, c'est que Jésus s'adresse à un nouvel auditoire, toujours une foule, pour en venir à parler de lui-même, exactement comme à Nazareth. Chez Luc, l'expression indique donc une initiative de Jésus et amorce une révélation qui le concerne. En Lc 4,21, le narrateur veut-il signifier ainsi au lecteur que ce qui donne vraiment sens au texte d'Is 61 ce n'est pas tant d'être lu par Jésus que d'être commenté, interprété par le même Jésus ?

Un second indice vient confirmer cette impression. En cet épisode, la première mention d'une parole se trouve précisément au v. 21*a*, et c'est à partir de là que ce vocabulaire se met à proliférer [7]. Après le v. 21, l'insistance sur le dire n'est pas seulement marquée par la répétition du même vocable, mais également par des formules énonciatives : « à coup sûr vous direz », « en vérité je vous le dis », « assurément je vous le dis » [8]. On sait qu'à la différence des autres évangélistes Luc n'est pas friand de telles formules : dans une bonne dizaine de passages en parallèle avec Matthieu et Marc, il supprime le *amèn* initial [9]. Compte tenu de cette tendance générale à la sobriété, Lc 4,23-25 n'en prend que plus de relief : c'est l'unique passage du IIIe évangile où trois versets se suivent avec chacun une insistance

7. Cf. v. 21 « dire » (*legein*), v. 22 « paroles » (*logois*)... « et ils disaient » (*kai elegon*), v. 23 « vous direz » (*ereite*), v. 24 « il dit » (*eipen*)... « je dis » (*legô*)..., v. 25 « je dis » (*legô*).

8. En grec : *pantôs ereite* v. 23*a*, *amèn legô hymin* v. 24*a*, *ep'alètheias legô hymin* v. 25*a*.

9. *Amèn legô hymin* : Mt : 31 / Mc : 13 / Lc : 6 / Ac : 0 / Jn : 25 (avec le double *amèn*). Pour l'absence de la formule en Luc, comparé à Matthieu et Marc, voir Mt 16,28 = Mc 9,27 ; Mt 19,23 et Mc 10,23 = Lc 18,24 ; Mt 24,2 et Mc 13,2 = Lc 21,6 ; Mt 26,34 = Mc 14,30 et Lc 22,34. Pour les seuls passages communs à Matthieu-Luc : Mt 5,26 et Lc 12,59 ; Mt 8,10 et Lc 7,19 ; Mt 13,17 et Lc 10,24 ; Mt 17,20 et Lc 17,6 ; Mt 18,13 et Lc 15,5.

Si l'on prend l'ensemble des insistances énonciatives lucaniennes, on peut tracer le tableau suivant :

1) *amèn legô*... : Lc 4,24 ; 12,37 ; 18,37 (= Mc 10,15) ; 18,29 (= Mc 10,29) ; 21,32 (*idem* en parallèle Matthieu/Marc) ; 23, 43.
2) *ep'alètheias legô hymin* : seulement en Lc 4,25.
3) *alèthôs legô*... : Lc 12,44 (en Mc 24,47 : *amèn*) ; Lc 21,3 (en Mc 12,43 : *amèn*).
4) *nai legô*... : Lc 11,51 (en Mt 24,36 : *amèn*). En Mt 11,9 = Lc 7,26, le *nai* (« oui ! ») suit une question et sa fonction est nettement moins emphatique.
5) *pantôs ereite* : seulement ici dans le NT. Pour une expression analogue, voir Ac 21,22.

énonciative. Le narrateur veut manifestement souligner l'autorité de Jésus [10].

Sa parole s'impose, comme le montre un autre fait. Si Jésus s'adresse à tous, il ne les considère pourtant pas comme des interlocuteurs à qui il devrait des réponses : après que les assistants se sont interrogés sur son origine, il ne leur dit rien à propos de cette origine. Mais, objectera-t-on, ils ne s'adressaient pas à lui, ils se le demandaient seulement les uns aux autres. Oui, néanmoins au v. 23 Jésus semble ignorer ce qu'ils viennent de dire au moment même où il met à nu et exprime leur désir informulé (avoir des guérisons) : il parle avant eux, et à leur place, parce qu'il les connaît.

Tous les phénomènes littéraires qui viennent d'être relevés montrent bien que Jésus, pour le narrateur, commence vraiment à parler seulement lorsqu'il en vient à interpréter l'Écriture (v. 21), interprétation qui n'indique pas seulement l'accomplissement eschatologique d'Is 61 [11] – le confirmant comme authentique prophète –, mais devient à son tour proclamation déterminant le présent et le futur des acteurs du récit par rapport au salut.

Des deux points précédents on peut conclure que le narrateur a tout fait pour mettre le lecteur en mesure de percevoir que Jésus est l'envoyé du texte d'Isaïe et que sa parole est prophétique par excellence. Le lecteur sait donc tout cela, mais ne voit toujours pas pourquoi Jésus n'assume pas directement le pronom « moi » du texte isaïen. A cause des auditeurs qu'il faut laisser dans le flou ? A vrai dire, ces derniers semblent avoir compris

10. C'est d'ailleurs juste après l'épisode de Nazareth que le thème de l'autorité de la parole de Jésus est introduit (cf. 4,32.36).

11. Presque tous les commentateurs soulignent que le v. 21*b* n'indique pas une simple actualisation, due aux lois du genre homilétique, bien plutôt un accomplissement, une plénitude, au sens fort du verbe *plèroun*. Mais le verbe n'est pas le seul élément qui autorise pareille conclusion. Grâce à la méthode dite du midrash comparé, on a pu suivre l'interprétation d'Is 61 par les diverses traditions juives qui ont précédé ou sont contemporaines du NT. Cf. J.A. Sanders, « From Isaiah 61 to Luke 4 », in *Christianity, Judaism and Other Greco-Roman Cults*, I, J. Neusner (éd.), Leyde, 1975, p. 75-106. Sanders montre qu'à l'époque de Jésus et des premières communautés chrétiennes il y avait des groupes juifs qui interprétaient eschatologiquement ce texte d'Isaïe et se l'appliquaient (Qumran, par ex. ; cf *11Q Melchisedech*).

que Jésus est l'envoyé eschatologique. Ils connaissent en effet la renommée de Jésus (v. 15) et l'extrême attention avec laquelle ils le fixent (v. 20*b*) montre qu'ils attendent quelque chose d'important [12]. Leur approbation sans réserve (v. 22*c*) et les paroles de Jésus qui dépassent tout ce qu'ils avaient attendu, tout cela permet d'interpréter leur question sur l'origine de Jésus : cette question montre qu'ils ont vu le décalage entre le message, qui atteste l'identité prophétique de Jésus, et son origine humble [13]. Jésus ne se trompe d'ailleurs pas sur leurs sentiments et leurs espérances dans la phrase qu'il leur lance ensuite (v. 23). Mais s'il sait que ses auditeurs voient en lui le prophète envoyé annoncer le salut, pourquoi ne le dit-il pas lui-même explicitement ?

L'ordre des événements

Nous reviendrons sur ce point à propos des connotations typologiques du passage. Le v. 23, auquel il a été fait allusion, va permettre de formuler un troisième paradoxe. Jésus parle des événements de Capharnaüm au passé : s'ils sont vraiment passés, pourquoi le narrateur les a-t-il placés juste après ceux de Nazareth (cf. v. 31-41) ? Sinon, pourquoi Jésus y renvoie-t-il fictivement, comme s'ils avaient déjà eu lieu ? Ce qui a déjà été dit sur la parole prophétique de Jésus permet de répondre : le sermon de Nazareth est placé avant le récit d'événements chronologiquement antérieurs parce qu'il leur donne sens. Grâce à l'épisode de Nazareth, le lecteur va voir pourquoi Jésus sera toujours en chemin, vers un ailleurs ; il va aussi pouvoir comprendre ce que signifie « annoncer la Bonne Nouvelle aux pauvres ». Et surtout,

12. Le verbe « regarder attentivement » (*atenizô*) est typiquement lucanien et son usage intéressant, surtout en Ac 3,12 et 6,15 où, comme en Lc 4,30, ce sont les auditeurs qui fixent le locuteur (Pierre ; ensuite Étienne) et attendent de lui une déclaration importante. Même lorsque le verbe est rattaché au locuteur (Ac 3,4 ; 7,55 ; 13,9 ; 14,9), sa fonction est la même.

13. U. Busse, *op. cit.*, p. 37, rapproche cette réaction d'Ac 2,7.12 ; 9,21. Plus que de méprise, il faut parler d'interrogation – ce qui est à entendre aussi positivement : les Nazaréens ne voient pas comment un homme de naissance aussi humble peut dire des choses aussi étonnantes, parler comme un prophète. La puissance, l'autorité de sa parole ne viennent-elles donc pas d'en haut ?

l'itinéraire en sa totalité ne sera pas le fruit du hasard ou d'une nécessité extérieure, mais l'effectuation d'une vocation assumée dès le premier instant : le « il faut » de Jésus (v. 43) est la réponse libre d'un envoyé animé par la puissance même de Dieu.

Au demeurant, un simple coup d'œil sur la section Lc 4,14-44 donne de précieuses indications sur les rapports existant entre les événements de Nazareth et ceux de Capharnaüm. A l'aide des scènes de Capharnaüm, on peut voir comment l'expression « annoncer la Bonne Nouvelle » (v. 18) acquiert peu à peu tout son sens. Annoncer, c'est enseigner (v. 31.32), mais pas seulement : une parole qui fait se taire les démons, qui les fait partir, ainsi que la fièvre, avec autorité, une telle parole est aussi une bonne nouvelle ; le parallélisme entre les deux types de parole (cf. les v. 31 et 36) est trop clair pour qu'on ne le voie pas. Que la parole de Jésus soit victorieuse sur les esprits démoniaques (et non sur l'occupant romain, par exemple) indique aussi dès le départ l'enjeu de son ministère, la profondeur de la pauvreté où se trouvent ceux vers qui il est envoyé [14]. Et tout à la fin du même chapitre, Jésus répète l'oracle d'Isaïe pour expliquer son départ (v. 43). Cette reprise confirme la fonction programmatique du sermon de Nazareth : Jésus se sait envoyé, il sait à qui il est envoyé, il accepte totalement sa mission et, à l'avance, pour éviter toute méprise, il le dit solennellement à tous ceux qui viennent l'écouter à Nazareth en pensant être les premiers bénéficiaires de son message.

Les Nazaréens, destinataires du message ou non ?

Cela nous mène à un quatrième paradoxe. Jésus dit à ses concitoyens : « Aujourd'hui cette Écriture s'accomplit à vos oreilles » (v. 21*b*), et les v. 22-23 indiquent clairement que tous les assistants réagissent comme s'ils étaient les destinataires du message, les pauvres, les captifs, les aveugles et opprimés auxquels Jésus est envoyé. Au demeurant, c'est Jésus lui-même qui

14. La raison d'être et la densité des termes « captifs », « opprimés », « délivrance », « cécité », « retour à la vue » en Lc 4,18-19 apparaissent seulement à partir des scènes de Capharnaüm (Lc 4,31-41).

en fait les bénéficiaires de la Bonne Nouvelle, car son propos signifie que les relations décrites par le prophète se réalisent au moment où il s'adresse à eux :

Is 61	l'Esprit	sur moi	annoncer	aux pauvres
aujourd'hui	(l'esprit)	(sur Jésus)	(parlant)	à vos oreilles

Or, dans les versets suivants, Jésus semble les exclure des bénéficiaires de son message salvifique. Les comparaisons tirées des cycles d'Élie et d'Élisée impliquent en effet un parallèle strict entre Israël et Nazareth :

25	il y avait beaucoup de veuves	27	il y avait beaucoup de lépreux
26	et ce n'est à aucune d'elles	27	et aucun d'eux

Il n'est pas besoin d'être très perspicace pour conclure, comme n'ont pas manqué de le faire les Nazaréens : il y a beaucoup de souffrances à Nazareth, ma patrie, et ce n'est pas pour les guérir que j'ai été envoyé, mais bien ailleurs (à Capharnaüm et aux autres villes). Selon certains commentateurs [15], en Lc 4 les choses se passent de la même façon qu'en Ac 13, 14-52 où ce sont les juifs eux-mêmes qui s'excluent – dans un second temps – par jalousie (v. 44 s.), amenant ainsi Paul et ses compagnons à proclamer l'Évangile aux païens (v. 46-47) et à se faire expulser (même verbe *exebalon*, comme en Lc 4,29). Il est vrai qu'entre Lc 4,21, où les Nazaréens sont implicitement nommés destinataires, et Lc 4,25-27, où ils sont encore implicitement exclus, il y a le v. 24, où la raison du changement est donnée : un prophète n'est jamais acceptable dans sa patrie [16]. Mais il y a une différence

15. Cf. W. Radl, « Vergleich von Apg 13,14-52 mit Lk 4,16-30 », *Paulus und Jesus im lukanischen Doppelwerk*, Berne-Francfort, 1975, p. 94-100.

16. J. Bajard, « La structure de la péricope de Nazareth en Lc IV,16-30 », *ETL* 45 (1969) 165-171, pense que l'adjectif grec *dektos* du v. 24 a le sens actif de « faire venir la bénédiction divine » et propose de traduire le verset ainsi : « aucun prophète ne fait venir la bénédiction divine sur sa patrie », car jamais dans la LXX et le NT le terme ne signifie qu'un homme est accepté, accueilli par d'autres, mais que Dieu agrée ce que fait l'homme (sacrifices, conduite) et lui est favorable. Il y a au moins une raison capitale pour refuser comme sens premier celui préconisé par Bajard : cela va contre la logique du passage (Lc 4,21–27). Si les Nazaréens sont destinataires au v. 21 et ne le sont plus au v. 25, cela ne vient pas de ce que Dieu ne leur est pas ou plus favorable,

fondamentale entre Lc 4 et Ac 13 : dans le premier texte, les assistants n'ont pas encore manifesté leur jalousie devant le message universaliste dont Jésus est le porteur, et c'est ce dernier qui annonce leur rejet, leur refus. Sa parole devient ainsi doublement prophétique, car c'est en refusant une certaine image de l'Envoyé et des signes attendus de lui (v. 23) que Jésus donne le critère permettant de le reconnaître comme prophète authentique : l'annonce de son rejet (v. 24) et son effectuation quasi immédiate (v. 28-29) confirment que ce qui devrait être un contre-signe (être rejeté) est en fait ce qui scelle la vérité de son envoi. Au moment même où il est exclu et jeté hors de la ville par ses concitoyens, Jésus est prophète et sa parole ne pourrait avoir plus d'autorité.

En Lc 4, Jésus est ainsi un prophète à la stature imposante : non seulement il sait qu'il est envoyé, à qui il est envoyé, que sa mission est eschatologique, mais il donne le critère qui va permettre de vérifier l'authenticité de sa vocation – et la confirmation de sa parole est immédiate [17]. Les commentateurs insistent à juste titre sur la dimension proleptique de l'épisode de Nazareth, qui prophétise le rejet de Jésus par l'ensemble du peuple. Sans aucun doute le texte vise cela – encore qu'il faille s'interroger, nous le verrons, sur l'extension du rejet : tous, ou seulement les autorités du peuple ? – mais la vérification immédiate du signe annoncé ne doit pas être oubliée : elle est une des composantes qui soulignent l'aspect total de la parole prophétique, dès le commencement du ministère.

---

mais de ce qu'à l'exemple de l'Israël ancien (tel que le voit Jésus en ce passage) ils refusent le message universel proposé par Dieu, rejetant du même coup son Envoyé. Le v. 24 permet le passage, l'inversion des postes actantiels. – Un passage tel que Lc 9,51-56 semble montrer aussi, grâce à plusieurs correspondances lexicographiques et thématiques (le verbe grec *dekhomai* de 9,53, correspondant au *dektos* de 4,24 ; le même verbe *poreuomai* en 9,56 et 4,30 ; même refus jaloux parce que Jésus va ailleurs, et même typologie éliaque), que l'adjectif *dektos* est à prendre ici dans le sens d'« acceptable ». La présence de cet adjectif vient de ce que le narrateur joue très habilement, à la manière homilétique d'alors, avec le *dektos* (« favorable ») de la citation du v. 19. – Du point de vue grammatical enfin, l'adjectif *dektos* pris en un sens actif serait plutôt suivi d'un datif et non de la préposition *en* (« en/par » cf. la LXX).

17. Est-il besoin de souligner que le vrai signe d'authenticité, le rejet, est très habilement mis en contraste avec le succès de Jésus en Lc 4 (cf. les v. 15, 17 et 42*b*) : l'un ne peut être interprété sans l'autre.

Bref, mis à part le premier paradoxe (pourquoi Jésus n'assume-t-il pas explicitement le pronom « je » du passage isaïen ?), les trois autres ont finalement pour fonction de mettre en relief la parole prophétique et toute-puissante de Jésus. Cependant l'énigme constituée par le premier paradoxe n'en ressort que davantage. Il nous faut désormais l'affronter.

2. Les allusions à l'Écriture [18]

Dire les choses sans les dire

En réalité, si Jésus ne se désigne pas lui-même comme le prophète du texte isaïen, il ne dit pas davantage aux Nazaréens qu'ils sont les pauvres, les opprimés et les aveugles du même texte ni, quelques instants plus tard, qu'ils vont le rejeter. Tout se donne à entendre sans jamais être explicitement affirmé : c'est en recourant à un dicton, universel donc, que Jésus annonce leur refus (v. 24) ; c'est en puisant dans le passé biblique, distant par le temps et différent par les personnages, qu'il signifie son envoi à d'autres villes (v. 25-27). Depuis le v. 23, le langage de Jésus est oblique, métaleptique, puisqu'il fait entendre une chose par une autre. Selon Fontanier [19], le plus bel exemple de métalepse est le passage où Phèdre, héroïne de la tragédie du même nom, n'osant avouer directement son amour incestueux à Hippolyte, va lui faire une déclaration où il pourra se reconnaître sous le nom de Thésée. Certes, pour qu'autrui se reconnaisse dans un discours oblique, il faut suffisamment d'indices, mais le principe d'un tel mode d'expression est de tout faire pour que l'autre comprenne même si son nom n'est pas prononcé. Dans la tragédie de Racine, Hippolyte en vient à subodorer que Phèdre lui avoue sa passion, et la réaction agressive des Nazaréens en Lc 4 montre qu'ils ont vu que Jésus parlait d'eux.

18. On pourrait encore parler d'*analepses bibliques*.
19. *Manuel classique pour l'étude des tropes*, Paris, 1821.

La question soulevée par tout discours métaleptique est celle de sa raison d'être. Pour Phèdre, qui se trouve dans une situation impossible, la métalepse est l'unique recours : on comprend qu'elle n'ose s'avouer à elle-même – *a fortiori* à son beau-fils Hippolyte – un amour incestueux et qu'elle le fasse, lorsqu'elle ne pourra plus résister au besoin de parler, par un subterfuge, pour que sa dignité d'épouse et de belle-mère reste sauve. La métalepse consiste précisément à donner au lecteur ou à l'interlocuteur suffisamment d'indices pour qu'il puisse reconnaître de quoi ou de qui il s'agit, sans se substituer à son intelligence ou à sa liberté [20]. Comme telle, elle est donc liée à la reconnaissance. Ainsi en est-il à Nazareth, où Jésus sera vraiment reconnu comme prophète à la mesure des signes qu'on attend de lui (v. 23). En ne se désignant pas explicitement comme l'Envoyé eschatologique, Jésus va devoir laisser jouer les signes, et donc la perspicacité de ses concitoyens. Or, il leur laisse entendre qu'il n'y aura même pas de signes, s'exposant ainsi à n'être pas reconnu d'eux. En fait, le langage métaleptique sera le seul recours de Jésus ; il permettra la reconnaissance, en évitant le piège d'une attente partisane trop facilement exaucée. Au demeurant, la reconnaissance va s'opérer à deux niveaux différents : 1) celui du lecteur, à qui l'on demande de percevoir dans le rejet de Jésus le signe paradoxal et authentique de son identité prophétique ; 2) celui des Nazaréens, qui sentent parfaitement qu'aucun signe ne leur sera accordé et expulsent Jésus. Si les auditeurs de Jésus ont saisi les relations décrites par son discours mais pas la portée théologique et christologique de leur refus, le lecteur est invité à aller plus loin, à relire l'Écriture, puisque la personne du prophète renvoie à tout un passé où il y eut des prophètes reconnus ou non à certains signes. Bref, le lecteur est invité à comparer et, en définitive, à percevoir une cohérence, méconnue des auditeurs de Nazareth.

20. Notons à ce propos qu'un certain nombre de paraboles évangéliques ont un caractère métaleptique : la distance créée par rapport à la situation du récit primaire donne un espace au discernement.

Jésus et la tradition prophétique

Ce qu'il y a de paradoxal dans l'annonce que Jésus fait de son (futur) rejet, c'est qu'elle est formulée à l'aide du passé – et au passé (v. 25-27). En disant qu'*aucun* prophète n'est acceptable dans sa patrie, Jésus ne prétend pas seulement décrire la situation des prophètes de son temps, en particulier celle de son prédécesseur Jean. Le présent de l'indicatif « est » (*estin*) au v. 24 ne doit pas faire illusion. Jésus renvoie, sous forme de dicton, à l'ensemble des prophètes du passé biblique saisi comme totalité unifiée : le passé de l'histoire prophétique éclaire les événements de Nazareth et l'ensemble de l'itinéraire de Jésus.

Les deux exemples choisis aux v. 25-27 sont typiques à plusieurs titres. D'abord parce que les cycles d'Élie et d'Élisée ont dans les livres des Rois et dans le reste de la Bible une importance presque sans égale ; là seulement et de façon suivie l'activité prophétique est décrite en des récits qui supposent déjà une relecture de l'activité thaumaturgique de Moïse. Ensuite, parce que la tradition juive elle-même a retenu Élie comme figure eschatologique (cf. déjà Si 48,10-11) ; toute l'histoire prophétique peut ainsi se résumer en lui : il renvoie au modèle passé, Moïse, et il est promesse du temps futur, temps de la colère et du salut. Mais c'est en suivant le IIIe évangile qu'on verra la raison profonde du choix d'Élie et d'Élisée [21].

21. On sait que, à la différence de Mt et de Mc, Luc ne retient pas le rôle de Jean-Baptiste comme celui d'un Élie *redivivus.* Sur la figure d'Élie dans la tradition évangélique, voir W. Wink, *John the Baptist in the Gospel Tradition*, Cambridge, 1968. Pour Luc/Actes, cf. J.-D. Dubois, « La figure d'Élie dans la perspective lucanienne », *RHPR* 53 (1973) 155-176. Les études sur Jean-Baptiste en Lc doivent beaucoup à la monographie de Conzelmann, *Die Mitte der Zeit.* Dubois indique tous les passages supprimés ou déplacés par Luc pour éviter d'associer Élie au Baptiste. Mais Lc 1,17 (cf. aussi 1,76) pose un problème de cohérence : y a-t-il déjà une tradition très forte dans l'Église primitive ayant pratiquement interdit à Luc d'effacer la connexion ? En fait le lien traditionnel entre Jean-Baptiste et Élie a paradoxalement permis à l'évangéliste de souligner la différence entre Jean (prophète : 1,17.76) et Jésus (Fils de Dieu : 1,32.35 ; messie, sauveur, etc.) dans l'évangile dit « de l'enfance » (Lc 1–2). En tout cas, dans le reste de l'évangile, la thématique éliaque (et éliséenne) est entièrement rattachée à la personne et à l'œuvre de Jésus. Pour la fonction d'Élie dans le IIIe évangile, cf. encore R.J. Miller, « Elijah, John and Jesus in the Gospel of Luke », *NTS* 34 (1988) 611-622.

Que Lc 4,25-27 inaugure la typologie éliaque et éliséenne (appliquée à Jésus) de Luc, un rapide coup d'œil sur les épisodes qui évoquent la figure et la geste des deux prophètes le confirme [22] :

- guérisons de lépreux : 5,12-14 ; *17,11-19* (cf. 2 R 5) [23] ;
- guérisons d'aveugles : *7,21* ; *14,13* ; *14,21* ; 18,35-43 (cf. 2 R 6,17.20) ;
- miracles sur la nourriture : 9,10-17 (cf. 1 R 17,7-16 ; 2 R 4,42-44) ;
- résurrections de morts : *7,11-17* ; 8,40-56 (cf. 1 R 17,17-24 ; 2 R 4,18-37) ;
- le feu destructeur : *9,54* (cf. 2 R 1,10-12) ;
- Jésus au désert : 4,1-13 (cf. 1 R 19,1-8) ;
- la rencontre de Dieu sur la montagne ou l'épisode de la transfiguration : 9,28-36 (cf. 1 R 19,9-18) ;
- l'appel de disciples : *9,57-61* (cf. 1 R 19,19-21) ;
- l'ascension : *Lc 24* et *Ac 1* (cf. 2 R 2,1-18).

En Lc 4,25-27, les deux prophètes ne sont donc pas de simples illustrations passagères : grâce à eux, Jésus propose une lecture de tout son ministère, sous le signe de la continuité. Il fera des signes analogues et pourra ainsi être reconnu prophète authentique. Ce n'est donc pas seulement le rejet (v. 24) qui fait de Jésus un vrai prophète, mais l'ensemble de son activité salvifique (et, en conséquence, l'ensemble du IIIe évangile), où se donne à lire le même message, venant du même Dieu, le vrai : l'absence de signe à Nazareth est déjà un signe, mais qui ne suffit pas. Il y aura d'autres signes. Mais lesquels ? Et pour qui ? En mentionnant Élie et Élisée, Jésus donne aussitôt sa grille de lecture, annonçant du même coup le genre et l'orientation de son activité prophétique.

22. Les chiffres en italiques indiquent les passages propres à Luc. Pour les points de détail, cf. J.-D. Dubois, « La figure d'Élie... », art. cité. Sur la reprise littéraire des cycles d'Élie et Élisée par Luc, cf. également les articles de Brodie cités dans la bibliographie en fin de volume.

23. A propos de Lc 17,11-19 (les dix lépreux) certains commentaires hésitent à reconnaître et la plupart ne mentionnent même pas une probable typologie éliséenne. Il est vrai que les attaches verbales entre les deux textes sont maigres (cf. respectivement *poreutheis* et *poreuthentes*, *ekatharisthè* et *ekatharisthèsan*, *epestrepsen* et *hypestrepsen* – le changement de préfixe du verbe, *hypostrephô* au lieu de *epistrephô*, vient de ce que ce dernier verbe a, chez Luc, le sens fort de « se convertir », « revenir vers Dieu »). – Mais il y a trop de parallèles pour que la typologie ne soit pas probable. Cf. W. Bruners, *Die Reinigung der Zehn Aussäzigen und die Heilung des Samariters. Lk 17,11-19*, Stuttgart, 1977.

Jésus recourt donc aux Écritures pour montrer la cohérence du dessein divin en même temps que la ténacité du refus d'Israël, et donner ainsi sens aux événements présents et futurs de son ministère prophétique. A première vue toutefois, le choix qu'il opère est drastique et semble déformer le contexte littéraire aussi bien qu'historique. Si les v. 25-26 résument assez bien les conditions difficiles de la geste éliaque, il n'en est pas de même pour le verset suivant, car les bénéficiaires de l'activité thaumaturgique d'Élisée ne sont pas uniquement des étrangers, et si l'épisode de Naaman exprime un message universaliste, on n'y saurait trouver de polémique à l'égard d'une quelconque jalousie des Israélites de l'époque. Les affirmations de Jésus ont-elles donc quelque chose d'excessif ? Les commentateurs de Lc 4 se sont efforcés de montrer qu'elles reprennent la lecture que la Septante ou même les légendes apocryphes juives de l'époque faisaient des persécutions dont les prophètes avaient fait l'objet. Pour notre propos, essentiellement narratif, ces vérifications ne sont pas nécessaires. Notons seulement l'importance des renvois à Élie et Élisée, et par eux à tous les prophètes, pour le reste du IIIe évangile : la volonté d'unification, manifeste en Lc 4,25-27, va se poursuivre tout au long du récit lucanien (Lc 6,23 ; 11,47.49-50 ; 13,33.34) [24]. Dès Nazareth, Jésus voit donc l'histoire prophétique sous le signe de l'universalité et du rejet, traçant ainsi une voie à travers les Écritures jusqu'à lui-même, le prophète de l'aujourd'hui eschatologique. On peut ainsi renverser les termes : si les Écritures permettent de comprendre le destin de Jésus, en fait elles deviennent modèle et norme par la parole de Jésus qui acquiert ainsi son extension maximale, puisque l'histoire prophétique s'y trouve résumée, unifiée au moment même où elle est sollicitée pour éclairer le présent.

24. En Lc 11,49-50 (« le sang des *prophètes* »), noter comment le thème de la persécution des prophètes est bien un leitmotiv lucanien ; il suffit de comparer avec le parallèle Mt 23,25 (« le sang des *justes* »).

L'utilisation de l'Écriture

En chacune des deux parties de l'épisode de Nazareth, les Écritures tiennent donc une place quantitativement importante. Le problème est de déterminer leur fonction respective.

Nous avons déjà noté que les v. 16*c*-20*a* sont composés de façon concentrique, pour signifier au lecteur le rapport de contiguïté existant entre Jésus et l'Envoyé du texte isaïen. Mais cette fonction désignative (indirecte) n'est pas la seule, car le passage scripturaire engendre et définit les relations du récit de Nazareth. La situation initiale de manque – il y a des pauvres, des opprimés, des aveugles, des captifs –, celle qui conditionne les relations d'Is 61, va disparaître : les pauvres vont recevoir la Bonne Nouvelle, les captifs la délivrance et les aveugles la vue. Au demeurant, le passage décrit les conditions grâce auxquelles ce manque va pouvoir être supprimé : 1) le choix d'un Envoyé par le Seigneur ; 2) le don des moyens lui permettant de remplir sa mission (l'onction, la présence de l'Esprit) ; 3) l'envoi en vue de la proclamation et de la délivrance. Mais si aux v. 16*c*-20*a* l'Écriture définit des relations et ouvre ainsi une histoire du salut, il reste que ces relations sont encore formelles : à quels événements et donc à qui le passage fait-il allusion ? C'est par la parole de Jésus que les différents rôles peuvent être attribués et que cette Écriture se trouve confirmée comme prophétie, c'est-à-dire parole annonçant le *télos,* le terme de l'accomplissement eschatologique (v. 21).

Si Is 61,1-2 détermine prophétiquement de nouvelles relations, il ne dit rien des modalités d'accomplissement de la mission du prophète, c'est-à-dire des destinataires, des conditions dans lesquelles l'Envoyé accomplira sa mission, ni surtout comment il sera reconnu par ses auditeurs. Il faut donc une grille de lecture, des critères qui permettent cette reconnaissance : telle est la fonction, dans la seconde partie (v. 23-27), du recours aux cycles d'Élie et Élisée. L'articulation des deux ensembles scripturaires peut dès lors être schématisée :

Écriture ——→	**Aujourd'hui** ——→	**Écriture**
détermination		détermination
des rôles		des critères
(modèle actantiel)		(modèle d'interprétation)
promesse	accomplissement	continuité
prophétie	confirmation	cohérence

Leur complémentarité est nette. Le texte d'Isaïe distribue en effet des rôles et se trouve, par la parole de Jésus, confirmé comme prophétie des événements derniers, mais il ne dit rien de l'ensemble de l'histoire du salut en ses péripéties et ses grandes figures. Quant au passage sur Élie et Élisée, il ne ferait qu'énoncer une loi de continuité et de discernement concernant la reconnaissance des prophètes, mais sans lien avec un possible point culminant dans la série, s'il n'y avait le texte d'Is 61 et sa confirmation comme prophétie eschatologique.

Mais il y a d'autres liens entre Is 61 et les passages des livres des Rois auxquels Jésus fait allusion. Qu'il suffise de mettre en parallèle certaines expressions :

	v. 18-19	**v. 21-22**	**v. 25-27**
verbe d'envoi	*apostellô*		*pempô* (passif)
le messager	« moi »	[Jésus]	veuve de Sarepta
destinataires	pauvres, etc.	[vous]	Naaman le Syrien

La mise en synopse montre d'abord que les v. 25-27 donnent des référents aux catégories énumérées au v. 18. Qui sont les pauvres, les captifs, les aveugles, sinon ces étrangers en quête du vrai Dieu et qui sont l'objet de sa miséricorde, ceux précisément auxquels les interlocuteurs de Jésus ne pensaient pas ? Mais, et c'est la deuxième information que donne cette mise en parallèle des textes scripturaires, si c'est l'Écriture qui permet d'interpréter l'Écriture – rien n'est d'ailleurs plus conforme aux principes exégétiques des commentaires juifs de l'époque –, malgré tout, elle ne le fait pas sans le passage par l'accomplissement : entre Is 61 et les précisions obtenues grâce à 1 et 2 R il y a l'événement Jésus. C'est l'aujourd'hui eschatologique qui permet de ressaisir à la fois l'ensemble des Écritures comme prophétie, comme unité cohérente orientée vers sa fin ou son *télos*, et donc de choisir les critères de son interprétation, c'est-à-dire les passages bibliques qui éclaireront les autres. Pour notre propos, qui est narratif, l'important est bien que Jésus lui-même – *et non le narrateur* – donne, aux v. 25-27, les règles qui permettent l'interprétation d'Is 61.

Une autre question, celle des destinataires, soulevée par le rapport des citations, nous retiendra également : si, comme l'indique le dernier tableau, il y a une nette correspondance entre les pauvres, les captifs, etc., des v. 18-19 et les étrangers des v. 25-27, le reste du IIIe évangile ne contredit-il pas cette correspondance, dans la mesure où Jésus n'est pas allé lui-même chez les païens – on sait que Lc ne mentionne pas les voyages à Tyr, Sidon et Césarée ? Certes, et c'est bien cela qui fait de cet évangile un récit ouvert, au moins à ce niveau, sur le second volet du diptyque, le livre des Actes. En ce sens la prolepse de Lc 4,25-27 est extradiégétique. Mais ce qu'elle indique est capital : où donc l'Église primitive, et nous à sa suite, aurait-elle trouvé les raisons d'annoncer l'Évangile de la miséricorde aux pécheurs, israélites et surtout païens, sinon dans l'autorité d'une parole inouïe, celle même de Jésus, seul capable de montrer comment pareille annonce était en parfaite continuité avec le plan divin de salut ? Lc 4,16-30 a pour fonction de présenter l'acte fondateur de cette exégèse.

L'exégèse typologique

En commentant Is 61 à l'aide de 1 et 2 R et en manifestant ainsi leurs correspondances sémantiques profondes, Jésus montre qu'il considère les Écritures comme une unité qui trouve son accomplissement en lui. Repérer des analogies, c'est déjà reconnaître aux Écritures une cohérence interne et Jésus n'est pas le premier à avoir procédé ainsi. Mais la typologie implique davantage : elle voit cette unité orientée vers un *télos*, le Christ. A Nazareth, Jésus inaugure cette exégèse, puisqu'il proclame accomplies les prophéties concernant la Bonne Nouvelle du salut et indique comment l'histoire biblique permet de comprendre cet accomplissement, autrement dit comment elle le préparait. L'important est bien que ce soit Jésus lui-même qui le premier, et dans le premier discours rapporté par le narrateur lucanien, pratique cette lecture typologique : sa parole acquiert ainsi une extension maximale. Nous avons vu en effet que cette parole était prophétique, au sens où elle déterminait le présent et le futur des acteurs du récit par rapport au salut. Nous venons de voir qu'elle l'est aussi par la façon dont elle unifie le passé biblique. En Lc 4,16-30, Jésus est bien le prophète, l'herméneute par excellence : des Écritures, du passé, du présent, du futur.

Pour la lecture typologique, le paradoxe vient de ce que l'accomplissement des prophéties et figures ne se fait pas hors de l'histoire, mais encore sous la forme de signes et de paroles à décrypter. La reconnaissance de l'accomplissement n'est et ne peut être automatique, les Nazaréens en ont fait l'expérience. L'auditeur, le contemporain de Jésus, mais aussi le lecteur, sont sans cesse conviés à un long va-et-vient entre les Écritures et les événements du ministère public, mais surtout entre les Écritures et les épisodes de la Passion, puisque c'est précisément là que les concepts de cohérence, d'unité, de fin ou de *télos*, d'accomplissement semblent vaciller ou se dissoudre. Nous verrons que la leçon inaugurale de Nazareth appelle celle du lendemain de Pâques (Lc 24). Le rapport à la désignation (qui est l'oint du Seigneur, le Christ ?) n'est évidemment pas le même dans les deux chapitres : en Lc 4, Jésus ne déclare pas qu'il est le Christ d'Is 61, tandis qu'après la résurrection, au terme du chemin, la désignation pourra se faire explicite – pour les disciples, car elle est inséparable de la foi. Néanmoins, si Lc 4,16-30 invite le lecteur à ces longs va-et-vient des Écritures aux événements relatés par le récit lucanien, pourquoi ne retrouve-t-on pas ou si peu (Lc 22,37 est la seule exception) [25], dans les chapitres qui suivent cette magistrale leçon d'exégèse, de citations explicites semblables à celles de Matthieu (avant la Passion) ou de Jean (durant la Passion) : « ainsi s'accomplissait ce qu'avait annoncé le prophète (ou l'Écriture)... » ? Nous y reviendrons.

25. Lc 7,27 pourrait, à la limite, constituer une seconde exception. Mais comme le verset s'applique au Baptiste (et seulement indirectement à Jésus), je ne le compte pas, me promettant néanmoins de revenir sur cette question des analepses scripturaires.

3. Quel type de récit ?

Un récit gnoséologique [26]

Nombreux sont les narratologues qui ont esquissé leur propre taxinomie, diachronique ou synchronique, des récits [27]. Sans reprendre toutes leurs distinctions, retenons seulement ici que le récit lucanien n'est pas mû par une intrigue, au sens où le lecteur devrait d'abord se demander : « que va-t-il se passer ? qui va l'emporter ? vont-ils mettre Jésus à mort ou réussira-t-il à leur échapper ? » etc. Et les personnages, en particulier Jésus, ne sont pas au service de cette intrigue : le contraire est plutôt vrai, puisque ce sont les événements qui ont pour fonction de faire connaître en vérité ou en profondeur Jésus et ses interlocuteurs (Zachée, etc.). Le type de récit qui va se dérouler sous nos yeux sera ainsi « gnoséologique » : Jésus va-t-il être reconnu pour ce qu'il est, par qui, quand et à quels signes ? Y aura-t-il même des degrés dans la reconnaissance ? Lc 19,1-10 nous avait permis de signaler l'enjeu de la quête d'un Zachée (voulant savoir *qui est Jésus ?*), laquelle renvoie, nous allons le vérifier de plus en plus, au projet du narrateur. Il nous faut désormais ajouter qu'à partir de Lc 4,16-30 la connaissance des personnages viendra de Jésus lui-même et non du narrateur, qui va rester des plus discrets. Récit visant à une reconnaissance de Jésus entièrement déterminée par une révélation progressive de ce même Jésus, telle semble donc être la caractéristique dominante du texte lucanien.

26. Je reprends ici la terminologie de T. Todorov, *La Notion de littérature et autres essais*, Seuil, 1987, p. 54. Noter que « gnoséologique » n'a rien à voir avec « gnostique » (initiatique, hermétique), mais connote l'opération de *reconnaissance* requise des acteurs et du lecteur. Un sémioticien parlerait plutôt de récit insistant sur la « sanction » (la reconnaissance de l'être du héros, grâce à son agir).

27. Sur ce point, cf. principalement trois ouvrages suggestifs, dont les classifications sont reprises mais aussi discutées par les critiques : R. Scholes-R. Kellog, *The Nature of Narrative ;* N. Frye, *Anatomy of Criticism*, Princeton 1957, et T. Todorov, *La notion de littérature et autres essais.*

Mais, dira-t-on, les autres évangiles ne pourraient-ils être définis de la même manière ? N'ont-ils pas pour but de nous révéler l'identité et la fonction salvifiques de Jésus, et l'artisan premier de cette révélation n'y est-il pas aussi Jésus lui-même, par son agir et son dire ? Oui, jusqu'à un certain point. Mais Luc seul a inauguré le ministère de Jésus par un épisode (Lc 4,16-30) où les principes qui vont innerver le reste de son récit sont présentés systématiquement et où la parole même de Jésus semble engendrer le reste du récit.

La vue aux aveugles

Avec Lc 4,16-30 ce n'est d'ailleurs pas seulement l'activité prophétique, en paroles et en actes, de Jésus qui s'amorce. Le lecteur pourra encore repérer le développement de thèmes qui vont parcourir tout l'évangile : pauvreté, cécité et retour à la vue, miséricorde et grâce...

Et puisque, avec Lc 19,1-10, nous avons déjà évoqué la thématique du voir, nous pouvons maintenant comprendre pourquoi, en Lc 4,16-30, le narrateur met le don de la vue au milieu des bienfaits promis par le prophète et qui font l'objet du ministère de Jésus [28] : si son récit est gnoséologique, comment le narrataire et avec lui le lecteur ne devraient-ils pas être guéris de leur cécité pour voir, reconnaître ? Mais la raison principale vient encore du rapport à l'Écriture, puisque ce retour à la vue y est annoncé (Is 35,4-7 ; 61,1 LXX) pour la fin des temps ; il détermine ainsi la reconnaissance, à laquelle précisément les Nazaréens ne parvinrent pas. Comment sortir de la cécité ? Et à quels signes reconnaître l'Envoyé, tant attendu, du Seigneur ? La

28. Cf. la disposition concentrique très nette des v. 18-19 :
L'Esprit du *Seigneur* est sur moi
il m'a envoyé *proclamer*
la *libération* aux captifs
aux aveugles le retour à la vue
renvoyer les opprimés en *libération*
proclamer une année de grâce
du *Seigneur*.

rencontre avec Zachée a donné quelques éléments de réponse. D'autres suivront.

Eu égard à la constance avec laquelle, de notre péricope à la fin de son évangile, le narrateur laisse à Jésus le soin d'annoncer, de provoquer et d'interpréter souverainement les événements, quel statut donner aux premiers chapitres (Lc 1,5 à 4,13), où les annonces proleptiques sont surtout le fait de voix célestes ? Pourquoi Luc s'est-il cru autorisé à y multiplier les annonciations, les apparitions angéliques, les interventions divines (en particulier l'Esprit Saint), mais aussi les réactions humaines de louange ? Il nous faut reprendre le récit à ses débuts.

CHAPITRE III

L'art de commencer un récit. Le début du IIIe évangile

Commencer un récit implique toujours une part d'arbitraire. Certains auteurs préfèrent respecter l'ordre des événements, d'autres partir des faits plus récents pour les expliquer par le passé, ce qui leur permet de revenir plus ou moins loin en arrière. Le récit lucanien, suivant en cela les modèles de son temps, s'ouvre avec des naissances : il commence par le commencement !

Mais pour le lecteur qui a perçu l'importance de l'épisode de Nazareth, la question du commencement est du plus haut intérêt. Dans les deux chapitres précédents nous avons en effet vu comment, à partir de Lc 4,14, Jésus n'est pas seulement le protagoniste du récit, il est celui qui connaît les êtres et les choses, qui prévoit les événements, les interprète souverainement et montre leur cohérence profonde : les autres acteurs et le lecteur apprennent de sa bouche le « comment » des voies de Dieu. Si l'épisode de Nazareth détermine à ce point le reste du IIIe évangile, quelle est la fonction de ceux qui le précèdent ? Et s'il est vrai que l'importance du commencement vient de ce que les techniques d'un auteur et le statut du récit lui-même s'y donnent à lire, alors ces premiers chapitres de l'évangile exigent une attention spéciale.

Comme Lc 1–2 a déjà fait l'objet de tant d'études, aussi belles les unes que les autres [1], il nous reste à relever et insister sur les

1. R. Laurentin, *Structure et Théologie de Luc I–II*, Gabalda 1957 ; du même auteur, *Les Évangiles de l'enfance du Christ. Vérité de Noël au-delà des mythes. Exégèse et sémiotique, historicité et théologie*, Desclée de Brouwer, 1982 ; R.E. Brown, *The Birth of the Messiah*, Londres, 1977. Je ne mentionne ici que quelques études d'ensemble plus connues, car la littérature est immense.

traits strictement narratifs, pour en montrer l'importance herméneutique : peut-être jusqu'à présent n'a-t-on pas assez considéré ces chapitres comme un récit, génial au demeurant [2].

1. Les ingrédients du récit. Lc 1,5-25

Les parallélismes

En Lc 1,5–4,13, Luc reprend un procédé narratif, bien connu à son époque, le parallélisme entre deux ou plusieurs personnages [3]. Qu'il suffise de présenter, à seule fin d'informer le lecteur, et sans les critiquer [4], les éléments relevés par tous, sans doute parce qu'ils s'imposent [5].

Pour Lc 1–2, on a coutume de retenir deux cycles de sept unités chacun, comparant Jean et Jésus, avec 1,39-56 pour jointure :

	Jean		Jésus	
1°	1,5-7	//	1,26-27	présentation des parents
2°	1,8-11	//	1,28	apparition d'un ange

2. Il faut mentionner ici l'étude sémiotique d'A. Gueuret, *L'Engendrement d'un récit. L'évangile de l'enfance selon saint Luc*, Cerf, 1983, très suggestive à bien des égards sur l'activité narrative de Luc. Les limites du livre viennent, entre autres, de ce que Lc 1–2 ne sont pas assez mis en rapport avec le reste de l'évangile.

3. Sur ce point, cf. C.H. Talbert, *Literary Patterns, Theological Themes, and the Genre of Luke-Acts*, qui montre à loisir les divers parallélismes utilisés par Luc entre diverses sections ou chapitres d'un même livre (Lc ou Ac), mais également entre les deux livres, Lc et Ac.

4. Une critique serrée mènerait trop loin ; notons seulement 1) que certains des éléments dégagés appartiennent à la forme de l'expression et d'autres à la forme du contenu : leur mélange n'est pas sans soulever des difficultés ; 2) que les éléments mis en parallèle sont parfois un peu forcés. Ainsi, Lc 1,19-23 et 1,35-37 ont en commun de contenir une réponse de l'ange, mais 1,21-23 ne saurait être rangé en cette sous-unité, car il y est question du peuple qui attend dehors, de la sortie de Zacharie et de son retour à la maison, trois éléments qui trouvent d'ailleurs leur pendant en 1,8-10, la péricope étant bâtie, au niveau de la forme de l'expression, en forme chiastique.

5. Ces parallèles ont été depuis longtemps signalés ; cf. R. Laurentin, *Structure...* (où l'on trouvera une bibliographie). Repris par C.H. Talbert, *op. cit.*, p. 44-45, et tous les commentaires.

3e	1,12	//	1,29	trouble de Zacharie/Marie
4o	1,13-17	//	1,30-33	discours de l'ange sur l'enfant
5o	1,18	//	1,34	question de Zacharie/Marie
6o	1,19-23	//	1,35-37	réponse de l'ange
7o	1,24-25	//	1,38	réaction d'Élisabeth/Marie

1o	1,57	//	2,1-7	temps de la naissance
2o	1,58	//	2,8-20	l'entourage entend, loue et se réjouit
3o	1,65-66	//	2,17-18	réaction de peur/étonnement
4o	1,59-64	//	2,21	circoncision
5o	1,67-79	//	2,22-38	hymne et prophétie
6o	1,80*a*	//	2,39-40	croissance de l'enfant
7o	1,80*b*	//	2,41-52	lieu d'habitation désert/Nazareth

Le parallèle semble même aller jusqu'à Lc 4,13, voire 4,15, c'est-à-dire avant l'épisode de Nazareth (4,16-30), qui commence manifestement une étape nouvelle dans la vie de Jésus :

1o	3,1-6	//	3,21-38	présentation de Jean et Jésus
2o	3,7-17	//	4,1-13	leur mission respective
3o	3,18-20	//	4,14-15 [6]	fin ministère de Jean, début celui de Jésus

On pourrait affiner et corriger certains parallélismes. L'important, pour notre propos, est d'en saisir la signification. Les exégètes ont montré qu'ils visent à manifester les ressemblances mais aussi et surtout les différences entre les deux enfants, leurs parents respectifs, eu égard à leurs identités et à leurs rôles, à leurs réactions et à leurs destins. Il est inutile d'insister sur des points aussi connus.

Ces parallélismes n'expliquent pourtant ni le commencement ni tous les mécanismes du récit. Si Jean-Baptiste est le précurseur de Jésus, le lecteur comprend que l'annonce de sa naissance soit relatée avant celle de Jésus. Ce qu'il voit moins, c'est comment peut procéder le narrateur pour camper ses personnages et révéler leur identité profonde, lui qui, après l'épisode de Nazareth, reste d'une discrétion notable ? Commence-t-il en narrateur omniscient qui indique directement au lecteur que Jean est l'Élie de la fin

6. La mise en parallèle de 3,18-20 et 4,14-15 est fautive aux niveaux stylistique et narratif. Mais il est inutile de la critiquer ici, les autres parallèles, pris dans leur ensemble, étant fondés.

des temps, que Jésus est le Messie, le Sauveur, le Fils de Dieu ? Ou ne dit-il rien ? Mais alors comment informera-t-il le lecteur ?

L'espace choisi pour le commencement

Pourquoi l'ange apparaît-il dans le Temple et non dans la maison de Zacharie ? En effet, l'objet de son annonce n'a apparemment rien à voir avec le Temple : Jean n'y exercera pas son ministère ni ne le mentionnera dans sa prédication. On répliquera sans doute : il était normal que, dans un récit qui commence par une intervention divine, celle-ci se déroule dans le lieu par excellence, le Temple. Certes, et Zacharie étant prêtre, la chose n'en devient que plus plausible. On conçoit aussi que ce soit le meilleur moyen de faire entrer tout de go le lecteur dans le monde religieux juif qui va servir de toile de fond au macro-récit. Mais ces raisons, somme toute excellentes, doivent être vérifiées par la dynamique et l'articulation de l'épisode. Or, dans le récit de l'annonce à Zacharie, un point ne manque pas d'étonner : la présence du peuple, qui, au début, prie dehors, pendant que Zacharie entre dans le sanctuaire, et, à la fin, s'impatiente de son retard [7] : à quoi sert cette « multitude (*plèthos*) du peuple », puisqu'elle n'entend rien du discours de l'ange et n'en saura pas davantage ensuite, Zacharie étant devenu muet ? On peut certes noter que le peuple n'est pas étranger à ce qui se passe dans le sanctuaire, puisque sans « les enfants d'Israël » (v. 16), sans « un peuple bien disposé » (v. 17), le ministère de Jean perdrait son sens. Le peuple fait donc partie intégrante du message angélique [8]. Cette réponse ne suffit pour-

7. Les exégètes reconnaissent la composition chiastique (au niveau de la forme de l'expression) du passage. Cf. par ex. A. Casalegno, *Gesù e il Tempio. Studio redazionale di Luca-Atti*, Brescia, 1984, p. 32. Cette division correspond aux différentes scènes (apparition/disparition des acteurs ; dialogue-récit en troisième personne ; etc.) :

a v. 5-7 : présentation de Zacharie et Élisabeth ; sans enfants ;
b v. 8-10 : service ; entrée dans le sanctuaire ; peuple dehors ;
c v. 11-20 : apparition et message ;
b' v. 21-23 : peuple en attente ; sortie de Zacharie ; fin du service ;
a' v. 24-25 : conception et réaction d'Élisabeth.

On aura remarqué que les éléments des 8-10 (*b*) sont repris dans l'ordre inverse en 21-23.

8. Noter à ce propos que le peuple (*laos*) n'est pas mentionné dans l'annonce à Marie.

tant pas, car la portée salvifique du message aurait été la même si la scène des v. 11-20 avait eu lieu chez Zacharie. En réalité, ce sont les v. 22-23 qui mettent sur la bonne piste. Leur double fonction est on ne peut plus nette : l'objet et la forme de la révélation restent non divulgués, vu le silence forcé du prêtre [9], mais « toute la multitude du peuple » comprend cependant qu'il a eu une révélation. Luc n'aurait pu mieux trouver pour indiquer la nature de son récit : non point fiction ou mensonge, mais véridiction, au sens déjà énoncé, puisque les personnages du récit primaire eux-mêmes vont *tous,* et dès le premier épisode, reconnaître qu'il y a eu intervention divine. Où donc, sinon dans le Temple, où est invoqué le vrai Dieu et que fréquente tout le peuple, le narrateur aurait-il pu trouver autant de personnes pour attester qu'il y avait eu révélation, et donc que l'épisode inaugural de son récit résonnait de ce témoignage ?

D'un commencement à l'autre [10]

Le narrateur commence le récit par quelques indications essentielles pour connaître Zacharie et Élisabeth : leur origine [11], leur vie de juifs fidèles, l'absence de postérité et sa cause, leur âge (v. 5-7). Les épisodes précédemment analysés ont montré que cette présentation rapide ne fera pas figure d'exception dans le IIIe évangile. La description a malgré tout quelque chose d'anormal, même si, avec un peu d'imagination, le lecteur peut y reconnaître une certaine logique :

a l'origine des acteurs (lien avec le passé),
b leur comportement religieux et moral exemplaire,
a' l'absence de descendance (rupture : pas de futur).

Pourquoi, après avoir insisté sur l'extrême fidélité religieuse de Zacharie et Élisabeth, le récit revient-il à des traits bassement

9. Nous nous sommes déjà expliqué sur la fonction de cette non-divulgation, à propos de la réaction d'Élisabeth, *supra* p. 34.

10. Cf. P. Gibert, *Bible, mythes et récits de commencement*, Seuil, 1986, p. 159-168.

11. Sur l'effet de réel visé par la mention des classes sacerdotales en Lc 1,5, cf. F. Bovon, « Effet de réel et flou prophétique dans l'œuvre de Luc », in *A cause de l'Évangile,* p. 353.

matériels : l'absence d'enfants et l'âge ? Le narrateur reste muet sur les raisons de son choix. Il invite ainsi discrètement à s'interroger, car, comme de nombreux textes bibliques l'attestent, quiconque reste fidèle à la Loi reçoit les bénédictions divines – descendance nombreuse, longue vie, honneur et considération [12]. Dès le premier épisode du récit lucanien, il faut donc revenir dans l'univers biblique, avec ses valeurs, ses promesses – pas toujours réalisées : Luc commence en quelque sorte à reculons. Si les deux vieillards restent irréprochables, pourquoi n'ont-ils pas reçu la bénédiction promise ? Le Seigneur les a-t-il oubliés, tient-il même ses promesses ? Et le lecteur découvre aussitôt que le récit vise à répondre à ces questions. Si l'ange vient, c'est précisément pour supprimer le manque signalé par le narrateur : Zacharie et Elisabeth auront un enfant, et leur désir – que nous connaissons par Gabriel et non par Luc – va se réaliser au-delà même de ce qu'ils auraient pu espérer.

En disant que le commencement du récit lucanien nous ramène en arrière, nous n'aurions pu trouver formule plus exacte, car c'est sur le commencement de l'histoire d'Israël que le narrateur invite à méditer. Le déroulement du récit et le vocabulaire évoquent la situation d'Abraham et l'intervention divine qui mit fin à la stérilité de Sara [13] :

Lc 1,5-25	**Livre de la Genèse**
narrateur : irréprochables (v. 6)	17,1
narrateur : avancés en âge (v. 7)	18,11
narrateur : stérile (v. 7)	11,30
ange : ne crains pas (v. 13)	15,1
ange : ta femme (v. 13)	17,19
ange : un fils à toi (v. 13)	17,19
ange : et tu appelleras son nom (v. 13)	17,19
Abraham : à quoi le saurai-je ? (v. 18)	15,8
Élisabeth : pour enlever ma honte (v. 25)	30,23

Luc commence donc en se souvenant et invite son lecteur à faire de même. Mais la mémoire du narrateur va au tout début des

12. Cf. Ps 128 ; Dt 28,1-14 ; etc.

13. Les mots retenus sont les mêmes dans le texte de la Genèse et dans l'épisode de Lc 1,5-25. Seul le dernier parallèle n'appartient pas au cycle d'Abraham : c'est le cri de Rachel, elle aussi stérile, à la naissance de Joseph.

promesses, quand tout advint grâce à une parole qu'il fallut croire. Parole inaugurale que Lc 1,5-25 reprend à sa manière, car c'est en rappelant la première promesse qu'il en formule une autre, elle aussi tissée d'allusions bibliques [14] : le futur se dit avec les mots du passé [15]. Quelle est la signification de cette reprise ? Rien ne serait-il donc changé ? Le narrateur n'invite-t-il pas plutôt à reconnaître une continuité, une cohérence entre la parole du commencement et celle de la fin ?

Luc énonce ici – avec discrétion – les règles de son récit qui n'en finira pas de renvoyer au passé biblique au moment même où il décrit l'avènement de la fin. Incessant va-et-vient où se lit la cohérence d'une histoire et du récit qui la relate.

Succès ou échec ?

Le dialogue entre l'ange et Zacharie commence par une analepse : « Ta prière a été exaucée » (v. 13). Que Zacharie ait prié, le lecteur n'en doutait pas, après ce que le narrateur lui a dit au v. 6. Mais pourquoi laisser entendre que sa prière n'avait pas encore été exaucée ? Que demandait-il donc ? Un fils, ainsi que pourraient le laisser entendre le rappel de la stérilité de Sara (v. 7) et les allusions au cycle d'Abraham ? Ou, comme Syméon, voulait-il plutôt voir le salut de Dieu (Lc 2,25-26) ? S'il a demandé un fils, pourquoi doute-t-il au moment où l'ange vient lui apporter la bonne nouvelle ? La réponse arriverait-elle trop tard : à force d'avoir demandé, supplié, l'âge venant il a fini par ne plus y croire ? Quoi qu'il en soit de ces hypothèses, le narrateur ne dit rien qui permette de savoir exactement ce qu'avait désiré et demandé Zacharie.

Le lecteur peut buter sur l'interprétation que l'ange fait de la demande du prêtre, d'autant que le narrateur met sur ses lèvres les mots mêmes d'Abraham (Gn 15,8), qui n'ont jamais été interprétés comme un manque de foi [16]. Mais c'est précisément

14. Pour les allusions bibliques des v. 15-17, consulter les notes des Bibles.

15. En termes plus abstrus, on dira que la prolepse est analeptique (et réciproquement que l'analepse est proleptique, puisqu'il s'agit d'une promesse !).

16. Cf. la réflexion du narrateur : « Abraham crut et cela lui fut compté comme justice » (Gn 15,6) qui précède la demande du patriarche « A quoi le saurai-je ? » (Gn 15,8), celle-là même reprise par Zacharie.

cette reprise qui doit avertir le lecteur. Dans la bouche du patriarche la question se comprend aisément, puisque Sara et lui-même sont les premières personnes très avancées en âge à qui Dieu fasse la promesse apparemment insensée d'accorder un fils. Or, en répétant textuellement la phrase d'Abraham, Zacharie montre qu'il connaît l'Écriture. Et s'il connaît l'Écriture, il doit savoir que la promesse divine se réalisera : mais alors sa question n'a plus de raison d'être ! On ne pouvait mieux exprimer narrativement la situation contradictoire dans laquelle se trouve Zacharie.

Que l'ange interprète sa question comme une marque de doute, admettons-le d'ailleurs sans discuter : il est l'envoyé de Dieu et sa fonction fait de lui un acteur omniscient ! La difficulté vient plutôt du récit lui-même : si dès le premier épisode, c'est le doute, le manque de foi – et de la part d'un homme saint, irréprochable – qui constituent la réponse humaine à la Bonne Nouvelle, le reste du macro-récit ne laisse rien présager de bon... Mais, comme les épisodes subséquents vont le montrer, le manque de foi n'empêche pas la Bonne Nouvelle de faire son chemin : Dieu réalise son dessein de salut malgré le doute de Zacharie. En cela, l'épisode devient prolepse du reste de l'évangile. Si l'initiative divine rencontre le manque de foi et arrive pourtant à le mettre au service de sa propre toute-puissance, c'est que rien n'arrêtera le salut. Cette résistance du commencement en laisse prévoir d'autres en même temps qu'elle annonce la victoire du Dieu qui se souvient.

2. L'écriture lucanienne

Dieu et ses envoyés

La présence de messagers célestes dans les premiers épisodes du récit montre à l'envi que le monde des valeurs en jeu et l'atmosphère seront religieux. D'ailleurs les dialogues et les hymnes de Lc 1–2 parlent beaucoup de Dieu : par un savant jeu d'analepses et de prolepses, les acteurs angéliques et humains le mettent en réalité sur le devant de la scène.

Analepses (ou évocations des événements passés) [17]

Les analepses n'ont pas la même fonction selon qu'elles sont mises dans la bouche des acteurs célestes ou humains. Lorsqu'elles viennent du ciel, elles manifestent la prévenance de Dieu, qui a pris l'initiative pour que les actions se fassent et soient connues par les intéressés et, plusieurs fois, par d'autres. Lorsqu'elles viennent de voix humaines, les analepses renvoient soit à une misère passée (honte d'Elisabeth, par exemple) pour en notifier la cessation, soit à la parole divine, promesse originaire, pour en signifier l'accomplissement. Par là même elles donnent au récit lucanien une extension historique maximale, et ce, dès les premières lignes : ce qui se passe et va se passer n'est tel que parce qu'une parole le précédait, l'appelait. Les hymnes de Marie et de Zacharie donnent un bon exemple de ce déploiement :

> Dieu avait fait une promesse
> à Abraham (au commencement)
> et à ses descendants (nos pères, ensuite) ;
> Il se souvient et agit (maintenant) pour nous.

Les analepses des voix humaines sont donc une reconnaissance de la mémoire et de la prévenance divines : les destinataires de l'agir divin ne sont pas ignares, manipulés ou inintéressés par ce qui leur arrive ; l'auteur insiste suffisamment sur cette attitude *consciente* et libre des bénéficiaires pour qu'on la souligne. Ces rappels faits par les acteurs humains de Lc 1–4 (mais surtout Lc 1–2) sont en quelque sorte une mémoire à la puissance deux, puisque la mémoire divine (« il s'est souvenu ») ravive, enclenche la mémoire humaine et la constitue comme récit.

17. Je ne fais ici que renvoyer aux versets correspondants de l'évangile, laissant au lecteur le soin de retrouver le phénomène littéraire. Analepses formulées :
– *par le narrateur* : Lc 1,5-9.25 ; 1,36.65 ; 2,1-2.4.17.19.20.21 ; 2,22-24.26.36-37 ; 2,51 ; 3,4-6.19.23-38.
– *par des voix célestes* : Lc 1,13.17.19 ; 1,28.36 ; 2,11 ; 3,22.
– *par des voix humaines* : Zacharie : Lc 1,18 ; 1,68-79 ; Élisabeth : Lc 1,25.45 ; Marie : 1,46-55 ; Syméon : 2,29-32 ; Jésus 4,4.8.12.

Prolepses (ou évocations des événements futurs) [18]

Les prolepses énoncées par les voix célestes provoquent les principales transformations. Ce qui va advenir ne sera donc pas le fruit du hasard mais de la volonté divine, laquelle se manifeste en sa toute-puissance. Il n'est pas demandé aux bénéficiaires d'une apparition : « Veux-tu avoir un fils, acceptes-tu de le nommer de telle façon, etc. ? » Non que les acteurs humains soient incapables de choisir, voire de refuser, d'autant que ce qui leur est proposé – et non imposé – répond à une longue attente, la leur et celle de tout un peuple, mais le texte, par ses verbes à l'indicatif, vise à mettre en relief la *réalisation* de la parole céleste : « Tu concevras, tu mettras au monde, tu l'appelleras, il sera grand, il régnera pour toujours, etc. », à tel point que le destinataire de cette cascade d'affirmations, et le lecteur avec lui, sans douter de la vérité de la parole divine, ne va pas manquer de s'interroger sur le comment de leur réalisation. Les prolepses formulées par les voix angéliques ou célestes ont donc pour fonction de donner, dès le départ, au récit lucanien, son caractère gnoséologique [19] : non pas « que va-t-il arriver ? », mais « comment cela se fera-t-il et comment le saurons-nous ? ». Les questions en « comment ? » de Zacharie et de Marie viennent donc de la nature même du récit.

Fonction de la louange en Lc 1–2

Si le début du récit lucanien a pour fonction première d'annoncer et de présenter le personnage qui sera le héros principal ou le protagoniste du macro-récit, il reste qu'en Lc 1–2 les voix humaines ne cessent de renvoyer à Celui d'où vient le salut,

18. M.C. Parsons, *The Departure of Jesus in Luke-Acts*, Sheffield, 1982, p. 85.88-89 et 99, ayant déjà fait l'inventaire des principales prolepses du IIIe évangile, je renvoie uniquement aux versets correspondants de l'évangile, laissant au lecteur le soin de retrouver le phénomène littéraire. Prolepses formulées par :
– *le narrateur* : Lc 1,80 ; 4,13 ; citation d'Is 40,3-5 en Lc 3,4-6 ;
– *les voix célestes* : Gabriel : 1,13-17 ; 1,20 ; 1,31.1,32*a*.33.35 ; l'ange de Bethléem : 2,10-12 ;
– *des voix humaines* : Zacharie : 1,76-79 ; Syméon : 2,31-35 ; Jean-Baptiste : 3,16-17.

19. Sur cette catégorie, cf. *supra*, p. 59.

Dieu. A tel point qu'on peut s'interroger sur la pointe, théologique ou christologique, de ces chapitres.

Toutes les scènes d'annonciation et tous les cantiques plaident en faveur d'une accentuation théologique. Nous avons déjà noté combien les scènes d'annonciation manifestent l'initiative, la prévenance et la puissance divines. Et comment ne pas voir qu'en Lc 1–2 les réactions humaines ont presque toutes Dieu comme destinataire :

Élisabeth : « voilà ce qu'a fait pour moi le Seigneur » 1,25 ;
Marie : « voici la servante du Seigneur » 1,38 ;
Marie : « mon âme exalte le Seigneur... » 1,46 ;
Zacharie : « il parlait, bénissant Dieu » 1,64 ;
Zacharie : « béni soit le Seigneur le Dieu d'Israël » 1,67 ;
les bergers : « allons voir ce que le Seigneur nous a fait connaître » 2,16 ;
les bergers, « chantant la gloire et les louanges de Dieu » 2,20.
Syméon : « maintenant, tu renvoies ton serviteur, ô Maître... » 2,29.

A ces voix humaines font écho celles de l'armée céleste : « Gloire à Dieu au plus haut des cieux » (2,14). A n'en pas douter, ces réactions montrent que si tout est reconnu venir de Dieu, en particulier le Sauveur, ce bienfait par excellence, dont la promesse avait maintenu un peuple entier dans l'espérance, *tout doit également remonter à Dieu*, par les voix humaines. Pareille réaction est symptomatique de la louange : qu'est-ce que louer, sinon reconnaître les dons de Dieu, et des bienfaits aller au bienfaiteur ? On peut en effet reconnaître les dons de Dieu pour soi, mais s'y accrocher, en faire des idoles, les utiliser pour mépriser ou oppresser les autres. On peut aussi reconnaître les dons faits aux autres, mais pour en être jaloux. Que le Dieu qui a tenu ses promesses soit le destinataire des voix humaines et angéliques en Lc 1–2 indique donc nettement que les acteurs reconnaissent son agir, sans se crisper sur les bienfaits accordés, en se tournant plutôt joyeusement vers Celui d'où viennent les dons : la pointe semble théologique.

Les motifs développés (ou non) par les cantiques de Lc 1–2 peuvent se regrouper autour de deux pôles, qui confirment cette insistance théologique :

– dans le passé : sa parole de promesse [20] ;

– dans le présent du récit : son agir salvifique [21].

Cela ne signifie évidemment pas que dans le passé le Seigneur n'ait jamais agi en faveur d'Israël : comment reconnaître pour le vrai Dieu un dieu qui n'aurait jamais montré sa tendresse et sa fidélité ? D'ailleurs, les analepses bibliques du *Magnificat*, qui reprennent de nombreux motifs du cantique d'Anne (1 S 2,1-10), renvoient implicitement à cet agir passé. Mais narrativement, l'important est bien que les personnages du récit lucanien aient conscience du lien entre ce qui advient sous leurs yeux et la parole d'antan. Les événements de Lc 1–2 confirment ainsi la promesse comme prophétie véritable en même temps qu'ils en sont le fruit, mûr et gorgé de louange. Les personnages ne louent donc pas d'abord ni seulement parce qu'ils ont déjà vu la gloire de Dieu et la défaite des ennemis. La louange y est proleptique : car le salut n'y est qu'annoncé. Certes, il y a des signes, mais toujours humbles, faibles comme un enfant enveloppé de langes [22], et l'ensemble du peuple reste encore dans l'attente. Louer, c'est donc, comme le montre le *Magnificat*, prophétiser, anticiper, annoncer le salut qui vient, grâce aux signes reconnus. Dieu est donc bien ici célébré en toutes ses dimensions : passé, présent et futur : Lc 1–2 est mémoire, reconnaissance et annonce, appel du futur, celui-là même qu'il va falloir découvrir dans le reste de l'évangile.

Les titres donnés généralement à Lc 1–2 – « Récits de la naissance et de l'enfance du Messie » – retiennent à juste titre l'acteur qui va devenir le héros puissant du reste de l'Évangile, ils ont pourtant l'inconvénient de mettre sous le boisseau ce qui donne au récit sa raison d'être et son fondement, la mémoire et la volonté divines, reconnues et proclamées.

20. Cf. Lc 1,55.70.73 ; 2,29.
21. 1,54.68.78 ; 2,30.
22. Sur cette expression, analogue à celle de Sg 7,4 (où la racine est la même qu'en Lc 2,7.12), cf. J.A. Fitzmyer, *Luke*, I, à Lc 2,6. Le récit lucanien mentionne des *signes*, et renvoie ainsi à un processus de véridiction. Mais la véridiction ne se fait pas uniquement grâce aux signes ; la fiabilité des témoins entre nécessairement en jeu. Or, ceux qui sont envoyés à Bethléem, les bergers, ne font pas partie des autorités reconnues pour leur science, leur statut, etc. Il faudra donc examiner (au ch. X) comment Luc joue sur les diverses conditions de la véridiction de son récit, en fonction du statut des témoins, des signes opérés, etc.

La présentation de Jésus

Le tableau des données christologiques est le suivant :

Le narrateur :
Il ne donne pas lui-même de titre à Jésus, qu'il n'appelle d'ailleurs « Jésus » qu'après la circoncision [23]. A la naissance, il dit que « Marie accoucha de son fils premier-né » (2,7), lequel est un « nouveau-né » (2,16), nommé ensuite deux fois « l'enfant » (2,40.43). Si par ailleurs le narrateur tient à souligner l'origine divine de Jésus au début de la généalogie (3,23), il n'utilise jamais des expressions du genre « sa mère et Joseph », où il apparaîtrait clairement que Joseph n'est pas le géniteur, mais simplement : ses « parents » (2,41.43) ou encore « le père et la mère de l'enfant » (2,33). Ici encore, le vocabulaire du narrateur est discret. Faut-il interpréter le phénomène comme une tentative pour banaliser les événements ou, à la manière des passages déjà présentés, comme un procédé habile pour laisser aux personnages du récit le soin de notifier les informations ? La seconde hypothèse est évidemment la seule acceptable, surtout en ces chapitres où parler de banalisation irait contre le récit, qui n'évite pas le merveilleux, même s'il le soumet à des cadres littéraires bien précis [24], et vise, on le verra, à provoquer le sens des contrastes.

Les voix célestes :
Dans l'apparition à Zacharie, l'ange pourrait faire allusion à Jésus en 1,16-17 : « et lui [Jean] avancera devant sa [celle du Seigneur] face... » [25]. Mais c'est avec Marie que les premiers titres, de plus en plus nobles, vont être égrenés. Gabriel commence par lui dire de nommer l'enfant

23. Cf. Lc 2,21.27.43.52 ; 3,21.23 ; 4,1.4.8.12.

24. Il s'agit du genre nommé plus haut « récit d'annonciation » et dont les exégètes ont déjà abondamment parlé.

25. En ces deux versets, dont nous avons respecté l'ambiguïté, le terme « Seigneur » s'applique à Dieu, mais une allusion au Seigneur (Messie) n'est pas exclue : l'absence d'article devant *kyrios* serait un indice clair au nominatif en faveur de Dieu (cf. l'usage uniforme de la LXX), mais pas aux autres cas. Et la connotation « marcher par-devant », « précéder » du verbe *proerkhomai* semble renforcer l'hypothèse. L'ambiguïté est la même en 1,76. Si l'allusion existe, elle vérifie la manière de procéder habituelle de Luc qui progresse par touches successives, de l'allusion à la déclaration ou description nette, elle-même en gradation.

« Jésus » [26], il déclare qu'il sera « grand » (*megas*) et appelé « Fils du Très Haut » (1,32), qu'il recevra de Dieu la royauté et l'exercera pour toujours (1,33) et il révèle enfin son origine, justifiant ainsi le titre de « Fils de Dieu ». Quant aux bergers, les anges vont leur indiquer deux titres, « Sauveur » et « Christ Seigneur » (2,11), mais ne leur diront rien sur l'origine divine du nouveau-né ; en notant d'ailleurs que les bergers trouvèrent Marie *et Joseph* (2,16), le narrateur ne veut-il pas signaler, avec sa discrétion habituelle, qu'ils ont vu en Joseph le géniteur du petit ? En 3,22, la voix céleste qui s'adresse à Jésus n'énonce pas un titre inconnu du lecteur, puisqu'il s'agit d'une analepse de Lc 1,35 [27].

Les voix humaines :
La première affirmation christologique vient d'Élisabeth : « la mère de mon Seigneur », dit-elle à sa cousine ; le titre « Seigneur » implique très certainement la souveraineté messianique, mais faut-il lui donner une plus grande extension ? Aucun indice ne l'autorise. Avec Syméon, nous en apprenons davantage sur le rôle salvifique de Jésus (2,30) et la contestation dont il sera l'objet (2,34), mais notons encore une fois le silence total sur l'origine divine de Jésus. En 2,48, Marie l'appellera comme le font toutes les mères : « mon enfant » ; rien là que de très banal. Ce qui l'est moins, c'est la réponse de Jésus (2,49) [28], laquelle dénote une nette conscience de sa relation spéciale à Dieu. Avec le témoignage de Jean, enfin, nous trouvons une autre touche messianique, évoquant Is 9 (« Dieu-Fort ») [29].

Peut-on tirer de ces données qu'il y a progression dans la révélation de l'identité de Jésus ? Oui et non. Oui, si l'on considère la masse d'information et les analepses bibliques disséminées en ces chapitres : au fil des épisodes, le *lecteur* en apprend davantage sur l'identité, le rôle salvifique et le destin de Jésus. Mais en est-il de même pour les personnages du récit ? Certainement pas,

26. Notons encore ici la discrétion de Luc, qui n'ajoute pas « c'est-à-dire YHWH sauve », tout comme, à l'inverse, en 2,11 et 2,30 il n'ajoutera pas « d'où le nom de Jésus qui lui sera/est donné ». Même remarque pour le nom « Jean » en 1,60.63, où le narrateur aurait déjà pu noter : « ce qui signifie YHWH fait grâce ». Il ne faut pas voir là une ignorance en matière d'étymologie mais une discrétion et une stratégie narratives. Luc peut ainsi progresser dans la révélation de l'identité de Jésus : ce n'est pas de la bouche de l'ange que Marie apprend la fonction salvifique de Jésus, mais par les bergers et Syméon (cf. « un sauveur » et « ton salut »).
27. Analepse double : évocation de Lc 1,35 et du Ps 2,7.
28. Sur cette réponse, cf. F. Bovon, « Effet de réel et flou prophétique », p. 355.
29. Lc 3,16 ; le comparatif est repris en Lc 11,22. Pour la connotation biblique, cf. Is 11,2 (et Is 9,5 en certains témoins) où l'adjectif est le même.

au niveau de la quantité et de la qualité d'information. Seule Marie, présente en presque toutes les scènes, entre par la méditation dans l'épaisseur du mystère de son fils [30]. Mais si l'origine divine de Jésus est connue de sa mère (et de Joseph), les autres n'en savent rien et l'on arrive à l'indication finale : « il était, croyait-on, fils de Joseph » (3,23), celle qui sera précisément reprise en Lc 4,22. Origine méconnue de tous ou presque, telle semble bien être la leçon que doit aussi retenir le lecteur. Mais, dira-t-on, si l'origine divine de Jésus reste secrète pour les personnages du récit, ces derniers progressent tout de même dans la connaissance de son rôle de sauveur. Rien n'est moins évident. Car si les bergers répètent aux autres, y compris aux parents de l'intéressé, qu'il est le Messie, Seigneur et Sauveur, et si, dans son cantique, Syméon indique ensuite l'extension maximale (aux nations) de ce rôle salvifique, plus tard les choses semblent s'épaissir. Certes, le Baptiste nomme Jésus (« celui qui est plus fort que moi »), mais de manière si subtile qu'il faut être expert en exégèse pour repérer l'allusion, et si le rôle salvifique (baptiser dans l'Esprit et le feu) qu'il lui attribue est complémentaire, voire plus spécifié que celui du *Nunc dimittis*, les témoins de la scène ne savent pas qu'il s'agit de Jésus ; l'absence de désignation (au besoin avec le doigt) interdit la reconnaissance.

Le lecteur constate donc un phénomène littéraire étrange dans ces chapitres : en un premier temps, les personnages du récit sont avertis de l'identité ou du rôle de l'enfant, et, en un second temps, le silence se fait, à la faveur des années de Nazareth, comme pour empêcher une quelconque reconnaissance. On dira sans doute que Luc a suivi les lois propres aux écrivains de son époque, qui entouraient la naissance de leurs héros d'interventions divines et de révélations extraordinaires. Mais alors comment expliquer l'anonymat de Jésus arrivant au Jourdain ? L'auteur a-t-il articulé toutes ces séquences à seule fin d'informer dès le départ le lecteur sur l'identité de son héros, Jésus ? Mais, dans

30. Noter d'ailleurs que les récits de l'enfance finissent par la mention de l'incompréhension de Marie et de Joseph (2,50), après que Jésus a parlé de ce qu'il devait faire comme Fils (allusion voilée à son *exode*). La remarque du narrateur (ils « ne comprirent pas ») prend toute sa force de cette allusion : seulement après la résurrection, il sera possible de « comprendre », de voir ce que le Fils et Messie *devait* faire.

ce cas, pourquoi n'a-t-il pas laissé l'instance narrative (ou narrateur) le lui dire en un récit à la troisième personne, comme en 3,23-38 ? Ou faut-il chercher la raison de cette aporie du côté des personnages du récit et admettre, en désespoir de cause, que les gens ont la mémoire courte ? Nous essaierons de montrer comment le tissu évangélique donne les éléments d'une réponse.

Les contrastes du récit

Nous avions observé que si dans les premiers épisodes du récit les messagers sont des êtres célestes, par contre, et ce, dès avant la naissance de Jésus, la diffusion passe toujours par des acteurs humains ; au demeurant, après l'épisode de Bethléem, les anges disparaissent du récit. Les données relevées plus haut permettent de repérer comment Luc procède.

La présence de témoins (fiables si possible), et donc la diffusion de la (bonne) nouvelle, appartient à la nature du récit révélateur. Cette diffusion peut être entravée, différée [31], ou au contraire favorisée, du moins dans un premier temps, ce qui est le cas de Lc 1–2. En ces chapitres, Luc insiste à la fois sur l'initiative et la force divine à l'œuvre pour la réalisation du salut et sur la reconnaissance – comme perception de ce dessein et comme action de grâce – des acteurs humains. Car si les messagers divins présentent le salut comme un bonne nouvelle adressée à tous, il importe qu'il y ait des témoins pour l'entendre, s'en réjouir et l'annoncer.

Lc 1–2 ne décrit donc pas seulement un processus – double (pour Jean et Jésus) – qui irait des annonces de naissances au début des ministères respectifs, mais bien davantage les *effets* que provoque la venue du Messie, du Fils de Dieu en notre monde : prophétie, diffusion de la Bonne Nouvelle et louange.

Mais l'annonce, même diffusée, de la Bonne Nouvelle du salut ne dispense pas de désirer ce salut, de l'attendre donc. Vient ainsi le temps de l'attente, celui où les destinataires, à moins d'être manipulés ou inintéressés, doivent reconnaître par eux-

31. Comme dans la plupart des apocalypses juives écrites entre 200 av. et 200 apr. J.-C.

mêmes le quand, le comment, bref les signes par lesquels ce salut vient à eux. Seconde étape tout aussi nécessaire que la première !

L'évangéliste fait ainsi entrer les personnages du récit, non seulement ceux qui n'ont pas assisté à la circoncision de Jean, à la naissance de Jésus et à sa présentation au Temple, mais même ceux qui bénéficièrent des plus hautes révélations, comme Marie, il les fait entrer, disions-nous, dans l'épaisseur de l'humanité de Jésus et, plus largement, dans le mystère des voies de Dieu. Car si Dieu, par l'ange, avait notifié la naissance de Jésus, il n'avait signalé ni le lieu ni le voyage. Or, le narrateur nous dit que le voyage de Joseph et Marie est dû à la volonté de l'empereur, laquelle ne souffre pas d'exception [32]. Dieu respecte-t-il le désir du prince, l'utilise-t-il à ses propres fins salvifiques ? Le narrateur ne glose pas sur ces questions ; il se contente de rendre contigus les deux desseins : d'un côté celui du Dieu tout-puissant, mais qui passe sous silence les modalités concrètes selon lesquelles sa volonté se réalisera, de l'autre celui du prince, puissant lui aussi, et qui, apparemment, empêche Marie d'accoucher dans un lieu digne de son royal enfant. C'est d'ailleurs à partir de ce moment-là que le narrateur signale la méditation de Marie sur les événements [33], l'obéissance des parents aux prescriptions et coutumes de la Loi [34], la soumission et la croissance en sagesse et grâce de l'enfant ; nous savons aussi, par l'analepse biblique de Lc 2,24, que la famille est de revenu modeste et enfin que, tout en étant rempli de l'Esprit, mû par lui, Jésus adulte a eu faim et a été tenté. Ces deux épisodes, du baptême et des tentations, sont au demeurant essentiels pour saisir le contraste échafaudé patiemment par le narrateur, puisqu'ils donnent l'enjeu des notations précédentes sur le mystère d'incarnation, d'humanité du Fils de Dieu : par quel type de messianisme et par quelles voies le salut va-t-il atteindre ses destinataires, et même être reconnu ?

Le paradoxe narratif qui court tout au long de Lc 1–4 est ainsi constitutif de la nature révélatrice du récit lucanien. Récit

32. « *Tous* allaient se faire recenser... » (Lc 2,3).

33. En grec, *ta rhèmata*, qui désigne à la fois les paroles et les événements (ce dont on parle).

34. Lc 2,21.22.23.24.39.

doublement gnoséologique : 1) pour les personnages du récit, qui doivent reconnaître les voies de Dieu, 2) pour le lecteur qui, sachant presque tout, du moins beaucoup plus que les personnages, sur l'identité de Jésus et le type de messianisme en jeu, va voir qui le reconnaît et comment, qui le rejette et pourquoi.

Lc 1–2 et Lc 3–4

Le parallèle entre Jean et Jésus, qui commence en 1,5 et va jusqu'à 4,13, est bien connu [35]. Un point, narrativement essentiel, n'a pas été assez traité, celui des modalités qui qualifient Jésus : celles qui se rapportent à l'être de l'être (vrai, faux, secret, mensonger), et celles qui se rapportent à l'être du faire (vouloir, devoir, pouvoir, savoir). A ces deux modalités s'ajoute, pour Lc 1–4, le savoir de l'être : ceux (y compris Jésus) qui savent qui est Jésus, ceux qui ne savent pas qui il est, Jean qui sait ce que lui-même n'est pas, et ceux qui ne savent pas ce qu'il n'est pas.

En suivant patiemment ces chapitres, on ne peut qu'être frappé par la progression continue du texte :

Jésus nouveau-né :
– être-connu : révélé par les messagers divins et humains,
origine divine : secrète, sauf pour Marie,
mission salvifique : connue et proclamée ;
mais on en reste à la pure virtualité, car les modalités du faire (devoir- et pouvoir-faire) ne sont pas encore énoncées.

Jésus enfant :
– être (manifeste ou encore secret ?) : 2,40 « tout rempli de sagesse et la grâce de Dieu sur lui » ;
– devoir-faire : 2,49 « il me faut être chez mon Père », affirmation qui

35. Malheureusement, il n'est pas assez exploité. R.C. Tannehill, *The Narrative Unity of Luke-Acts*, t. I, Philadelphia, 1986, dont les critères sont pourtant narratifs, oublie de relever les parallèles narratifs qui vont jusqu'à 4,15. Ce qui est pardonnable pour une approche historico-critique l'est moins pour qui a en main des instruments adaptés – en particulier l'analyse sémiotique, très utile à ce niveau. Outre ce type d'approche, les modèles d'alors, sans doute suivis par Luc (cf. Talbert), indiquent également que tout ce qui précède la carrière du héros appartient à une seule macro-unité.

relie le devoir-faire au savoir-être, autrement dit à une conscience aiguë de son être-Fils ;
– vouloir-faire : 2,51 « il leur était soumis » ;
– être-manifeste (vrai donc) : « devant Dieu et devant les hommes ».

Jésus adulte :
– pouvoir-faire/dire : 4,1 « rempli de l'Esprit Saint » ;
– devoir-faire lié à une manifestation l'être, donc à un pouvoir-faire, mais allant contre le projet divin, durant les tentations : 4,3.9 : « ordonne que cette pierre... jette-toi... » ;
– savoir-dire : Jésus répondant avec l'Écriture (4,4.7.12).

Manifestement, le récit vise à montrer comment Jésus n'est pas seulement qualifié différentiellement (par rapport à Jean), mais est toujours davantage en mesure de réaliser le projet de Dieu. Nouveau-né, il est reconnu comme sauveur par les anges et les hommes, mais on ne sait encore rien de son désir, ni du pouvoir ou du savoir qui seront les siens. La réponse que l'enfant fait à sa mère au Temple en dit plus : elle signifie que Jésus a déjà conscience de sa relation unique avec Dieu et de ce que cela implique (devoir- et vouloir-faire) ; la mention de la soumission à Nazareth renvoie elle aussi aux mêmes modalités (acceptation des contraintes liées à son être-homme). Eu égard à ces deux modalités (devoir- et vouloir-faire), les sémioticiens diraient que Jésus est devenu « sujet virtuel » [36]. Mais le parcours ne s'arrête pas là : en ajoutant deux autres modalités (pouvoir- et savoir-dire/faire), l'épisode des tentations fait de Jésus un sujet « actualisé », doué d'une puissance qu'il refuse toutefois d'utiliser contre le projet pour lequel il se sait envoyé. Il est alors prêt pour son ministère, lequel commencera immédiatement après par l'épisode de Nazareth, où nous avons constaté que Jésus était sujet pleinement « réalisé » : sa parole y est d'une efficacité surprenante.

L'analyse des modalités montre ainsi combien il est narrativement utile de relier Lc 1–2 et 3,1–4,15. Certes, les différentes introductions qui scandent ces chapitres [37] exigent qu'on distingue des blocs relativement fermes. Toutefois, une division qui ne

36. Cf. A. Gueuret, *L'Engendrement...*, 76.

37. Voici les principales, celles que retiennent tous les exégètes : 2,1-5 (ou 2,1-3) ; 2,22-24 ; 3,1-5 (ou 3,1–2). Le prologue 1,1-4, de tout autre nature, n'entre évidemment pas dans cette catégorie.

respecte pas la continuité du récit au niveau des modalités ne peut que méconnaître l'habileté avec laquelle Luc sait jouer des modèles littéraires.

3. Narrateur et lecteur

Temps et perspective

Les épisodes de Zachée et de Nazareth ont montré la discrétion relative du narrateur, qui utilise en général la focalisation externe. Qu'en est-il du commencement du macro-récit ?

Le temps du récit

Plus que la succession des actions, c'est leur choix qui ne manque pas d'étonner. Le narrateur passe pratiquement sous silence les trente années de Nazareth et s'étend sur des actions qui durent le temps d'une salutation (l'annonce à Marie, la rencontre entre Élisabeth et Marie) ou d'une cérémonie (le sacrifice de l'encens, la circoncision de Jean, la présentation au Temple, le baptême) [38]. Quels critères et impératifs ont présidé à ses choix ? Les précédentes analyses permettent de répondre : l'initiative divine se trouve soulignée dès le commencement, les acteurs humains sont provoqués, invités à y répondre. Le narrateur choisit donc les scènes où s'expriment le plus nettement et l'initiative divine et le consentement humain, fait de louange.

38. Tout lecteur devrait faire pour lui-même le relevé du rapport entre le nombre de versets et la durée des actions correspondantes. Pour Lc 1, par exemple :
– treize versets pour le temps d'un sacrifice (v. 10-22) ;
– un demi-verset pour cinq/six mois (v. 24) ;
– treize versets pour un entretien (v. 26-38) ;
– un verset sur le voyage de Nazareth au pays de Juda (v. 39) ;
– seize versets pour la rencontre Élisabeth-Marie (v. 40-55) ;
– deux versets pour la naissance de Jean (v. 57-58) ;
– vingt et un versets pour le jour de la circoncision de Jean (v. 59-79) ;
– un seul verset sur toute l'enfance de Jean (v. 80). Etc.

Analepses (évocations du passé)

Lorsqu'elles viennent du narrateur, les analepses sont presque toujours explicites : elles indiquent les antécédents des personnages, situent une action en référence au réquisit de l'empereur ou de l'Écriture... Par là l'auteur vise manifestement à informer le lecteur du milieu de vie, des coutumes, des fêtes, des rites, bref de la vie du juif pieux, et à faire le lien entre les événements, lointains ou récents, sans lesquels son récit perdrait toute intelligibilité. Pour la plupart, ces analepses sont donc fonctionnelles : elles permettent l'intelligence d'une situation, d'une action ou d'un personnage. L'aspect fonctionnel d'une analepse n'exclut évidemment pas sa portée théologique. Ainsi, lorsqu'en 3,23 le narrateur note : « il était, *croyait-on*, fils de Joseph... », l'ajout « croyait-on » ne fait pas partie de l'analepse, mais la qualifie : le narrateur indique l'enracinement humain (profondément humain, puisqu'il va jusqu'à Adam) mais il rappelle aussi la naissance virginale – c'est un clin d'œil au lecteur !

Prolepses (évocations du futur)

Les prolepses du narrateur sont rares, imprécises eu égard au temps de la réalisation des événements annoncés ; elles mentionnent seulement le retour d'un personnage plus tard dans le récit primaire, et leur fonction devient ainsi aisément identifiable : relier et unifier des épisodes distants en un macro-récit.

Eu égard au temps du récit, le narrateur a donc un rôle décisif, puisque ces choix permettent au lecteur de connaître l'enjeu des événements et l'identité des acteurs aussi bien que faire se peut. Pour les analepses et les prolepses, il reste beaucoup plus discret, laissant le plus souvent à ses personnages le soin de montrer le rapport essentiel qu'entretiennent passé, présent et futur.

Narrateur omniscient

A la différence des deux épisodes précédemment analysés (Lc 19,1-10 et 4,16-30), en Lc 1–2, le narrateur fait souvent montre d'omniscience. Il connaît et signale les sentiments de Zacharie, d'Élisabeth, de Marie, des bergers même lorsqu'ils ne s'extériorisent pas ; à la Visitation, il sait que l'enfant saute dans le sein d'Élisabeth et que cette dernière fut remplie de l'Esprit Saint

(1,41), avant même que ses paroles ne le manifestent : comment en effet Élisabeth a-t-elle appris que sa cousine Marie sera la mère du Messie ? Plusieurs fois d'ailleurs Luc note que les protagonistes de plusieurs épisodes sont guidés ou remplis de l'Esprit Saint : Zacharie (1,67), Syméon (2,25-27), Jésus (4,1.14). Multiplication de l'Esprit de prophétie, qui vérifie et annonce la venue du salut : le narrateur « impose » nettement son interprétation. Mais, après l'épisode de Nazareth, Luc ne reprendra qu'en de très rares occasions ce statut privilégié : il le laissera à Jésus ! Comment donc expliquer l'omniscience du narrateur en Lc 1–2 ? Sa fonction est tout simplement de favoriser l'information maximale du lecteur (sur l'identité de Jésus). Bref, l'omniscience du narrateur est au service de celle du lecteur.

Voir le salut de Dieu

Si le paradigme « voir » prend toute son ampleur avec Lc 4,16-30, il se trouve déjà présent et préparé dans les premiers chapitres de l'évangile, lié – le lecteur n'y « verra » pas un hasard – à la louange. Ne loue-t-on pas parce qu'on a vu, reconnu les signes de Dieu ? « Mes yeux ont vu ton salut », chante Syméon (2,30), comme déjà les bergers, retournant à leurs moutons, avaient « rendu gloire à Dieu au sujet de tout ce qu'ils avaient entendu et vu selon ce qui leur avait été dit » (2,20). Autre indice, parce que fondé sur une lecture synoptique de la triple tradition [39], la citation que Luc fait d'Is 40 est plus longue que dans les textes parallèles et se termine par ces mots : « et toute chair verra le salut de Dieu » [40]. C'est aussi parce qu'ils ont vu que les bergers peuvent rapporter l'annonce de l'ange à ceux qui avaient déjà vu l'enfant avant eux sans pourtant savoir qu'il était le Sauveur (2,15-18) : « Allons à Bethléem et voyons... » Voir les signes de Dieu et les proclamer, n'est-ce pas louer ?

39. Comparer Mt 3,3, Mc 1,3 et Lc 3,4-6.
40. Il s'agit d'un cas évident d'analepse (évocation d'une Écriture passée) proleptique (car ce passage était lui-même prophétie). Comme l'ont noté les exégètes de Lc, l'évangéliste évoque ici proleptiquement l'annonce de l'Évangile à toutes les nations.

Mais comment reconnaître les signes de Dieu : l'enfant, les langes, la mangeoire ? A quels signes le salut, et donc le Sauveur, se donnent-ils à reconnaître ? Telle est bien la question qui va courir tout au long des chapitres suivants de l'évangile.

Conclusion

Que le récit lucanien commence par une série d'épisodes où les voix angéliques annoncent des naissances humaines et où les voix humaines rappellent la mémoire divine tient du paradoxe, mais certainement pas de la confusion, puisque ce récit trouve en cet échange son extension et sa nature.

Nature doublement gnoséologique, nous l'avons dit : pour les personnages du récit et pour le lecteur, qui en sait beaucoup sur Jésus. Il connaît son origine ou sa filiation divine, sa dignité de Messie-Seigneur et Roi, son rôle de Sauveur, sa qualification prophétique par l'Esprit reçu à profusion. Il sait également que Jésus le sait. Le lecteur est donc très renseigné dès le début du récit. A quelle fin ? Un coup d'œil sur ce dont les personnages du récit sont informés permet de répondre, car ceux à qui l'identité de Jean-Baptiste et de Jésus est révélée et ceux qui viennent au Jourdain pour se faire baptiser ne sont pas les mêmes. Grâce aux premiers, Luc a pu faire entrer son lecteur dans une certaine intelligence du mystère ; grâce aux seconds, il va lui donner de suivre l'itinéraire concret de la reconnaissance. Donner au lecteur, et dès le début, une information maximale sur l'identité et la vocation des protagonistes implique évidemment que le reste de récit ait pour fonction de vérifier comment l'une et l'autre s'effectuent.

Une question reste inentamée, à laquelle nous ne pourrons faire droit qu'avec les épisodes de Lc 24 : si, en Lc 1-4, les analepses bibliques sont aussi nombreuses, comment se fait-il qu'elles ne se transforment jamais, ou presque [41], en citations explicites, à la manière de Mt 1–2 ?

41. Cf. Lc 3,4-5, qui appartient au demeurant à la triple tradition.

CHAPITRE IV

L'identité de Jésus. Lc 4,14–9,50

Les passages qui suivent l'épisode de Nazareth et vont jusqu'au départ vers Jérusalem (9,51) appartiennent dans leur grande majorité à la double ou triple tradition. Il est dès lors intéressant de relever toutes les différences par lesquelles se manifeste la narrativité lucanienne.

Mais, plus que l'accumulation de détails pertinents voire savoureux, c'est la dynamique du récit qu'il importe d'interroger. Car on a coutume de dire que, du baptême à la déclaration de Pierre [1], Marc et Luc suivent en gros le même déroulement narratif, qui est pour Jésus un temps de réussite et pour l'Évangile une expansion continue. Certes, pareille généralisation exige des nuances, fournies d'ailleurs par les commentateurs ; il n'en demeure pas moins vrai que les débuts du ministère de Jésus semblent appuyer ce type d'appréciation, que nous allons quelque peu secouer.

1. La dynamique du récit lucanien

L'espace comme principe structurant ?

Un récit doit parfois sa raison d'être et sa dynamique au lieu où se déroule l'action, plus souvent à cause de l'île, de la ville,

1. Cf. Mc 1,14–8,38 ; Lc 4,14–9,50. Le *terminus ad quem* varie selon les commentateurs : on y inclut aussi la Transfiguration et la guérison de l'enfant possédé.

bref de l'espace que le héros doit rejoindre et qu'habitent ceux qui sollicitent sa présence salvifique ; le récit est alors coextensif au voyage, semé d'embûches chaque fois surmontées par des exploits qui sont autant de moyens de se rapprocher du but, l'Ithaque sur les rivages de laquelle finiront le voyage et le récit de l'*Odyssée*. N'en serait-il pas de même dans les Actes, où les Apôtres vont devoir, à partir de Jérusalem et en passant par l'Asie Mineure, puis la Grèce, porter l'Évangile aux portes de Rome ? L'espace aurait alors une valeur symbolique, celle de l'expansion et de la force spirituelle du message qui entre dans la capitale de l'Empire avec les chaînes de Paul. Ne serait-ce pas également le voyage qui déterminerait le choix des épisodes dans notre section (4,14–9,50) et la suivante (9,51–19,44) ?

Sans préjuger de l'importance du voyage vers Jérusalem qui commence en Lc 9,51, il est difficile de dire qu'un itinéraire précis pour l'expansion de la Bonne Nouvelle guide notre évangéliste en 4,14–9,50. Certes, lorsque les gens de Capharnaüm cherchent à le retenir, Jésus réplique : « Aux autres villes aussi il me faut annoncer la Bonne Nouvelle » (4,43). Et le narrateur fera écho à cette déclaration en répétant plusieurs fois que Jésus se trouve ou va dans une (autre) ville [2], mais la distance parcourue est réduite ; en dépit de ses déclarations, Jésus revient même à Capharnaüm (7,1). De plus, après le début du ch. 8, il est pratiquement impossible de savoir où se déroule l'action, même si l'on peut dire, sans grand risque d'erreur, qu'elle se situe en Galilée, surtout au bord du lac [3]. Luc signale encore que Jésus se retire dans *la* montagne, c'est-à-dire sur les hauteurs de Galilée (6,12 ; 9,28) [4], et dans les endroits déserts (4,42 ; 9,10.12), il note aussi qu'il envoie les Douze en mission, mais on ne sait pas où, et le géographe le plus appliqué aurait bien du mal à tracer un parcours précis à partir des diverses indications fournies. L'hypothèse de l'expansion reste donc fragile, eu égard au refus

2. Cf. Lc 5,12 ; 7,11 ; 8,1.
3. Cf. Lc 5,1.2 ; 8,22.23.33. En 4,44 il est dit que Jésus prêche dans les synagogues de *Judée*. Par ce mot, Luc n'entend pas le Sud de la Palestine (opposé au Nord, la Galilée) : le terme désigne ici, comme dans la langue des Grecs, l'ensemble du pays, mais le verset suivant, où il est question du lac, montre qu'il faut sans doute le restreindre à la Galilée.
4. Même façon de s'exprimer chez les deux autres Synoptiques.

des Géraséniens de voir Jésus rester sur leur territoire (8,37) et au silence de Luc sur le voyage dans les régions de Tyr et Sidon ; elle devient contestable si l'on ne tient pas compte du phénomène inverse, qui semble même entraver les déplacements de Jésus (cf. par exemple 8,45) : les foules viennent à lui de partout, de Jérusalem, de Judée-Galilée, de Tyr et de Sidon (6,17 ; 8,40). Au mouvement centrifuge de diffusion de la renommée de Jésus et de l'Évangile, correspond donc un mouvement centripète dû à l'attraction exercée par celui en qui le peuple reconnaît un grand prophète. Plus que le parcours ou l'itinéraire, il faut retenir le *dessein* : Jésus *veut* porter la Bonne Nouvelle. Et la question des destinataires ne se pose pas d'abord en termes d'espace (où ?) mais de personnes (à qui ?) : aux pauvres (6,20 ; 7,22, qui font écho à 4,18), où qu'ils soient. C'est le discours programmatique de Lc 4,16-30, et non le déplacement de Jésus et son terme, qui fait entrer dans l'intelligence de notre section (4,14–9,50).

Les relations entre personnages

Si ce sont les relations entre personnages qui semblent pouvoir donner la clef d'interprétation de ces chapitres, la difficulté n'en rebondit pas moins : le récit se développe-t-il grâce à une tension grandissante, due à une opposition de plus en plus organisée, violente, ou au contraire vise-t-il à décrire le rapport entre Jésus et des disciples toujours plus associés à son projet et à son œuvre ?

L'opposition

A n'en pas douter, l'opposition à la personne et au message de Jésus est déjà présente en cette section. L'épisode de Nazareth finit sur un rejet, qui, on l'a vu, en annonce d'autres. Mais est-ce la tension grandissante qui provoque et appelle les actions et les événements ? Certainement pas, et pour plusieurs raisons. Si la dynamique venait de l'opposition, celle-ci devrait être mentionnée assez rapidement et sa nature précisée pour que les événements soient interprétés à cette lumière, comme dans l'évangile de Marc où le dessein de mort des opposants est énoncé dès les premières rencontres :

> Une fois sortis, les pharisiens tinrent aussitôt conseil avec les hérodiens contre Jésus sur les moyens de le faire périr. *Mc 3,6*

Or, que se passe-t-il dans la section équivalente de Luc ? En un certain nombre d'épisodes, qui forment d'ailleurs une unité assez nette (Lc 5,17–6,11), les pharisiens et les scribes s'interrogent sur les paroles et le comportement de Jésus, sans cacher leur étonnement et leur réprobation. La section finit même par une mention de leur fureur mais, à la différence de Marc, Luc oblitère le dessein meurtrier de leur réaction ainsi que le complot avec les hérodiens... Et si, de son côté, Jésus critique les pharisiens et légistes qui ont refusé le baptême de repentance proposé par Jean (7,30), les relations ne sont pourtant pas rompues, puisque ensuite un des leurs invite Jésus chez lui (7,36) : on n'invite jamais à table un ennemi mortel, sinon pour l'empoisonner, mais rien de tel ici. Certes, nous saurons de la bouche même de Jésus [5] que l'homme l'a accueilli pour des raisons ambiguës, mais l'épisode ne se termine pas par une exclusion, seulement par une question, laquelle n'a aucune connotation négative, à la différence de la toute première en Lc 5,21. Comment ne pas voir l'évolution positive qui va de 5,21 à 7,49 ?

> Qui est cet homme *qui dit des blasphèmes* ? Qui peut pardonner les péchés, sinon Dieu seul ? *Lc 5,21*
> Qui est cet homme qui va jusqu'à pardonner les péchés ? *Lc 7,49*

On dira peut-être qu'entre ces deux questions il y a eu des signes pour lever le doute sur l'identité de Jésus. En réalité, les doutes ne se sont pas tous envolés, mais la réaction des convives n'a rien d'un refus. Même s'ils ne disent pas de Jésus qu'il est prophète, ils n'en sont pas moins ébranlés par la façon dont ce

5. Noter encore une fois la discrétion du narrateur, qui, au début du récit, ne dit pas : « Mais il ne le reçut pas avec tous les gestes et rites qu'exige l'hospitalité. » C'est Jésus qui, en manifestant l'ambiguïté de l'accueil, va montrer qu'il connaît les reins et les cœurs et se révéler prophète, ce que l'autre refusait précisément de croire !

dernier a mis à nu les intentions de son hôte et notifié la conversion de la femme ; serait-il donc prophète ? Mais pourquoi va-t-il jusqu'à déclarer le pardon ?

D'hostilité, il n'en sera plus question, sinon dans la bouche de Jésus, tout en fin de section (9,22.44), et les opposants ne seront pas les mêmes. Bref, avant comme après Lc 6,11, le récit n'est pas structuré par l'antagonisme entre les pharisiens et Jésus. Une très brève comparaison entre deux épisodes de la section a même permis de discerner un changement dans les attitudes : de la réprobation totale à l'interrogation embarrassée, car certains signes donnent à penser que Jésus pourrait être un prophète. La question est ainsi posée par ceux-là mêmes qui pourraient lui donner une réponse négative.

Mais, objectera-t-on, la section finit avec deux annonces de la Passion. Certes, mais il s'agit de prolepses faites par Jésus alors que personne ne s'y attend, surtout pas ses disciples, qui restent déconcertés, preuve supplémentaire que l'hostilité ne menait ni les événements ni le récit.

Les foules et les disciples

Le narrateur note souvent que les foules sont à la recherche de Jésus, qu'elles le suivent, qu'elles l'entourent, se serrent autour de lui pour l'écouter et se faire guérir [6]. Mais il ne signale pas que le nombre de ceux qui accourent vers Jésus s'accroît ni que leur attitude se transforme (par exemple de la curiosité à l'être-disciple) du début à la fin de la section. Ce n'est donc pas cet élément qui détermine la dynamique du récit.

Avec les disciples, il est en revanche possible de tracer une certaine progression dans leur rapport à Jésus :

> *Le choix.* Jésus commence par en appeler quelques-uns, une famille de pêcheurs et leurs compagnons (5,1-11), puis un percepteur (5,27). Du groupe des disciples, il appelle les Douze (6,13-16).

6. Ces notations se retrouvent chez les deux autres Synoptiques, avec un vocabulaire identique ou équivalent : des adjectifs (« toute » [la foule], « tous », « nombreux ») et des substantifs (la ou les « foules », la « multitude »). Noter cependant qu'en cette section, à la différence de Marc, Luc utilise également le mot « peuple » (*laos*) pour décrire la multitude qui écoute et entoure Jésus.

La formation et la mission. Jésus leur délivre un enseignement, en commun avec les foules (6,20-49 ; 8,4-8), mais aussi en particulier (8,9-15) ; il envoie en mission les Douze, leur donnant une autorité semblable à la sienne (9,1-6).

La connaissance et ses conséquences. Par la bouche de Pierre (9,18-19), les disciples en viennent à confesser Jésus comme Messie, et cette connaissance leur est propre (9,21) [7], elle implique qu'ils entrent dans le mystère même de Jésus. Vient alors la révélation de la filiation de Jésus et de sa gloire à Pierre, Jean et Jacques (9,28-36). La section finit par la deuxième annonce de la Passion, dont les disciples ne saisissent pas la portée (9,43-45), et par un rappel de l'attitude du vrai disciple (9,46-48).

Avons-nous donc trouvé en ce cheminement un des fils conducteurs du récit en Lc 4,14–9,50 ? Mais il ne suffit pas de constater l'existence d'un réel progrès dans la relation entre Jésus et ses disciples, il reste à en saisir la fonction, bref à l'interpréter. Les textes visent-ils à manifester la progressive différence existant entre la connaissance que les disciples ont de leur maître et celle qu'en ont les foules ou les pharisiens ? Ne privilégient-ils pas plutôt la formation des disciples, en vue de leur rôle futur ?

Certains silences de Luc sur le manque de foi des disciples ou sur leur inintelligence [8] semblent favoriser la première hypothèse. Mais il importe de relativiser la linéarité de la progression à laquelle pourrait faire croire le précédent relevé des données, quelque peu sommaire : en Luc comme en Marc, la section finit par une double incompréhension, la première relative aux souffrances de Jésus (9,45) et la seconde au statut de disciple (9,46-48). Quant à la seconde hypothèse, celle d'une formation progressive des disciples, en particulier des Douze, rien n'indique qu'il s'agisse de l'élément porteur du récit, d'abord parce que Jésus, à qui il revient d'interpréter les événements depuis l'épisode de Nazareth, n'en dit rien, et le narrateur pas davantage.

7. Pour « maître » (*epistatès*), utilisé uniquement par les disciples en cette section (Lc 5,5 ; 8,24 [deux fois] ; 8,45.9,33.49), cf. O. Glombitza, « Die Titel *didaskalos* und *epistatès* für Jesus bei Lukas », *ZNW* 49 (1958) 275-278. Ce titre implique la reconnaissance d'une dépendance et d'une autorité qui n'est pas seulement celle d'un savoir (à la différence de *didaskalos*, utilisé par d'autres acteurs, y compris les pharisiens).

8. Comparer par ex. avec Mc 8,14-21 ; 8,33.

Quand donc notre narrateur sort-il de son habituelle réserve ? Quels thèmes reviennent souvent dans la bouche des personnages, en particulier Jésus ? Quelle fonction donner aux péricopes propres à Luc (5,1-10 ; 7,11-17 ; 7,36-50) ? Tels sont les éléments à partir desquels nous entrerons dans la dynamique de la section.

La reconnaissance de Jésus

Un bref coup d'œil sur les autres Synoptiques montre que si le narrateur lucanien semble plus disert en cette section, c'est très souvent parce qu'il suit la double ou la triple tradition. Un motif revient peut-être plus souvent chez lui que chez Mt [9] et Mc, celui du rapport entre l'enseignement ou l'annonce de l'Évangile et les guérisons : la Bonne Nouvelle s'inscrit dans le corps des auditeurs.

> *4,31-37* (= Mc 1,21-28) : par deux fois est établi le rapport entre la parole d'autorité de Jésus et la maladie/guérison : par le narrateur aux v. 32-33, par tous les acteurs témoins au v. 36 ;
>
> *5,15* Luc seul (et en narrateur extradiégétique) ajoute que de grandes foules « s'assemblaient pour l'entendre et se faire guérir de leurs maladies ».
>
> *5,17* (propre à Luc ; comparer avec Mt 9,1 et Mc 2,1-2) : le narrateur signale que Jésus enseigne et, immédiatement après, que la puissance du Seigneur est à l'œuvre pour lui faire opérer des guérisons ;
>
> *6,18* (= Mt 4,23-25) : après avoir mentionné la présence de la multitude, le narrateur ajoute : « ils étaient venus pour l'entendre et se faire guérir de leurs maladies » ;
>
> *8,1-2* (sans parallèle) : le narrateur commence par dire que Jésus *proclame la Bonne Nouvelle* et ajoute, sans expliciter le rapport, que des femmes *guéries d'esprits mauvais et de maladies* le suivent : l'annonce de l'Évangile s'accompagne évidemment de guérisons !
>
> *9,2* (= Mt 10,7-8) : Jésus envoie les Douze pour proclamer le règne de Dieu et faire des guérisons – notation du narrateur (alors qu'en Mt 10,7-8 c'est Jésus qui parle) ;

9. Mt 9,35 (qui reprend Mt 4,23) n'a pas son correspondant en Luc. Je n'ai pas relevé ici les seules mentions d'une parole de menace (Lc 4,39 ; 9,42 et par.) ou de guérison (Mt 8,16 ; Lc 7,14), mais seulement le rapport annonce/guérisons.

9,6 (= Mc 6,12-13) : les disciples – observe encore le narrateur – annoncent la Bonne Nouvelle et font partout des guérisons.

L'insistance du narrateur lucanien est obvie, eu égard au nombre des occurrences et à leur dissémination, du début à la fin d'une section sensiblement plus brève chez lui que chez Mt/Mc, ainsi que l'épisode de Nazareth le laissait prévoir. Mais pourquoi met-il autant l'accent sur la *parole* puissante de Jésus ? Il ne le dit pas directement, et, cette fois encore, nous le saurons grâce aux personnages du récit.

Ce qui ne peut manquer de frapper le lecteur, même inattentif, c'est l'intérêt que manifestent tous les habitants de la Palestine d'alors pour Jésus. Du plus humble au roi Hérode, ils s'interrogent sur son identité. Presque tous s'accordent d'ailleurs à reconnaître en lui un prophète. Et si le titre que lui donnent les foules est rapporté par les trois Synoptiques [10], il acquiert dans la section correspondante du IIIe évangile une importance unique. Qu'il suffise de donner la liste de ses occurrences [11] :

versets	**parallèle**	**locuteur**	**texte**
4,24		Jésus	« Un *prophète*, pas acceptable dans sa patrie »
4,27		Jésus	« au temps du prophète Élisée »
6,23	Mt 5,12	Jésus	prophètes persécutés dans le passé
6,26		Jésus	faux prophètes bien traités dans le passé
7,16		témoins	« un grand *prophète* s'est levé parmi nous »
7,26	Mt 11,9	Jésus	« Jean-Baptiste : plus qu'un prophète »
7,39		pharisien	« si celui-ci était un *prophète* »
9,8	Mc 6,14	d'autres	disent que Jésus est un *prophète* ressuscité
9,19	Mt 16,14/ Mc 8,28	d'autres	Jésus vu comme un *prophète* (ressuscité = Lc)

Ce n'est donc pas le narrateur qui utilise le titre de prophète, mais les personnages du récit : Jésus d'abord, qui ne cesse de rappeler que les *vrais* prophètes, des plus anciens jusqu'aux derniers (Jean et lui-même, car il se range implicitement dans cette catégorie en Lc 4), ne sont pas reconnus, bien plutôt persécutés ; tous les autres acteurs ensuite, qui s'interrogent sur

10. Cf. Mt 16,14 ; Mc 8,28 ; Lc 9,19.
11. Le titre « prophète » est en italiques toutes les fois qu'il s'applique directement à Jésus.

son identité ou acclament en lui un prophète. Bref, avec son art habituel, le narrateur met l'accent sur la parole toute-puissante de Jésus afin de justifier les divers niveaux de reconnaissance auxquels parviennent les personnages.

Trois points semblent se dégager des données du texte.

1) *Tous* sont amenés à s'interroger sur l'identité de Jésus [12], eu égard à sa renommée : qui est-il pour s'imposer aux démons, aux éléments déchaînés, et pour pardonner les péchés ? Les foules voient en lui un prophète, et les disciples vont jusqu'à confesser sa messianité. Certes, de l'interrogation embarrassée à la proclamation joyeuse la distance est énorme, mais l'important est bien que la renommée de Jésus atteigne les confins de la Palestine et qu'elle vienne de sa parole d'autorité, de ses guérisons, bref de signes qu'il faut interpréter et qui exigent une réponse.

2) Pour *Jésus* le titre « prophète » implique rejet et mort. N'oublions pas d'ailleurs que la section commence et finit par une double prolepse de Jésus sur son sort :

Lc 4,24	« Aucun prophète n'est acceptable dans sa patrie. »
Lc 9,22	« Le Fils de l'homme doit beaucoup souffrir, être rejeté... »
Lc 9,44	« Le Fils de l'homme va être livré aux mains des hommes. »

La fonction inclusive de ces prolepses est indéniable. Elles déterminent l'interprétation de la section et soulignent le contraste qui la sous-tend : alors que tous connaissent ses actes de puissance, que les foules voient en lui un prophète et le suivent partout avec assiduité, Jésus annonce à ses disciples qu'il va subir le rejet et la mort ! Comment un prophète aussi puissant en paroles et en actes, reconnu par les multitudes, peut-il être mis à mort ?

12. La nuance positive de ces interrogations qui affleurent en milieu et fin de section a déjà été notée à propos de 7,36-50. Pour Hérode, la connotation positive, mais encore ambiguë, apparaît avec la phrase finale : « et il cherchait à le voir » (Lc 9,9). Ayant déjà lu l'épisode de Zachée, nous pouvons saisir la différence entre les deux désirs. Cette remarque finale du narrateur est une prolepse interne, puisqu'on en verra la réalisation durant la Passion de Jésus.

3) Les deux points précédents expliquent la christologie indirecte de la section : si Jésus ne dit jamais explicitement qu'il est prophète ou messie, c'est parce qu'il laisse à ses auditeurs l'entière liberté d'accepter ou non les signes.

La reconnaissance est donc sollicitée. Mais par quels signes ? L'épisode de Naïn, bref et typique à bien des égards, permettra de saisir la manière dont le récit lucanien combine l'agir de Jésus (la performance) et la réaction des témoins (la sanction), mais aussi et surtout comment s'articule toute la section.

2. Quel prophète ? Lc 7,11-17

Questions de perspective

Le récit est équilibré en ses articulations : deux versets d'introduction (v. 11-12), trois pour décrire l'action de Jésus (v. 13-15) et deux qui consignent la réaction positive de louange et sa diffusion (v. 16-17). Cet équilibre des phases ne permet pas de repérer immédiatement où le récit met l'accent. Une étude de perspective s'impose donc.

Le récit commence par une présentation des personnages, en deux temps :

v. 11 a) Jésus en mouvement vers une ville (dont le nom est donné : *Naïn*),
b) les disciples suivent,
c) et une grande foule ;

v. 12 (quand Jésus arrive près de la porte de la ville)
a) un mort, fils unique, porté en terre,
b) sa mère, veuve,
c) avec elle une foule considérable de la ville.

Le parallèle saute aux yeux : deux groupes nombreux, mais allant dans des directions *opposées*. Le fait d'avoir décrit les groupes séparément, de façon contiguë, renforce ce que le mouvement spatial indique : ces deux groupes n'ont rien en commun ;

tout les sépare : les premiers suivent un homme puissant et les autres un mort. On aura sans doute noté que le narrateur reste muet sur les sentiments des uns et des autres [13]. Souffre-t-elle, pleure-t-elle, cette femme qui n'a plus personne, ni mari ni fils ? Et la foule des voisins, des amis, se lamente-t-elle ? Mais, objectera-t-on, le nombre des personnes présentes aux funérailles ne signifie-t-il pas que cette mort n'était indifférente à personne et n'est-ce pas une manière voilée d'indiquer la force des liens et des sentiments ? Peut-être, mais tout reste ambigu ; le narrateur ne prépare-t-il pas plutôt la finale du récit : l'immense foule qui suit la veuve pourra témoigner de la puissance de Jésus et diffuser les merveilles opérées par lui ? A vrai dire, les deux interprétations ne s'opposent pas, mais comment les justifier ? Grâce à la dynamique du récit.

Si le narrateur ne signale ni les sentiments de ceux qui suivent le mort ni la réaction des disciples, lesquels auraient pu alerter Jésus sur la tristesse ou la misère de cette femme, ce n'est pas qu'il les oublie, mais que ce silence provoque un effet de contraste : à la présentation laconique et purement objective, extérieure, des personnages, succède une focalisation interne, avec la mention de la pitié de Jésus, qui fait basculer le récit ou plutôt l'amorce.

Que le narrateur ait délibérément adopté la focalisation externe pour décrire les groupes met évidemment en relief la réaction de Jésus, sujet de presque tous les verbes des v. 13-15 : il vit, fut pris de pitié, dit (à la veuve), s'avança, toucha, dit (au mort)..., donna le jeune homme à sa mère. Comme pour l'épisode de Zachée, c'est son initiative qui provoque l'événement : si Jésus était passé sans s'arrêter devant la veuve ou sans s'adresser au percepteur, aucun de ces personnages n'aurait pu connaître la joie. Le parallèle entre les deux épisodes ne s'arrête pas là : dans l'un et l'autre cas, la parole de Jésus permet d'entrer dans le cœur des êtres ou révèle peu à peu leur identité. C'est par Jésus en effet que nous apprenons la souffrance de la femme : « Ne pleure plus » (v. 13), et que nous est indiqué l'âge du mort : un

13. Cette description externe des personnages, rappelons-le, est commune à l'ensemble des écrivains de l'Antiquité. Cela ne signifie pas qu'ils sont incapables, à travers les actions et les paroles, de camper en profondeur leurs personnages ou de suggérer leur être intérieur (vérité, mensonge, ambiguïté, peur, etc.).

jeune homme ! Parole puissante surtout, puisqu'elle est immédiatement suivie d'effet : d'elle viennent toutes les transformations qui suivent. Comment d'ailleurs ne pas noter la cascade de paroles engendrées par celle de Jésus :

> Jésus dit : « Réveille-toi »
> le mort se mit à parler
> tous dirent : « Un grand prophète s'est levé [14]... »
> et cette parole (*logos*) se répandit dans toute la Judée.

Mais un fait surtout confirme que l'accent est mis sur Jésus, sur sa pitié et sa parole puissante : au v. 13, en le nommant « Seigneur » (*kyrios*), le narrateur donne en quelque sorte congé à sa focalisation externe. Il ne parle plus en reporter qui relaterait un fait divers, voire un grand événement, mais en croyant. Pour lui, c'est le maître de la vie et de la mort qui s'adresse à la veuve.

Un point n'a jusqu'à présent pas assez retenu l'attention des exégètes. Juste après la présentation des deux groupes, le narrateur amorce ainsi le début de l'action : « en *la* voyant » (v. 13*a*). Ce n'est pas le mort qui provoque sa pitié, mais la mère qui pleure. Par le regard et la parole de Jésus le personnage de la femme reçoit toute sa consistance narrative : le lecteur comprend alors qu'elle pleure parce qu'elle aime et souffre comme seule une mère peut souffrir, et que c'est précisément cette souffrance qui est intolérable au cœur du Seigneur. Ce n'est donc pas la ou le mort comme tels ni le retour à la vie qui importent en ce passage, mais qu'une mère, déjà veuve, ait perdu son fils unique et que Jésus ne supporte pas de la laisser pleurer. Le retour à la vie n'est en rien le but de son initiative. L'action finit en effet par une belle observation : « Et il le donna à sa mère. » Que le mort se mette à parler n'a ici aucun intérêt, sinon pour la chaîne signifiante déjà mentionnée plus haut. Mais c'est l'inclusion sémantique qui donne aux v. 13-15 toute leur densité :

14. Le verbe du v. 14 : « réveille-toi » ou « *lève-toi* », est repris par les témoins au v. 16 : « un grand prophète *s'est levé* parmi nous ». L'effet de sens est obvie. Je n'insiste donc pas.

v. 13*a* « Le Seigneur eut pitié d'elle » ;
v. 15*b* « Et Jésus le donna à sa mère. »

La femme devient mère au moment où elle reçoit l'enfant des mains de Jésus, lorsqu'elle accueille comme fils ce jeune homme dont la vie ne vient plus d'elle mais du Créateur : du geste de Jésus, elle-même et le jeune homme reçoivent leur identité de mère et de fils. Peut-on imaginer parole plus puissante et geste plus aimant ?

Le paradoxe se redouble alors. Si Jésus n'a voulu que la joie de cette mère, comment se fait-il que le narrateur ait oublié de signaler l'action de grâces de cette dernière, à la manière de la femme courbée de Lc 13,13 ? Une fois encore ce ne sont pas les sentiments de la femme-mère qui comptent en ce récit : ni avant la parole d'espérance, ni après le geste qui lui rend l'être aimé, mais bien que tout se sache et se fasse par Jésus. Au demeurant, la mère et le fils ne font pas preuve d'ingratitude : le texte signale que *tous* sans exception « rendent gloire à Dieu » (v. 16), et, comme celui de Lc 19,7, l'adjectif « tous » (*pantes*) a une extension maximale qui inclut la femme et le jeune homme.

On voit ainsi comment le narrateur procède : il commence par une description des deux groupes, puis il centre le récit sur l'acteur Jésus : sa réaction, son initiative, sa parole agissante et ses conséquences ; puis, immédiatement, il revient au groupe, cette fois unifié :

a les deux foules nombreuses, mais séparées ;
b Jésus : sa parole, son geste ;
a' tous unis dans la louange.

La transformation n'est donc pas seulement celle du retour d'un jeune homme à la vie, ni même celle d'une mère privée de son fils et le recevant ensuite vivant des mains du Seigneur, mais celle de deux foules disjointes réunies désormais dans la louange.

Le schéma concentrique précédent reste sommaire, partial même, dans la mesure où il ne tient pas compte de l'objet de la louange : même si, aux v. 16-17, Jésus ne parle ni n'agit plus, il reste présent, voire omniprésent, puisque sa renommée s'étend jusqu'aux confins de la Palestine. La dynamique du texte est bien dans cette expansion christologique : sa parole, son agir justifient la reconnaissance dont il est l'objet et sa renommée grandissante. La pointe christologique peut maintenant être affirmée sans risque d'erreur.

Les analepses

Un autre acteur est encore mentionné aux v. 16-17 : Dieu, glorifié parce qu'Il a visité son peuple. Le v. 16*c* reprend manifestement le début et la fin du *Benedictus* (1,68.78). Pourquoi ces énoncés sont-ils précisément évoqués et redits ici ? Sans doute parce que dans les deux cas il s'agit du don d'un enfant : pour Zacharie et Élisabeth, qui avaient tant supplié pour en avoir un, et pour cette veuve qui venait de perdre le sien. Mais c'est moins le don lui-même qui est ici considéré que le passage de Jésus, assimilé à la visite salvifique de Dieu. La question rebondit : comment par ce geste Jésus peut-il se faire reconnaître comme Prophète et Envoyé de Dieu ?

Les exégètes de Luc ont suffisamment souligné la présence diffuse d'allusions au récit d'Élie réanimant le fils unique de la veuve de Sarepta pour qu'il faille s'attarder sur ce point. Rappelons seulement les mots qui font écho à 1 R 17,17-24 (*LXX*) [15] :

1 R 17,17-24	**Lc 7,11-17**
la veuve (v. 20)	une veuve (v. 12)
son fils mort (v. 17.20)	un mort fils unique (v. 12)
l'enfant cria (v. 22)	le mort commença à parler (v. 15)
[Élie] le donna à sa mère (v. 23)	[Jésus] le donna à sa mère (v. 15)
tu es homme de Dieu (v. 24)	un grand prophète s'est levé (v. 16)

Les acteurs du récit ont-ils fait le rapprochement entre le geste de Jésus et celui d'Élie ? Le texte ne le dit pas, mais cela n'est pas impossible, eu égard aux autres signes ; en tout cas, les foules

15. Cf. aussi T.L. Brodie, « Towards Unraveling Luke's Use of the Old Testament : Luke 7 : 11-17 as an Imitatio of 1 Kings 17 : 17-24 », *NTS* 32 (1986) 247-267.

ont vu en Jésus l'Élie de la fin des temps (9,18). Pour le lecteur, la reconnaissance est ici facilitée par les correspondances verbales, en particulier celle de Lc 7,16 et de 1 R 17,24 (« il le donna à sa mère »), mais surtout par Lc 4,26-27 où il était déjà question de la veuve de Sarepta. Tels sont les signes grâce auxquels se donne à reconnaître la visite de Dieu. Mais ces analepses invitent à lire le contexte du passage, lequel permettra de donner à cet épisode le relief qu'il mérite.

Le contexte : d'une femme à une autre

Il est relativement aisé de tracer un chemin dans l'apparent maquis de notre section. Après le discours dans la plaine, Jésus entre dans Capharnaüm où il guérit un esclave sur le point de mourir. Une progression peut ainsi se lire de l'un à l'autre épisode :

7,1-10	à Capharnaüm, guérison d'un *mourant* ;
7,11-17	à Naïn, résurrection d'un jeune homme *mort*, fils d'une veuve.

Ces deux miracles ne sont pas isolés de ce qui suit : dans sa réponse aux envoyés de Jean, Jésus renverra aux résurrections de morts opérées par lui : « Les morts ressuscitent » (7,22). La fonction des épisodes de Capharnaüm et de Naïn apparaît alors plus claire : le narrateur y prépare la question sur l'identité de Jésus et la réponse de ce dernier. Grâce à ces deux actes de puissance et aux autres guérisons – celles qui ont précédé et celles que le narrateur énumère dans le sommaire qui suit (7,21) –, Jésus pourra simplement dire : voyez ce que j'ai fait ! Mais la reconnaissance est possible parce que ces signes correspondent à une attente, elle-même suscitée par une promesse : dans sa réponse, Jésus fait écho au texte d'Isaïe déjà lu lors de l'épisode de Nazareth, et à d'autres [16], signifiant encore une fois qu'il faut voir en tout cela l'accomplissement des prophéties. Au demeurant, si l'on se donne la peine de parcourir les scènes qui se suivent de Lc 7,1 à 7,49, l'unité de l'ensemble saute aux yeux ;

16. Cf. Is 26,19 ; 29,18 ; 35,5-6 ; 61,1.

du début à la fin du chapitre, il s'agit de l'être-prophète de Jésus et des signes qui permettent de le reconnaître :

Lc 7,1-10	Jésus guérit un mourant
Lc 7,11-17	Jésus ressuscite un mort, fils d'une **femme** veuve : c'est un grand *prophète* !
Lc 7,18-23	question de Jean sur Jésus : « Es-tu Celui qui vient ? » réponse : liste des signes (cf. Isaïe).
Lc 7,24-28	question de Jésus à propos de Jean : « Un *prophète* ? » réponse : « Plus qu'un *prophète ;* ...mon messager devant toi. »
Lc 7,29-35	l'accueil fait à Jean et à Jésus : par le peuple, les publicains, les pécheurs : positif ; par les pharisiens et les légistes : négatif.
Lc 7,36-49	un pharisien : Jésus *prophète* ? pardon d'une **femme** pécheresse.

Avec la leçon de Nazareth et les annonces de la Passion en Lc 9, ces péricopes déterminent la compréhension de Lc 4,14–9,50, pour plusieurs raisons.

1) Les deux épisodes proprement lucaniens de la section, Lc 7,11-17 et 7,36-49, en indiquent l'enjeu : la reconnaissance de Jésus comme *prophète*. Et l'évolution de l'un à l'autre épisode est évidente. Dans le premier, *tous* sans exception reconnaissent en Jésus un prophète, tant le signe rappelle les actions des grands thaumaturges du passé d'Israël et comble leurs attentes. Dans le second au contraire, le statut de prophète semble refusé à ce même Jésus puissant en œuvres et en paroles, pour la simple raison qu'apparemment il ne reconnaît pas une pécheresse et se laisse toucher par elle. Son enseignement et ses actes de puissance, les guérisons, semblent donc bien manifester son être-prophète, mais d'autres circonstances, comme son attitude envers la pécheresse, semblent remettre en question ce statut. Les témoins ne peuvent donc que s'interroger sur son identité. Lc 19 donne un autre exemple de la surprise provoquée par une semblable initiative de Jésus, qui s'invite lui-même (un comble !) chez un pécheur notoire. Mais tel est bien l'effet de sens préparé par le narrateur : les deux types de réaction de Jésus sont à

prendre ensemble et constituent des signes nécessairement *complémentaires*. Ne retenir comme signes que les guérisons physiques, c'est refuser d'aller jusqu'au bout des voies de Dieu. Les pauvres à qui la Bonne Nouvelle est annoncée sont précisément des pécheurs et des publicains, tous ceux qui ont besoin de médecin, et que méprisent les soi-disant justes.

2) Dans l'un et l'autre épisode, Jésus rencontre deux femmes en pleurs. A la première il demande de sécher ses larmes, alors qu'il ne semble prêter aucune attention à la seconde. Deux attitudes totalement différentes ! Sans doute parce que en Lc 7,38 la femme pleure de joie et qu'il aurait été déplacé de stopper une si intense consolation. Mais la situation de la veuve privée de son fils unique n'a-t-elle vraiment rien à voir avec celle de la pécheresse, femme perdue ? Leur joie n'est-elle pas celle du salut ? Et si Luc a placé l'épisode de Naïn avant celui de la pécheresse, n'est-ce pas parce qu'il veut aller de la mort physique à la mort spirituelle, de la résurrection physique à la spirituelle, comme il fera pour les deux sortes de cécité, en Lc 18,35-43 et 19,1-10 ? Que la pitié et le pardon de Jésus envers deux femmes soient les signes privilégiés choisis par le narrateur pour nous faire reconnaître la venue salvifique de Dieu et l'être-prophète de Jésus n'étonnera d'ailleurs que le lecteur oublieux des récits bibliques : la veuve de Sarepta était une païenne ; objectera-t-on qu'Élie a eu tort d'aller loger, sur l'ordre de Dieu, chez une étrangère, pécheresse parce que païenne ?

3) Entre les deux séries de signes, le narrateur a inséré l'épisode centré sur les signes auxquels le Baptiste et Jésus peuvent être reconnus pour ce qu'ils sont. Le passage est important à plusieurs titres : *a*) s'il appartient à la double tradition Mt/Lc, plusieurs versets, sur les signes grâce auxquels Jésus pourra être reconnu, sont propres au récit lucanien (v. 18-21) ; *b*) à part Lc 4,23-27 et 9,22.44, ce passage est le seul de la section où Jésus lui-même évoque explicitement la reconnaissance et le rejet dont il sera l'objet ; *c*) et, comme à Nazareth, c'est au moment même où il parle de l'accueil négatif qui lui est fait (7,34) qu'il se révèle prophète et sa parole n'a jamais été aussi puissante : elle n'est pas seulement une analepse du repas avec Lévi (5,29-32), elle appelle, anticipe l'épisode qui vient immé-

diatement après (7,36-49), où Jésus se voit jugé comme un ami des pécheurs.

La clef de la section nous est ainsi livrée : la reconnaissance doit inclure les deux séries de signes, les *guérisons*, qui renvoient aux prophéties en les accomplissant, *et* le *pardon* accordé généreusement aux pécheurs [17]. Mais Jésus – pas le narrateur – prédit que c'est précisément à cause de son attitude envers les pécheurs que certains n'iront pas jusqu'à reconnaître en lui un prophète. Cet épisode doit donc être mis en corrélation avec ceux qui commencent et finissent la section, où c'est encore Jésus – et non le narrateur, répétons-le – qui anticipe et interprète les événements [18] :

Lc 4,16-20 : Jésus annonce les signes et le rejet ;
...
Lc 7,18-35 :
Jésus reprend la question des signes,
et révèle les deux types d'accueil ;
...
Lc 9,22.44 : Jésus annonce ses souffrances.

Les discours *de Jésus* relatifs aux signes et à l'accueil positif ou négatif qui leur est fait ainsi que les deux épisodes propres à Luc donnent donc au lecteur la clef qui lui permet d'interpréter la section Lc 4,14–9,50, au moins d'en voir le mouvement d'ensemble.

17. Noter en passant que l'image du médecin reprise deux fois en Luc (4,23 ; également 5,31 = Mt/Mc) s'applique aux guérisons physiques et au pardon des péchés. L'usage du verbe *kharizomai* (« donner par grâce », « faire grâce ») pour les guérisons (cf. Lc 7,21) et le pardon des péchés (cf. Lc 7,42.43) rend obvie le parallélisme, d'autant que ce sont les trois seules occurrences du verbe dans le IIIe évangile.

18. Au niveau de la *forme de l'expression*, Luc sait faire jouer les différents genres et types de récit. Pour la sous-section dite des « controverses » (Lc 5,17–6,11) et pour celle qui va de 6,17 à 8,21, la composition semble chaque fois concentrique. – Signalons pour mémoire des passages de la section retenus comme parallèles (pas tous pertinents malheureusement). Cf. Talbert, *Literary Patterns*, p. 39-43 :

1°	4,31-41	// 8,26-39	démons : leur apostrophe à Jésus ;
2°	5,1-11	// 8,22-25	barque ; miracle ;
3°	5,17-26	// 7,36-50	Jésus/pharisiens ; pardon péchés ;
4°	5,27–6,5	// 7,31-35	Baptiste ; Fils Homme buvant...
5°	6,12-16	// 8,1-3	Jésus et les Douze ;
6°	6,17-49	// 8,4-8.16-21	enseignement ; écouter + faire.

3. La composition lucanienne

L'usage répété que Luc fait des passages d'Isaïe [19] pour donner les critères de la reconnaissance (Lc 4,18-19 ; 7,22) en souligne évidemment l'importance, même si les analepses bibliques, sauf une [20], sont toutes des allusions et non des citations explicites. Notons la façon dont le narrateur joue avec le vocabulaire, précisément celui qui vient du passage d'Isaïe cité en Lc 4,18. Les mots de même racine vont revenir tout au long de la section, en des passages – est-ce un hasard ? – que nous avons déjà rencontrés [21] :

4,18 (sans par.) : « ...pour proclamer le retour des aveugles à la vue (*anablèpsis*) » ;
6,41 (= Mt 7,3) : « Pourquoi vois-tu la paille qui est dans l'œil de ton frère... ? » ;
6,42 (sans par.) : « ...et la poutre qui est dans ton œil, tu ne la vois pas (*ou blepôn*) » ;
7,21 (sans par.) : « ...à de nombreux aveugles, il fit la grâce [22] de voir (*blepein*) » ;
7,22 (= Mt 11,5) : « ...les aveugles retrouvent la vue (*anablepousin*) » ;
7,44 (sans par.) : Jésus dit au pharisien : « Tu vois (*blepeis*) cette femme ? » ;
8,10 (= Mt/Mc) : Jésus parle aux foules en paraboles « pour qu'ils voient sans voir (*blepontes mè blepôsin*) » ;
8,16 (sans par.) : lampe sur le support « pour que ceux qui entrent voient (*blepôsin*) la lumière » ;

19. Cf. supra note 16.
20. Lc 7,27 : « Voici que j'envoie mon messager en avant... » Seule citation explicite des Écritures avant Lc 22,37, et toujours par Jésus. J'ai déjà dit qu'il faudra expliquer pourquoi Luc fait tant d'allusions aux Écritures et si peu de citations explicites.
21. Manquent chez Luc les occurrences d'*anablepô* liées à la première multiplication des pains (Mt 14,19/Mc 6,41) et à la guérison de l'aveugle en Mc 8,24.25, deux passages dont l'absence dans le IIIe évangile a déjà été longuement commentée.
22. Sur cette traduction, cf. *supra* note 17.

8,18 (par. Mc 4,24) : « Voyez (*blepete*) la manière dont vous écoutez ! » ;
9,16 (= Mt/Mc) : Jésus « ayant regardé (*anablepsas*) vers le ciel... »

Le verbe *anablepein*, et le substantif corrélatif *anablepsis* désignent la vue physique, tout comme *blepein*, qui implique également l'aspect attentif du voir. La comparaison avec les deux autres Synoptiques met en évidence l'originalité du IIIe évangile. Outre les emplois que Luc a en commun avec Mt/Mc, on reconnaît ici l'importance donnée au recouvrement de la vue physique *comme signe*, parmi d'autres certes, néanmoins privilégié, parce qu'il est lié à la reconnaissance. Mais le recouvrement de la vue physique est-il le seul considéré par le narrateur en cette section ? Immédiatement après que Jésus a mentionné la façon dont le Baptiste et lui-même ont été accueillis, Luc relate une parole du même Jésus aux disciples, qui paraît contredire la fonction des guérisons et œuvres de miséricorde opérées jusqu'alors :

> Ses disciples lui demandèrent ce que signifiait cette parabole [de la semence]. Il dit : « A vous il est donné de connaître les mystères du Royaume de Dieu ; aux autres, c'est en paraboles, pour que voyant (*blepontes*) ils ne voient pas (*mè blepôsin*) et qu'entendant ils ne comprennent pas. » *Lc 8,9-11*

Un indice montre cependant que Luc interprète à sa manière la tradition dont Mt et Mc sont les témoins : il tronque la citation d'Is 6,9 [23] sur le refus de conversion en vue du pardon, qui contredirait les épisodes précédents où la foule et les pécheurs vont à Jean et à Jésus pour recevoir le pardon (7,29 ; 7,36-49) ; en 8,10 le narrateur ne vise ni ne veut l'endurcissement des auditeurs, il ne fait qu'appliquer le principe suivi depuis l'épisode de Nazareth, celui de la christologie indirecte, de la distanciation : les paraboles emportent ailleurs, dépaysent et suscitent

23. Comparer avec Mc 4,12, qui finit par « de peur qu'ils ne se convertissent et qu'il ne leur soit pardonné ». Mt 13,13-15 cite explicitement et entièrement Is 6,9-10, mais la particule introductive n'est pas « pour que » ou « afin que » (*hina*), comme en Mc/Lc, mais « parce que » (*hoti*), renvoyant ainsi la responsabilité aux auditeurs et non à Dieu ou Jésus.

l'interrogation [24]. Dans la section suivante le nombre des paraboles va croître, mais ce ne sera pas pour empêcher ou interdire une quelconque intelligence du mystère des voies de Dieu, bien plutôt pour permettre à ses auditeurs d'y entrer ; les réponses que ceux-ci feront aux questions de Jésus montrent amplement qu'ils auront pu saisir ce que ce dernier voulait leur faire entendre. Mais Lc 8,4-8 est inséré dans une section où l'enjeu reste la reconnaissance des signes et, par là, de l'identité de Jésus. Lorsque les raisons de la reconnaissance ou du rejet seront mises à nu, avant Lc 9,51, alors Jésus pourra développer un enseignement fait d'exhortations et de paraboles, le temps d'un long voyage.

Le ne-pas-voir de Lc 8,10 ne s'applique donc pas aux signes, qui s'offrent aux yeux de tant de témoins et vont susciter des réponses plus ou moins positives, au minimum troubler tous les habitants de la Palestine. La raison invoquée – le ne-pas-voir des foules – pour l'enseignement en paraboles permet ainsi au narrateur de garder en réserve les exhortations et discours pour la section suivante, celle du voyage vers Jérusalem, au cours duquel il développera ce qui reste inchoatif dans les deux premiers enseignements (6,20-49 et 8,5-18).

Il est au demeurant possible de repérer en Lc 9,51–19,44 la manière de procéder du narrateur, qui reprend, en les modifiant ou en les étoffant, des motifs, des thèmes amorcés dans les discours et épisodes antérieurs [25] :

motifs et acteurs	**4,14–9,50**	**9,51–19,44**
synagogue : enseignement/guérison	4,31-37 ; 44 ; 6,6-11	13,10-17
le sabbat	6,1.6	13,10 ; 14,1

24. Luc applique l'oracle d'Isaïe à la *fonction* des paraboles : *il ne faut pas que l'auditeur comprenne trop vite* le rapport de la parabole à la réalité, sinon la parabole ne pourrait plus jouer son rôle, qui est d'emporter « ailleurs » avant de revenir au réel, où se jouent les enjeux décrits par la parabole. Mais entre le « pas trop vite » (Luc) et le « pas du tout », il y a un abîme. En ce passage de Lc 8,10 s'esquisse toute une théorie de la parabole à laquelle on n'a pas assez fait droit. Sur ce point, cf. V. Fusco, *Oltre la parabola. Introduzione alle parabole di Gesù*, Rome, 1983, p. 93, qui applique très justement le principe à toutes les paraboles.

25. Je ne mentionne pas ici tous les thèmes repris en 9,50–19,44, en particulier les annonces des souffrances de Jésus.

repas chez pharisien	7,36	11,37 ; 14,1
bienheureux/malheureux	6,20-26	10,13.23 ; 11,27.28.39-52
pauvres/riches	6,20	12,13-21 ; 14,12-33 ; 16,19-31 ; 18,18
Jésus et les pécheurs	5,27-32 ; 7,34.36-49	15,1-32 ; 18,9-14
miséricorde, pitié	6,36 ; 7,13	10,29-37 ; 15,20
trésor et cœur	6,45	12,21.33-34
donner sans espérer de retour	6,35	14,12-14
la lampe ; l'œil pur ; écouter	8,16 ; 6,41-42 ; 8,21	11,33.34 ; 11, 28
envoi en mission/retour	9,1-6.10	10,1-16.17-24
femmes	7,11-15.36-49 ; 8,1-2	10,38-42 ; 13,10-18 ; 15,8-10 ; 18,1-5
suivre Jésus ; porter sa croix	5,23 ; 9,23-24	9,57-61 ; 14,25-27
le plus grand/le plus petit	9,46-48	14,7-11 ; 18,15-17
rougir/renier Fils de l'homme	9,26	12,8-9
cette génération	7,31 ; 9,41	11,29-32
hypocrisie	6,42	12,56 ; 13,15
Hérode	7,7-19	13,31-32

Luc ne se contentera pas d'évoquer et d'approfondir des thèmes déjà amorcés en 4,14-9,50, il en introduira de nouveaux et les développera aussi par touches successives, en fonction des auditoires. Mais plutôt que d'anticiper sur le récit, évaluons le chemin parcouru.

Conclusion

En Lc 4,14-9,50 la dynamique du récit est assurée par les prolepses de Jésus sur les signes grâce auxquels on le reconnaîtra et sur le sort qui sera le sien. C'est lui qui définit les règles ou les critères de la reconnaissance, en référence aux Écritures, et c'est encore lui qui suscite les événements grâce auxquels ces critères de discernement pourront s'exercer. La section prolonge et vérifie l'épisode de Nazareth : la reconnaissance de Jésus comme Prophète, Envoyé et Messie devait se faire et s'est faite, par des groupes différents, sa renommée est allée au-delà même des frontières et personne n'est resté indifférent à son endroit.

La section n'est donc pas portée par l'opposition qu'aurait rencontrée Jésus. Si nous avons pu constater une réelle progression dans la relation entre Jésus et les disciples, elle s'insère dans le cadre défini par les annonces de Jésus. Que ses disciples aient reconnu en lui le Messie de Dieu signifie qu'il a opéré les signes permettant cette reconnaissance. Cela implique aussi que les disciples devront suivre le maître dans son chemin de mort et de glorification, afin que la reconnaissance soit *vraie*, mais c'est au récit de nous en dire plus sur ce cheminement.

CHAPITRE V

En chemin vers Jérusalem. Lc 9,51–19,44 [1]

Si le terme du voyage est connu, Jérusalem, la Ville qui met à mort les prophètes, l'itinéraire est difficile à déterminer, plus encore que pour la section précédente : partant des confins de la Samarie (9,52), Jésus fait résolument route vers Jérusalem mais se trouve pratiquement au même endroit en Lc 17,11 ! Errance du Maître, maladresse du narrateur [2] ou, au contraire, art consommé qui lui fait différer le terme du voyage pour que le Seigneur [3] puisse développer à l'envi son enseignement et surtout le proposer à l'assentiment d'auditeurs toujours aussi nombreux et pourtant déroutés par ses paradoxes, par ses guérisons les jours de sabbat et son accueil fait aux pécheurs ?

La réponse, quelle qu'elle puisse être, n'éclairera pas l'agencement des épisodes, qui semble tenir du labyrinthe. Il est inutile de citer tous les exégètes qui en ont cherché le fil d'Ariane. On peut les classer sommairement en deux groupes : ceux qui n'ont pas renoncé aux études de structure [4] et les autres, qui préfèrent

1. A Philippe Lescène.

2. Les commentateurs ont remarqué les ruptures du récit (en particulier les absences de transition entre Lc 11,32/33 ; 13,17/18 ; 13,21/22 ; 13,35/14,1 ; 16,18/19 ; 17,10/11 ; 17,19/20), les épisodes apparemment mal placés, etc. La liste de toutes les apparentes bizarreries de la section ne manque pas d'impressionner.

3. En cette section, le narrateur nomme neuf fois Jésus « Seigneur » (*kyrios*) : 10,1.29 ; 11,39 ; 12,42 ; 17,5.6 ; 18,6.37 ; 19,8, beaucoup plus que dans la section précédente (7,13) et même la suivante (Lc 22,61 deux fois).

4. Toutes les études portent (malheureusement) sur la seule forme de l'expression. Parmi les plus récentes, signalons les compositions concentriques de C. H. Talbert, *Literary Patterns*, p. 51-56 (pour Lc 9,51–18,30), de B. Standaert, « L'art de composer dans l'œuvre de Luc », in *A cause de l'Évangile*, p. 336-343

aller directement à l'intention, christologique [5] ou ecclésiologique [6], exprimée par Luc en ces chapitres. Aux seconds, il convient de rappeler que l'intention d'un texte se donne à saisir toujours ou presque à partir de ses articulations. Quant à ceux qui pensent avoir décelé la forme de l'expression (concentrique, alternée ou autre), ils ne doivent pas oublier qu'elle n'équivaut pas à la structure narrative, qui donne au récit sa dynamique et le porte – pas seulement vers Jérusalem.

Comme pour la précédente section de l'évangile, il faudra examiner les composantes narratives qui pourraient structurer la section : le motif du voyage, les prolepses de Jésus, l'hostilité croissante [7], le dessein salvifique de Dieu [8], que sais-je encore ?

1. Les indices de structuration

Les limites de la section

Pour le découpage des macro-unités, les critères sont les mêmes que pour les épisodes, et la liste établie au début du chapitre I [9]

(pour Lc 9,51–17,10), et de H. K. Farrell, « The Structure and Theology of Luke's Central Section », *Trinity Journal* NS 7 (1986) 33-54 (pour Lc 9,51–19,44) : si pour les différents auteurs la section commence en Lc 9,51, ces trois découpages, pris parmi tant d'autres, n'ont pas tous la même extension (Lc 17,10 ; 18,30 ou 19,44). – Pour la composition des sous-sections, cf. par ex. les propositions de R. Meynet, *Introduction à la rhétorique biblique* (structure concentrique en Lc 18,31–19,44), et l'article de B. Standaert cité plus haut.

5. L'éventail des positions est énorme et dépend, dans une large mesure, du découpage.

6. Jésus préparerait, pour la période qui suivrait sa mort, les futurs leaders de l'Église aux vraies valeurs : humilité, confiance, service, etc.

7. Sur ces trois éléments qui formeraient l'intrigue de la section, cf. M.C. Parsons, « Narrative Closure and Openness in the Plot of the Third Gospel : The Sense of an Ending », *SBL Seminar Papers* 1986, 201-223, p. 208.

8. C'est l'élément sur lequel R.C. Tannehill insiste le plus pour l'unification des événements dans le diptyque formé par Lc et Ac (cf. Lc 7,30 ; Ac 2,23 ; 4,28 ; 5,38-39 ; 13,36 ; 20,47) ; cf. *The Narrative Unity of Luke-Acts.* Ce principe resterait trop formel et général s'il s'appliquait uniquement à Lc 9,51–19,44 pour en expliquer la logique narrative.

9. Cf. p. 17.

garde sa pertinence. Leur application reste cependant délicate, car la technique lucanienne des répétitions ou des reprises peut induire l'analyste en erreur et lui faire voir des inclusions, des parallélismes alternés ou concentriques presque partout. C'est au nom des mêmes critères littéraires que les uns pensent voir la fin de la section en 17,10 et les autres en 18,30 voire en 19,44. Toute tentative pour retrouver la composition d'ensemble serait-elle donc vouée à l'échec ? Certainement pas, si l'on se donne la peine de considérer le texte comme un récit, avec l'entrée en scène ou la disparition de certains personnages, les unités d'espace et de temps, d'action et de discours.

Les indications spatiales sont assez nettes pour autoriser un premier découpage. En effet si, périodiquement mais avec une fréquence qui croît à partir de 17,11, le narrateur, puis Jésus, parle du voyage ou de la montée vers Jérusalem, juste après 19,44 l'espace change du tout au tout : Jésus entre et reste dans le Temple pour enseigner le peuple. Les répétitions du narrateur n'ont rien de fortuit [10] :

versets	**informateur**	**espace indiqué et texte correspondant**
9,51	narrateur	Jésus prit résolument la route de Jérusalem ;
9,53	narrateur	Les Samaritains n'accueillirent pas Jésus car il allait vers Jérusalem ;
13,22	narrateur	Jésus allait... faisant route vers Jérusalem ;
13,33	*Jésus*	« Il n'est pas possible qu'un prophète périsse hors de Jérusalem » ;
13,34	*Jésus*	« Jérusalem, Jérusalem, toi qui tues les prophètes... » ;
17,11	narrateur	Comme Jésus faisait route vers Jérusalem... ;
18,31	*Jésus*	(aux Douze :) « Nous montons à Jérusalem et que va s'accomplir... » ;
18,35	narrateur	Comme Jésus approchait de Jéricho... ;
19,1	narrateur	Entré dans Jéricho, Jésus traversait la ville ;
19,11	narrateur	Jésus ajouta une parabole, parce qu'il était près de Jérusalem ;
19,28	narrateur	Jésus partit en avant pour monter à Jérusalem ;

10. Je ne tiens pas compte de Lc 10,30 ; 13,4, passages qui ne sont pas en rapport avec le voyage de Jésus.

19,29	narrateur	Quand Jésus approcha de Bethphagé et de Béthanie... ;
19,41	narrateur	Jésus approcha de la *ville* et l'aperçut, il pleura sur elle ;
19,45	narrateur	Puis Jésus entra dans le Temple ;
19,47	narrateur	Jésus était chaque jour à enseigner dans le Temple ;
20,1	narrateur	Jésus enseignait au peuple dans le Temple ;
21,5	narrateur	Comme quelques-uns parlaient du Temple... Jésus dit... ;
21,20.24	*Jésus*	(à tous :) « Quand vous verrez Jérusalem encerclée... foulée aux pieds » ;
21,37	narrateur	Jésus passait le jour dans le Temple et la nuit sur le mont des Oliviers.

Le seul relevé des verbes, associé aux noms propres de lieux, montre la progression évidente : dans un premier temps Jésus va vers Jérusalem (jusqu'en Lc 17), il en amorce ensuite la montée (18,31) à partir de Jéricho, puis il s'en approche, jusqu'à l'apercevoir (19,41), et entre enfin dans le Temple [11]. En revanche, de 19,45 à 21,38, le texte répète à plusieurs reprises que Jésus reste dans le Temple et ne signale ses déplacements qu'en 21,37. Ces données spatiales n'imposent-elles pas qu'on distingue deux sections : celle du *voyage vers Jérusalem* (9,51 à 19,44) – en plusieurs étapes (par exemple 9,51 à 13,21 ; 13,22 à 17,10 ; 17,11 à 19,45) – et celle *dans le Temple* (19,45 à 21,38) ? Ce n'est pas impossible, mais l'espace ne suffit pas à déterminer les limites d'une micro- ou macro-unité littéraire. Pourquoi le voyage à Jérusalem ne serait-il pas formé de deux sections sémantiquement indépendantes : 9,51–17,10 (ou 9,51–18,30) et 17,11–19,44 (ou 18,31–19,44) ?

D'autres critères sont ainsi nécessaires pour confirmer une division fondée sur l'espace. Malheureusement ni l'action ni le temps n'apportent un appui décisif, car l'activité d'enseignement de Jésus ne s'arrête pas avec son entrée dans le Temple, elle s'intensifie plutôt et certains thèmes de ses discours n'y sont

11. Anomalie bien connue des exégètes, le narrateur signale que Jésus s'approche de la ville et *omet de dire qu'il y entre* : c'est dans le Temple que Jésus entre, et il y reste tout le jour pour enseigner et, sans mettre les pieds dans la ville, s'en va passer les nuits au mont des Oliviers.

pas nouveaux ; quant aux indices temporels, leur précision reste des plus relatives, avant comme après 19,45 [12]. Il faut donc examiner les relations entre acteurs. Or, à ce niveau, le récit fournit tous les renseignements désirés. En effet, certains acteurs disparaissent juste après l'entrée de Jésus dans le Temple : les pharisiens, mentionnés pour la dernière fois en 19,39, et les foules, totalement absentes durant les épisodes qui se déroulent dans le Temple. Leur départ correspond à l'entrée en scène de deux sortes d'acteurs : le peuple (*laos*) [13], littéralement pendu aux lèvres de Jésus (19,48), et le groupe des grands prêtres et des scribes [14], qui veulent la mort de Jésus. Quatre fois (19,47 ; 20,19 ; 22,2.4), le narrateur signale qu'ils cherchent à mettre la main sur Jésus, indiquant ainsi que le récit est désormais déterminé par cette opposition. Mais durant le voyage vers Jérusalem, l'opposition entre Jésus et les pharisiens, coextensive au voyage [15], ne va jamais jusqu'à l'inimitié : malgré la diatribe dont ils ont été l'objet (Lc 11), certains d'entre eux avisent Jésus des intentions homicides d'Hérode à son endroit (13,31) – que les motifs de leur intervention soient bienveillants ou non, peu importe : Jésus est informé –, et un de leurs leaders

12. Avant 19,45. En plus du verset d'introduction (« Comme s'accomplissaient les jours de son enlèvement » : 9,51), quelques notations éparses ponctuent le voyage : « Un jour quelque part en prière » (11,1 : qu'on admire la précision temporelle et spatiale !), « un jour de sabbat » (13,10 ; 14,1). La récolte est maigre. – Après Lc 19,45. « Il était chaque jour... » (19,47), « un jour » ou « un de ces jours-là » (20,1). Mais rien n'est dit sur la période de temps qui va de l'entrée au Temple à l'approche de la Pâque signalée en Lc 22,1.

13. Disparaissant après 19,39, le terme « foule(s) » ne revient ensuite sous la plume de Luc que quatre fois : Lc 22,6.47 ; 23,4.48. Il ne suffit pas de constater le changement de terme, il faut se demander si les *foules* et le *peuple* correspondent à des rôles actantiels et thématiques identiques. Contentons-nous de noter ici qu'en Lc (et dans les Ac) les « foule(s) » n'entrent pas dans le « Temple ». On ne s'étonnera donc pas que les épisodes de Lc 1–2 et 19,45–21,38 se déroulant dans le Temple auront pour public « le peuple » et non les « foules ». Les conclusions à en tirer sont obvies : je laisse au lecteur le plaisir de les découvrir par lui-même.

14. Le narrateur a déjà mentionné les scribes (*grammateis*), que certains exégètes identifient avec les légistes (*nomikoi*), durant le voyage mais seulement deux fois (11,53 ; 15,2), alors qu'après 19,45 ils participent activement au complot contre Jésus avec les grands prêtres et les responsables de la garde du Temple (*stratègoi*).

15. Les pharisiens sont mentionnés, par le narrateur ou par Jésus, tout au long du voyage (11,39.42.43.53 ; 12,1 ; 13,31 ; 14,1.3 ; 15,2 ; 16,14 ; 17,20 ; 19,39).

invite Jésus à sa table (14,1), avec des arrière-pensées certes, mais il l'invite.

Les nombreuses répétitions égrenées plus haut, les changements d'espace, d'acteurs, ainsi que la brusque détérioration des relations suggèrent donc de distinguer deux séries d'épisodes, ceux du voyage (9,51 à 19,44) et ceux qui se déroulent dans le Temple (19,45 à 21,38). Mais la logique et l'articulation des péricopes du voyage n'ont pas pour autant livré leur secret.

Jésus et son identité

Si en 4,14–9,50 l'identité prophétique de Jésus interrogeait tous les habitants de Palestine, désormais ni le narrateur ni les auditeurs de Jésus ne chercheront à dire ou à savoir qui il est : la confession de Pierre a en quelque sorte mis un terme à la quête de l'identité.

On se rappelle que cette quête était favorisée par le nombre et la qualité des signes, mais aussi grâce aux analepses bibliques, selon la logique du rapport promesse/accomplissement énoncée par Jésus lui-même. Or, si les actes de puissance n'ont pas disparu en 9,51–19,44, leur fonction n'est plus d'abord de permettre la reconnaissance, mais de provoquer la discussion et, par là, de dévoiler les racines profondes du refus, des résistances. Les diverses guérisons mentionnées obéissent à ce modèle :

> *11,14*, qui relate laconiquement l'action et la réaction des foules, est suivi par une longue discussion sur l'origine (démoniaque ou non) de la qualification de Jésus (11,15-26) ;
>
> *13,11-13* raconte en peu de mots la guérison, laquelle provoque une vive discussion d'où Jésus sort vainqueur (13,14-17) ;
>
> *14,4b* seul parle de guérison, alors que tous les versets alentour (v. 1-4*a* et 5-6) visent à mettre en relief la polémique à propos du sabbat ;
>
> *17,14* : la purification se fait sans témoins, à distance, et le retour du Samaritain n'a pas pour fonction d'aider la foule à reconnaître en Jésus le Prophète, mais de la questionner sur la non-reconnaissance et ses raisons ;
>
> *18,35-43* semble faire exception, puisque la péricope finit sur la louange. Mais on remarquera que l'acclamation du peuple a Dieu et non Jésus

pour objet et que l'aveugle reconnaît en Jésus le Messie, le Fils de David *avant* de recouvrer la vue : la guérison n'est donc pas au service de la révélation de l'identité de Jésus, et l'épisode n'a pas la même fonction que ceux de la section 4,14–9,50.

Le lecteur aura sans doute noté que, comparé au nombre des guérisons opérées en 4,14–9,50, celui-ci est maintenant très réduit. Le point décisif est évidemment que ces actes de puissance n'ont plus pour but de soulever la question ou provoquer la confession de l'être-prophète de Jésus. Bien au contraire, certains témoins en viennent, pour la première fois, à envisager l'origine diabolique de son agir. Jésus ne s'y trompe d'ailleurs pas, puisqu'il commence dès ce moment-là à parler du refus dont il est l'objet et de ses véritables raisons, qui viennent du regard et du cœur (11,29-54). *Les choix sont désormais faits* : l'identité de Jésus n'est plus objet de curiosité ou d'interrogation. Les actes de puissance étaient des signes : en ne les ayant pas reconnus, cette génération a montré sa méchanceté (11,29).

Certes, des prophètes et de l'identité prophétique de Jésus, cette section en parle, mais *non comme d'une quête des acteurs du récit* : le titre « prophète » ne se trouve plus que dans la bouche de Jésus et presque toujours [16] pour évoquer le sort réservé aux Envoyés de Dieu :

versets	**parallèle**	**auditeurs**	**textes**
10,24	Mt 13,17	disciples	« Beaucoup de prophètes, de rois ont voulu voir ce que vous voyez... »
11,29	Mt 12,39	foules	« Cette génération mauvaise veut un signe : ...signe du prophète Jonas »
11,47	Mt 23,29	légistes	« Malheureux vous qui bâtissez les tombeaux des prophètes... »
11,49	Mt 23,30 sq.	légistes	« Vos pères ont tué les prophètes, et vous bâtissez leurs tombeaux »

16. Sur les douze emplois faits par Jésus, quatre ont une connotation différente : il s'agit des *prophètes* comme écrivains inspirés ou comme Écritures. Cf. Lc 16,16.29.30 : « La Loi/Moïse et les prophètes », et 18,31 : « Ce que les prophètes ont écrit au sujet du Fils de l'homme. »

11,50		légistes	« ...demandé compte à cette génération du sang de tous les prophètes »
13,28		(foules ?)	« Pleurs quand vous verrez... tous les prophètes dans le Royaume »
13,33		pharisiens	« Il n'est pas possible qu'un prophète meure hors de Jérusalem »
13,34	Mt 23,37	Jérusalem	« Jérusalem, Jérusalem, toi qui tues les prophètes »

Une comparaison avec les quelques passages parallèles de Matthieu montre à l'envi que Luc a concentré *au début du voyage vers Jérusalem* toutes les paroles de Jésus sur le sort des prophètes. Le cheminement commence ainsi dans un climat de rejet : rejet des Samaritains (9,53), rappel du refus de Chorozaïn et de Bethsaïda (10,13), méchanceté de ses contemporains qui veulent des signes (11,29), alors qu'ils leur ont été fournis à profusion ! Et si les nombreux auditeurs ne s'interrogent plus sur son identité, c'est maintenant Jésus qui la proclame de façon forte, même s'il ne prononce pas le mot « Messie ». Qu'il suffise de mentionner deux passages, connus de tous :

> Je te loue, Père... Oui, Père... Tout m'a été remis par mon Père et nul ne connaît le Fils, si ce n'est le Père, ni qui est le Père si ce n'est le Fils et celui à qui le Fils veut bien le révéler. *Lc 10,21-22*
>
> Voici : il y a ici plus que Salomon... Voici : il y a ici plus que Jonas. *Lc 11,31-32*

Si la première parole n'a pour témoins que les disciples, la seconde est adressée aux foules qui se bousculent et s'amassent : durant le reste du parcours, Jésus n'ira jamais aussi loin dans la proclamation de son identité. Trois traits caractérisent donc le début du voyage (de 9,50 à 13,22) : 1) les acteurs du récit ne cherchent plus *qui* est Jésus, 2) mais celui-ci prend l'initiative d'indiquer la grandeur et l'importance de sa fonction ; 3) il dénonce l'aveuglement et l'hypocrisie de ses contemporains (surtout des pharisiens et légistes).

Le Royaume et le Roi

Si en 9,51–13,22 Jésus stigmatise plusieurs fois l'opposition dont il est l'objet, ce n'est pourtant pas cette opposition qui structure la suite du voyage. Certes le désir homicide d'Hérode est mentionné en 13,31 et le récit manifeste une nette progression dans la révélation du destin de Jésus : de façon voilée en 12,50 et 13,32-33, puis explicitement en 17,25 ; 18,31-33. Mais il s'agit seulement de *prolepses* qui ne déterminent pas les rapports entre Jésus et les pharisiens. Combinées avec les apostrophes à Jérusalem (13,34-35 et 19,41-44), ces prolepses contribuent évidemment à donner à la section son caractère dramatique. Mais elles n'en forment pas à elles seules le fil conducteur, qui se donne à reconnaître grâce à deux séries de données : les mentions de Jérusalem et la thématique du Royaume.

Vers Jérusalem

En Lc 9,51, au début du voyage, *le narrataire* (ou le lecteur) sait pourquoi Jésus s'en va à Jérusalem : le narrateur le lui a révélé. En revanche, *les acteurs* du récit, y compris les Douze [17], n'en savent rien. Jésus leur a annoncé qu'il serait rejeté par les Anciens, les Grands-Prêtres et les scribes avant d'être mis à mort, mais sans leur dire *où* (9,22). Cela explique aussi pourquoi les Samaritains refusent de recevoir Jésus : s'ils avaient su qu'il allait là-bas pour y être rejeté et mis à mort, sans doute leur réaction eût été différente ! Mais à partir de 13,33 les acteurs peuvent déjà deviner la finalité du voyage, même si Jésus ne la fait comprendre que par allusion : il leur a déjà dit qu'il serait mis à mort (9,22) et ajoute maintenant – indiquant manifestement qu'il parle de lui-même – qu'un prophète doit mourir à Jérusalem (Lc 13,33-34). La dernière étape dans le processus d'information s'ouvre avec 18,31, où Jésus prend à part les Douze et leur annonce enfin explicitement que sa passion va bientôt avoir lieu

17. Durant la Transfiguration, les Apôtres sont « écrasés de sommeil » (Lc 9,32) et n'entendent pas (auraient-ils d'ailleurs compris ?) ce que disent les trois personnages sur l'*exode* à Jérusalem (9,31).

à Jérusalem. En combinant les répétitions du narrateur sur le voyage et la révélation progressive que Jésus fait du lieu de sa passion, on peut donc déjà ébaucher une subdivision de la section :

> *9,51–13,21 :* le narrataire seul sait pourquoi Jésus prend le chemin de Jérusalem ; le maître n'a pas encore signalé à ses disciples que la Ville sera le lieu de sa passion et de sa mort ;
> *13,22–18,30 :* les disciples et les pharisiens sont indirectement informés du rapport entre Jérusalem et la mort de Jésus ;
> *18,31–19,44 :* Jésus annonce aux Douze que la Ville sera le lieu de ses souffrances ; et lorsqu'il la voit de loin, il lui prédit sa destruction pour n'avoir pas reconnu en lui, Jésus, la visite et le salut de Dieu.

La montée vers Jérusalem n'est pas seulement spatiale, elle est aussi dramatique. Mais s'il permet de relancer le récit et d'en indiquer la portée tragique, qui trouve son point d'orgue dans la prolepse de Jésus sur le destin tragique de la Ville elle-même, le motif du voyage ne saurait rendre compte de la plupart des épisodes et discours qui forment la section. D'autres critères sont requis.

Le Royaume et le Roi

Partons donc de la fin (18,31–19,44), où l'unité narrative est plus facile à repérer grâce à l'épisode de Zachée, déjà analysé. Le motif qui donne à ces péricopes leur unité est celui de la royauté de Jésus proclamée de plus en plus explicitement. L'aveugle commence en effet par appeler Jésus « Fils de David » (18,38.39), et, à la fin de l'épisode de Zachée, l'analepse biblique présente des connotations davidiques (19,10, qui renvoie à Ez 34) ; le motif royal rebondit avec la parabole du roi (19,11-28) [18] et aboutit à la proclamation de la royauté de Jésus par la foule unanime des disciples (Lc 19,38). La lamentation de Jésus sur Jérusalem (19,41-44) s'intègre bien dans cette thématique royale : elle reprend certains éléments de la parabole du roi qui, rejeté par ses concitoyens, les traite en ennemis et exige qu'on les mette à mort (19,12-27). Et point n'est besoin d'être grand scribe en Israël pour voir le rapport entre la proclamation de la royauté

18. J'analyserai en détail cette parabole au ch. VI.

de Jésus et la montée vers Jérusalem : le Roi monte vers la cité où il doit/devrait régner ! Bref, de 18,31 à 19,44, l'unité narrative s'impose, grâce à la montée dramatique vers la Ville et à l'unité thématique [19].

Mais Lc 18,31–19,44 est-il un segment isolé de ce qui précède ? En réalité, si les macro-unités que nous avons provisoirement retenues ne donnent aucun titre royal à Jésus, la thématique du Royaume y est dominante : dans la section précédente (4,14–9,50), l'expression « Royaume de Dieu » ne revenait que huit fois [20], alors que dans les épisodes qui jalonnent le voyage vers Jérusalem les occurrences ont presque triplé [21] et se voient réparties régulièrement tout au long des chapitres.

Le déroulement du thème n'est pourtant pas l'essentiel. Une lecture plus attentive discerne une réelle différence entre Matthieu, Marc et Luc, eu égard à l'annonce du Royaume. En Matthieu-Marc, *dès les débuts de son ministère*, Jésus proclame la conversion et la proximité [22] du Royaume de Dieu. En Luc, rien de semblable : non que Jésus n'ait pas dès le commencement parlé du Royaume ou du Règne de Dieu (cf. 4,43), mais le lecteur attendra *le début du voyage à Jérusalem* avant de rencontrer l'annonce de sa proximité :

versets	**locuteur**	**locutaire**	
10,9	Jésus	les 70	« Dites : “ Le Règne de Dieu s'est approché jusqu'à vous ” » ;
10,11	Jésus	les 70	« Dites : “ Le Règne de Dieu s'est approché ” » ;

19. Les indices littéraires (au niveau de la forme de l'expression) confirment l'unité de ces épisodes. Cf. la composition concentrique déjà relevée par R. Meynet, *op. cit.*, p. 85-131 :

A 18,31-34 : prolepse de Jésus sur son sort ;
B 18,35–19,10 : deux épisodes à connotation royale ;
C 19,11-28 : la parabole du roi ;
B' 19,29-41 : deux épisodes à connotation royale ;
A' 19,42-44 : prolepse sur le sort de Jérusalem.

20. Lc 4,43 ; 6,20 ; 7,28 ; 8,1.10 ; 9,2.11.27.

21. Outre le syntagme *basileia tou Theou*, je compte ici toutes les fois où le mot *basileia*, bien qu'utilisé seul, renvoie à la même réalité, par ex. Lc 11,2 (« Que ta *basileia* vienne »), 12,31.32.

22. En Mt 4,17 et Mc 1,15 (parallèles), le verbe est utilisé au parfait (*èggiken*).

11,20	Jésus	opposants	« Si je chasse les démons..., alors le Règne de Dieu est arrivé » ;
17,20	Jésus	pharisiens	« Le Règne de Dieu est parmi (*en*) vous » ;
19,11	narrateur	narrataire	Ils (foules ?) pensaient que le Règne de Dieu devait se manifester tout de suite.

C'est donc le voyage qui déclenche le vocabulaire de la venue prochaine du Règne. Mais alors, comment ne pas faire le lien avec la fin de la section, ainsi que le suggèrent Lc 19,11 et l'épisode où les disciples acclament en Jésus le Roi, Celui qui vient au nom du Seigneur ? Il y a donc un parallélisme établi par le narrateur entre les deux sections du ministère itinérant : l'une et l'autre finissent par une titulature. Jésus est d'abord confessé comme Messie par Pierre seul, au nom des disciples et à l'écart des foules (Lc 9), mais à la fin du voyage (Lc 19) il est acclamé ouvertement comme Roi et Envoyé divin par la foule de tous les disciples. Le parallélisme n'interdit pas la progression narrative.

Bref, les chapitres qui couvrent le voyage constituent en réalité une proclamation du Règne *qui vient avec Jésus*. Et Luc présente toutes les composantes du thème (9,51–18,30) avant de désigner explicitement l'acteur grâce auquel elles se réalisent, Jésus, nommé et acclamé Roi (cf. 18,31–19,44) :

- Conditions pour entrer dans le Royaume. 9,57-62 ; 12,22-32 ; 18,15-17 ; 18,18-30.
- Quand viendra-t-il ? 10,9.11 ; 11,20 ; 17,20-25 ; 19,11.
- Comment vient-il ? 11,14-23.
- Quel est-il ? 13,18-21.
- Quels en sont les destinataires ? 13,23-30 ; 14,15-24 ; 16,16.
- Quel Roi ? 11,29-32 ; 18,31-19,44.

Notre section se présente comme une révélation progressive des composantes du Royaume : à chaque étape du voyage et en fonction des auditeurs (disciples, foules ou opposants), les questions sont reprises et approfondies. Il suffit de considérer chacune des composantes pour saisir comment procède le narrateur. Entre les diverses mentions du voyage (9,51 à 13,21 ; 13,22 à 17,10 ;

17,11 à 18,30), le lecteur peut suivre l'entrelacs des divers motifs qui progressivement s'enrichissent. La thématique du Royaume donne ainsi un cadre à des motifs qui lui sont apparemment étrangers (comme, par exemple, l'accueil fait par Jésus aux publicains) et elle unifie le voyage, qui finit avec l'acclamation finale des disciples (19,38).

Mais si cette montée – qui est en même temps une montée narrative, voire rhétorique – vers l'acclamation royale aux portes de Jérusalem est le moteur principal du récit, elle n'en manifeste pas la finalité. C'est la mise à nu du refus de croire des contemporains et la double annonce, de la mort de Jésus et de la destruction de Jérusalem, qui donnent au récit sa dimension dramatique. Grâce à ces deux composantes, le narrateur indique à son lecteur comment il doit lui-même marcher, littéralement « suivre » le texte pour entrer dans les voies paradoxales de Jésus, de Dieu donc. L'analyse d'un épisode permettra de le montrer.

2. La femme courbée. Lc 13,10-17

L'écriture lucanienne [23]

L'articulation de la péricope se donne à reconnaître grâce aux personnages : Jésus et la femme (v. 10-13), le chef de la synagogue et Jésus (v. 14-16), les opposants et la foule (v. 17). Seule la femme est présentée, et de manière fonctionnelle comme (presque) toujours chez Luc : rien n'est dit qui ne serve au déroulement de l'action. La composition des v. 10-13 est des plus simples :

la présentation :
a v. 10 Jésus (son activité : enseigner ; le lieu : synagogue ; temps : sabbat) ;

23. Bibliographie en D. Hamm, « The Freeing of the Bent Woman and the Restoration of Israel : Luke 13.10-17 as Narrative Theology », *JSNT* 31, octobre 1987, p. 23-44.

b v. 11 la femme (l'infirmité et sa durée ; les conséquences physiques) ;

l'action :

a' v. 12-13*a* Jésus (voir ; déclaration et geste) ;

b' v. 13*b* la femme (réaction physique immédiate et parole de louange).

Arrêtons-nous sur les verbes des v. 12-13. Jésus ne dit pas à la femme : « Je te l'ordonne, tiens-toi droite (*stèthi orthè*) », mais : « Tu as été déliée (*apolelysai*) de ta faiblesse », comme si cela était déjà fait, et le narrateur, en écho, de noter que sur-le-champ « elle fut rendue droite » (*anôrthôthè*) – et non qu'elle se tint droite. Ces deux passifs auront leur importance dans la discussion qui va suivre (v. 14-16), puisque ni Jésus ni la femme ne peuvent être soupçonnés de *faire* quelque chose, autrement dit de *travailler*. Ces passifs – communément dits « théologiques » pour signifier que l'auteur des actions est Dieu même – indiquent bien que Jésus et le narrateur voient dans la guérison l'œuvre de Dieu ; la réaction de la femme, qui se met à glorifier *Dieu* (et non Jésus !), montre qu'elle interprète l'événement de la même façon. Jusque-là donc, tout est pour le mieux.

Si l'on excepte l'analepse du v. 11 qui renvoie dix-huit ans en arrière, le temps du récit suit celui de l'histoire. C'est d'ailleurs la mention de la durée de l'infirmité qui mérite notre attention. Luc ne dit rien d'autre sur la femme : le lecteur ne connaît pas son âge, qui est certainement à l'origine de cette progressive descente en position horizontale ! Pourquoi nous avoir gratifiés de ce chiffre ? Une indication plus vague, du genre « et elle était courbée depuis de nombreuses années », aurait suffi. Est-ce par accrochage verbal avec 13,4, qui relate la mort de *dix-huit* personnes à Siloé ? Ou, mieux, pour mettre en contraste la longueur de l'infirmité et la rapidité (« aussitôt », *parakhrèma*, v. 13) de la guérison, comme en 8,43, pour la femme qui souffrait d'hémorragie « depuis douze ans » [24] ? Sans aucun doute, mais la scène suivante, constituée par les interventions polémiques du chef de la synagogue et de Jésus, montre que cette interprétation

24. L'indication de temps se trouve chez les trois Synoptiques (Mt 9,20 ; Mc 5,25 ; Lc 9,43).

ne suffit pas. Car Jésus, sans que personne ne lui ait signalé la durée exacte de l'infirmité, la rappellera devant tous : « et cette fille d'Abraham, que Satan avait liée *voici dix-huit ans*, ne fallait-il pas la délier... ? » (v. 16). Il la connaissait donc, elle et son passé de souffrance : pouvait-on manifester avec plus de sobriété l'être-prophète de Jésus ? Mais l'immédiateté des effets (v. 13) soulignait déjà la puissance de sa parole ; pourquoi Jésus se croit-il obligé de notifier sa connaissance des êtres et des choses ? Pour indiquer les raisons de son initiative : sa miséricorde, sa générosité ? Peut-être, mais à la différence de l'épisode de Naïn (7,13) le narrateur ne dit rien des sentiments qui ont animé Jésus. La différence entre la première partie de l'épisode (v. 10-13) et la seconde (v. 14-16) saute d'ailleurs aux yeux. Les sentiments ne sont mentionnés qu'à partir du v. 14, avec l'apparition du chef de la synagogue. Mais c'est aussi à partir de ce moment-là que la révélation des êtres et des choses va pouvoir advenir, *par la parole de Jésus*, indice évident que la discussion des v. 14-16 est à la fois le nœud et le sommet de l'épisode.

Alors qu'on s'attendrait à voir la foule des témoins réagir positivement et accompagner la femme dans sa louange, comme dans les récits de miracle de Lc 4–9, le texte passe sans transition à l'extrême opposé, l'indignation (v. 14*b*). Non que les témoins soient absents ou refusent de manifester leur approbation, mais l'admiration et la joie de la foule, en notre texte, n'ont pas pour seul objet le miracle. Elles font suite à la discussion des v. 14-16, une fois que Jésus a fermé la bouche des opposants. Le miracle de Jésus ne suffit-il donc plus à emporter l'adhésion de *tous* les témoins (cf. 7,16) ? A vrai dire, dans les épisodes précédents le narrateur a signalé les premiers signes de refus net : certains témoins n'ont pas hésité à dire que c'est par Béelzéboul que Jésus chassait les démons (11,15). Parole puissante oui, mais divine ou diabolique ?

L'irritation du chef de la synagogue résonne de cette réticence. Le narrateur, qui a jusqu'à présent adopté une focalisation externe, où les raisons des actions étaient tues, dit maintenant pourquoi notre homme proteste (v. 14*b*), mais il le fait avec une distorsion que le lecteur ne peut pas ne pas voir : si le chef de la synagogue est furieux que Jésus ait guéri un jour de sabbat, pourquoi s'adresse-t-il à la foule plutôt qu'à Jésus ? La femme n'a rien demandé et Luc n'a pas davantage signalé que les autres personnes étaient venues pour se faire guérir, à la différence de 4,40, où il avait noté : « Tous ceux qui avaient des malades de toute sorte *les lui amenaient.* » Le lecteur attend donc que l'homme interpelle *Jésus*, qui a pris l'initiative et porte l'entière responsabilité de l'affaire, en lui disant : « Il est interdit de travailler durant le sabbat ; guéris tant que tu veux, excepté ce jour-là ! » Pourquoi préfère-t-il apostropher la foule ? Le narrateur ne montre-t-il pas ainsi, très habilement, l'hypocrisie du chef de la synagogue ? Hypocrisie, car ce dernier rudoie ses ouailles, alors que, selon Luc, c'est l'initiative de Jésus qui l'a rendu furieux ; de plus, il prête aux personnes présentes des intentions (venir pour se faire guérir) qu'il sait ne pas être les vraies.

Les propos de l'homme ont également leur importance pour le lecteur. Ils le renseignent d'abord sur le commandement du sabbat (Ex 20,9-11 et Dt 5,13-15) et ses implications. Mais ces allusions aux us et coutumes des juifs ne constituent pas le seul intérêt de l'énoncé : pour la première et la dernière fois dans le IIIe évangile, nous apprenons également que guérir quelqu'un équivaut à travailler – ce n'est pas l'imposition des mains comme telle que le chef de la synagogue considère comme un travail, mais *la guérison* (v. 14*b*). S'agit-il pourtant d'un travail ? En réalité, lorsqu'il s'adresse à la femme, Jésus ne lui donne aucun ordre, il constate seulement qu'elle a été déliée de son infirmité, comme s'il parlait d'un fait déjà accompli, et par un autre que lui-même : n'oublions pas le passif théologique ! Si nous tenons le narrateur pour fiable, il nous faut donc reconnaître l'absence de travail. Pourquoi le chef de la synagogue en parle-t-il ?

C'est encore une fois Jésus qui en donne la raison. Nous apprenons de sa bouche que, le sabbat, *tous* sans exception se sentent autorisés à défaire les liens de leurs bêtes pour les mener à l'abreuvoir. Ne s'agit-il pas d'un travail ? Si oui, n'y a-t-il pas un écart énorme entre ce qu'ils font et ce qu'ils disent ? Écart souligné par l'argument *a fortiori* auquel Jésus recourt : si tous délient leurs bêtes et les mènent boire un jour de sabbat, c'est pour les maintenir en bonne santé ; pourquoi sont-ils donc capables de bonté pour des animaux et n'acceptent-ils pas qu'on puisse faire de même en faveur d'un être humain, mieux : une fille d'Abraham, une de leurs sœurs ?

Mais le chef de la synagogue peut ne voir là aucune contradiction, tant les situations semblent différentes. Car, si la soif doit être étanchée à brève échéance, il n'en est pas nécessairement de même pour une déformation vertébrale : cette femme ne pouvait-elle pas attendre un jour de plus ? Jésus a-t-il donc raison de parler d'hypocrisie ? C'est précisément à ce point de la discussion que la mention des dix-huit années d'infirmité prend toute son importance : si Jésus sait avec autant de précision depuis combien de temps souffre une femme qu'il n'a jamais vue auparavant, c'est qu'il connaît les reins (!) et les cœurs. Sa parole est donc aussi puissante et fiable lorsqu'elle révèle la durée d'une souffrance et sa disparition que lorsqu'elle dénonce l'hypocrisie, la contradiction entre le faire et le dire. Parole doublement prophétique : elle annonce la délivrance et, en même temps, révèle les faux-fuyants qui masquent les refus.

La question du sabbat [25]

Les deux premières scènes (v. 10-13 et 14-16) ne diffèrent pas seulement par les acteurs ni par les phases qu'elles décrivent (la suppression d'un manque en 10-13 et la discussion sur la performance en 14-16), le lecteur aura noté que les modalités changent aussi de l'une à l'autre. Au début de la première scène, le narrateur part d'un ne-pas-pouvoir-faire (*mè dynamenè*, v. 11) ; quant à la seconde scène (v. 14-16), elle développe le devoir-faire (cf. *dei*, v. 14 ; *edei*, v. 16). Deux fois déjà, le sabbat a fait l'objet d'une controverse entre les pharisiens et Jésus (ou ses disciples) [26], et la modalité fut la même : « Pourquoi faites-vous ce qui n'est pas permis le jour du sabbat ? » (6,2) ; « Est-il permis ou non le jour du sabbat de faire le bien... ? » (6,9). On en

25. D. Hamm (art. cité) insiste beaucoup sur les allusions (possibles mais non certaines) à Is 40–55. Je ne considère ici que celle, évidente, au commandement du sabbat (Ex 20,9-11 et Dt 5,13-15).

26. Cf. Lc 6,1.2.5 (épis arrachés) et 6,6.7.9. (guérison d'un homme à la main paralysée).

conclura sans doute que les opposants de Jésus sont légalistes en ne retenant du sabbat que l'interdiction de ne faire aucun ouvrage. C'est oublier qu'ils reprennent à la lettre ou presque le commandement lui-même :

> Pendant six jours tu travailleras (verbe *ergazomai*) et feras tout ton ouvrage (*ergon*) / Mais le septième jour est un sabbat pour le Seigneur ton Dieu : tu n'y feras aucun ouvrage (*ergon*), toi, ton fils et ta fille, ton serviteur et ta servante, ton bœuf... et le prosélyte qui habite chez toi / Car (*gar*) en six jours le Seigneur a fait le ciel et la terre et la mer et tout ce qui (est) en eux et Il s'est reposé (*katepausen*) le septième jour ; voilà pourquoi le Seigneur a béni le septième jour et l'a sanctifié. *Ex 20,9-11 LXX*

> Pendant six jours... [mêmes mots qu'en Ex 20 jusqu'à « le prosélyte qui habite chez toi »], afin que (*hina*) ton serviteur se repose, et ta servante ainsi que toi-même / et tu te souviendras que tu étais esclave (*oiketès*) en Egypte et que le Seigneur Dieu t'en fit sortir à main forte et bras levé. *Dt 5,13-15 LXX*

Le chef de la synagogue emprunte les mots « six jours » et « travailler » (*ergazomai*) au commandement du sabbat. Il en reproduit également l'opposition fondamentale : travailler six jours / ne pas travailler le sabbat. Seul manque le motif, mais ne va-t-il pas de soi ? Non, comme le montre l'intervention de Jésus. Manifestement les raisons que ce dernier donne se situent dans la même ligne que Dt 5,13-15 [27]. Si le sabbat est le jour où l'on doit cesser le travail pour se reposer (et non « parce que Dieu s'est reposé », Ex 20,11) et se rappeler qu'on a soi-même été esclave, alors Dieu devait littéralement « délier » cette femme un jour de sabbat, pour qu'étant libérée [28] elle retrouve le goût de la louange, en d'autres termes sa vocation de fille d'Abraham – s'il est vrai que la vocation des croyants est de louer, de témoigner des merveilles de Dieu.

Comment ne pas admirer encore une fois l'art du narrateur,

27. Ce point confirme l'hypothèse de plusieurs exégètes qui voient en Lc 9,50–19,44 une section à connotation fortement deutéronomique. Cf. par ex. D. P. Mœssner, « Luke 9 :1-50 ; Luke's Preview of the Journey of the Prophet like Moses of Deuteronomy », *JBL* 102 (1983) 576-605.

28. Notons encore le passif du v. 16 : « Ne fallait-il pas qu'*elle soit déliée* (*lythènai*) de son lien le jour du sabbat ? »

qui fait des propos de Jésus le sommet du passage ? Nous savions déjà que Jésus est prophète : sa parole fait advenir le salut, elle sonde les cœurs et révèle les alibis du refus. Nous apprenons maintenant la véritable finalité du repos [29] exigé : en libérant Israël, Dieu a voulu qu'il n'oublie pas le temps de son esclavage – le souvenir de nos propres blessures et souffrances nous empêche de perdre notre humanité, autre nom de la bonté. Enfin nous entendons Jésus, comme il le fera pour Zachée, redonner à cette femme son identité, et par elle à tout Israël, puisqu'en louant elle redevient membre actif du peuple chargé de la louange.

Le passage en son contexte [30]

Le récit semble finir sur la réaction contrastée des témoins (13,17). En réalité, il continue : les deux paraboles qui suivent (13,18-21) en font partie. Le lien logique est nettement affirmé par le narrateur (« Il disait *donc* », v. 18*a*) ; quant aux unités de temps, de lieu et aux acteurs, ce sont les mêmes.

Ces deux petites paraboles sont les seules du IIIe évangile à mériter le titre de paraboles *du Royaume* ; nulle part ailleurs dans le récit lucanien Jésus ne commence une parabole par ces mots : « A quoi est comparable le Royaume de Dieu ? A quoi le comparerai-je ? » On voit que le lien existant entre le redressement de la femme, la discussion qui suit et le Royaume ne peut pas ne pas se manifester : si, juste après le signe, Jésus propose deux paraboles sur le Royaume, c'est que sa parole, qui annonce

29. Est-il besoin de rappeler que « sabbat » signifie « repos » ?

30. D. Hamm (art. cité) propose la structure suivante pour le passage :

A	12,49-53	Jésus parle de l'accomplissement de sa mission douloureuse
B	12,54-13,5	jugements, propos et paraboles
C	13,6-9	parabole sur la croissance
D	13,10-17	libération de la femme courbée
C'	13,18-21	parabole sur la croissance
B'	13,22-30	jugements, propos et paraboles
A'	13,31-35	Jésus parle de l'accomplissement de sa mission douloureuse.

Cette proposition, qui ne considère que la forme de l'expression, n'est pas sans poser de sérieuses difficultés. Comme Luc procède en effet par reprises continuelles du matériau narratif, on peut trouver des correspondances en nombre presque indéfini. La question des critères de découpage importe donc pour le IIIe évangile plus que pour les deux autres Synoptiques.

la délivrance et l'effectue, a quelque chose à voir avec le Royaume. Et ce rapport existe, puisqu'au début de la section Jésus lui-même l'a établi : « Si c'est par le doigt de Dieu que je chasse les démons, alors le Règne de Dieu est arrivé jusqu'à vous » (11,20). Selon certains spécialistes, ce lien entre libération et Royaume n'est pas nouveau dans le IIIe évangile. Le texte d'Isaïe 61 que Jésus a commenté à Nazareth l'annoncerait :

> L'Esprit du Seigneur est sur moi,
> car il m'a oint [31]...
> Il m'a envoyé proclamer aux captifs la libération...

S'il en est ainsi, la fonction proleptique de Lc 4,16-30 s'en trouverait confirmée. De toute manière, il reste que, en plaçant côte à côte la guérison de la femme et les deux paraboles du Royaume, le narrateur a indiqué au lecteur qu'il fallait les prendre ensemble, même s'il n'a pas lui-même donné les règles de leur déchiffrement. En notre épisode, Jésus a clairement dit que la femme avait été enchaînée par Satan : on ne s'étonnera donc pas de le voir revenir sur un thème abordé quelque temps auparavant.

Qu'y a-t-il donc de commun entre l'épisode de la femme courbée et les paraboles qui le concluent ? Si avec et par Jésus la libération des captifs est annoncée et effectuée, comme pour la femme, alors le Royaume peut être perçu dans sa croissance et son expansion. Mais on voit aussitôt quelle est la conséquence herméneutique de la mise en contiguïté des événements et des paraboles : si chaque fois le Royaume s'y donne à reconnaître, *en actes et en paroles*, alors toute la section devient une longue mise en récit de la venue du Royaume. Le narrateur a réussi un véritable tour de force : rendre son récit isomorphe aux événements narrés ! Bref, comme l'a montré cette trop brève présentation de Lc 13,10-17 (et 18-21), la thématique du Royaume donne un cadre à des épisodes et à des motifs qui lui sont apparemment étrangers et elle unifie le voyage vers Jérusalem.

31. Du verbe grec *khrizein* (oindre) vient le mot *khristos*. L'onction peut être prophétique ou royale. Le contexte dans lequel Luc utilise le texte semble requérir une interprétation prophétique, mais l'autre n'est pas exclue pour autant.

L'intérêt de Lc 13,10-21 vient sans doute aussi de ce qu'y sont conjoints les thèmes du refus et du Royaume qui vient à nous par Jésus : le refus et l'hypocrisie n'empêchent pas la libération de faire son œuvre et de s'étendre. Le voyage de Jésus révèle les deux réalités, indissociablement.

Conclusion

L'analyse narrative n'a pas pour fonction de suivre un paradigme pour lui-même : il était donc exclu que nous présentions certains des grands thèmes développés en 9,50–19,44 (prière ; richesse et pauvreté ; etc.). Nous avons voulu seulement indiquer les possibles voies d'une analyse de ces thèmes eu égard au développement du récit lucanien.

Le récit épouse le voyage comme support de l'enseignement de Jésus ; mais il est possible de s'arrêter en chemin, le temps d'un sabbat, d'un repas, d'une invitation : autant d'occasions pour le narrateur, pour Jésus et le Royaume de faire irruption dans la vie des acteurs et, nous le verrons, du lecteur. La libération de la femme courbée a montré que même les épisodes apparemment très éloignés de la thématique du Royaume ont pu servir au projet du narrateur.

Le déplacement, le cheminement (« qui veut me suivre », etc.) auquel les disciples et les foules sont conviés ont leur raison d'être uniquement parce que le Seigneur lui-même est allé au plus bas de nos misères, de nos emprisonnements, pour que « déliés » nous puissions retrouver le goût de la louange en même temps que celui de la marche, à sa suite. Car, et telle est bien la leçon à retenir de ce voyage, *c'est Dieu qui vient à nous en la personne de Jésus*. Voilà pourquoi parler du Royaume *de Dieu* et affirmer la royauté *de Jésus* ne voue pas le récit lucanien à la contradiction – qui est Roi, Dieu ou Jésus ? L'analyse d'une parabole le montrera à l'envi.

CHAPITRE VI

Les paraboles lucaniennes. De Jésus raconté à Jésus conteur [1]

L'épisode de la femme courbée et sa mise en série avec les deux paraboles du Royaume constituent une bonne occasion pour entrer dans l'écriture parabolique lucanienne. Non que les paraboles soient un bien propre à Luc, mais il importe de déterminer la fonction qu'il leur accorde en son récit.

Depuis longtemps déjà exégètes et linguistes s'interrogent sur l'élément spécifique des paraboles évangéliques [2]. Faut-il retenir leur caractère fictif, le changement d'acteurs, ou simplement la dénomination « parabole » donnée par le narrateur avant ou après les récits en question [3] ? En réalité, aucun de ces critères ne suffit à lui seul. Ainsi, en de nombreuses paraboles les acteurs n'ont apparemment rien à voir avec ceux du récit primaire [4] et supposent un déplacement, dans l'espace et le temps ; mais Jésus commence aussi plusieurs fois en disant : « Lequel d'entre vous... [5] ? », comme si les acteurs des récits primaire et secondaire étaient les mêmes. Et des récits – par exemple celui du riche et du pauvre Lazare (Lc 16,19-31) – que le narrateur n'appelle pas « paraboles », sont pourtant considérés comme tels par tous les

1. Les paraboles sont un type de récit métadiégétique, produit par un narrateur intradiégétique, dans le cas présent : Jésus.

2 Pour l'histoire de la recherche, cf. l'excellent exposé de V. Fusco, *Oltre la parabola.*

3. Le mot « parabole » (*parabolè*) utilisé 1) *avant* un récit parabolique : Lc 4,23 ; 5,36 ; 8,4 ; 12,16 ; 13,6 ; 14,7 ; 15,3 ; 18,1 ; 18,9 ; 19,11 ; 20,9 ; 21,29 ; 2) *après* : 8,9.10.11 ; 12,41 ; 20,19.

4. Cf. les paraboles commençant par « Un homme... » : Lc 10,30 ; 14,16 ; 15,11 ; 16,1 ; 19,12 (et 21,9, selon les témoins). Également 12,16 (au génitif) et 18,2 (« un juge »).

5. Cf. par ex. 15,4 ; 17,7.

lecteurs. Il est inutile de revenir ici sur ces problèmes théoriques qui exigeraient de longs détours et nous empêcheraient sans doute d'arriver à notre propos : repérer l'originalité du tissu narratif lucanien.

1. Le voyage vers Jérusalem et les paraboles

Un simple survol du IIIe évangile ne laisse aucun doute sur la répartition des paraboles lucaniennes : dans leur grande majorité elles sont dites durant le voyage vers Jérusalem (voir tableau p. 135) :

Le nombre de paraboles propres à Luc est impressionnant, en particulier entre Lc 13,22 et 17,10, partie du voyage où Jésus revient sur des thèmes que nous avons à peine mentionnés : se faire le dernier de tous, richesse et pauvreté, la miséricorde de Dieu pour les pécheurs. Étant donné le mouvement ou la progression de la section, il est d'ailleurs aisé de voir pourquoi Luc place la plupart des paraboles qui lui sont propres durant cette étape du voyage. Si au début (Lc 9,51–13,21) Jésus stigmatise le manque de foi de ses contemporains et rappelle l'urgence de la conversion, il ne désespère pourtant pas d'emporter leur adhésion : dans l'étape qui suit, il utilise les paraboles, qui font appel à leur jugement, à leur discernement, pour leur faire comprendre et accepter ses choix, qui sont ceux de Dieu. Les paraboles n'ont donc pas seulement une fonction explicative, elles visent également à convaincre, comme on l'a très justement dit [6]. Mais pourquoi convaincraient-elles davantage ? L'étude de l'une d'entre elles permettra d'en pressentir les raisons.

6. Cf. *Oltre la parabola*, p. 62-64, 90, 98, 109, 114. A la p. 120, pour décrire cet aspect, Fusco utilise l'expression « fonction rhétorique ». Comme Luc fait montre d'une bonne connaissance des règles de la rhétorique de son temps, on peut se demander si la fonction persuasive des paraboles lucaniennes ne s'explique pas plutôt à partir des *parabolai* de la rhétorique grecque qu'à partir des *meshalim* bibliques et juifs.

	= Mt	**= Mt/Mc**	**propres à Luc**
4,14 à 9,50	6,43-44 arbre/fruits 6,47-49 fondations	5,34-35 l'époux 5,36 vêtement 5,37-39 vin et outres 6,39 aveugles 6,41-42 paille/poutre 8,1-5 la semence 8,14-18 lampe/boisseau	7,41-43 les deux créanciers
9,51 à 19,44	11,11-12 demande à père 14,16-24 invités banquet noces 15,4-7 brebis perdue 19,12-27 le roi/mines	11,33 lampe/boisseau 12,36-39 serviteurs 12,42-48 intendant 13,18-19 Royaume/grain 13,20-21 Royaume/pâte	10,29-37 le bon samaritain 11,5-8 l'ami importun 12,16-21 le riche et ses greniers 13,6-9 figuier stérile 14,7-11 choix places 14,28-30 construction tour 14,31-32 roi partant en guerre 15,8-10 drachme perdue 15,11-32 père et deux fils 16,1-8 l'intendant avisé 16,19-31 le riche et Lazare 17,7-10 serviteurs inutiles 18,2-5 le juge inique et la veuve 18,9-14 pharisien et publicain
19,45 à 21,38		20,9-18 vignerons homicides 21,29-30 le figuier	

2. La parabole du roi. Lc 19,11-28 [7]

L'histoire de l'exégèse contemporaine manifeste une évidente oscillation dans l'interprétation : parabole *des mines* ou parabole *du prétendant à la royauté* ? Strictement parlant, le récit parabolique ne commence qu'au v. 12 (« Un homme de haute naissance... ») et finit au v. 27. Mais il est enchâssé dans la trame du récit primaire et peut, de ce fait, être interprété à partir de son cadre [8].

Les paradoxes narratifs

Faire et dire

Comme récit, la parabole (v. 12-27) est régulièrement composée, en deux séries de trois étapes qui se correspondent. Reprenons, en le réduisant à sa plus simple expression, le schéma d'I. de La Potterie [9], fondé sur les parallélismes narratifs. Grâce aux programmes narratifs et aux séquences, l'analyse sémiotique permettrait de l'affiner, mais elle ne le remettrait pas fondamentalement en question [10] :

7. Pour le choix de cette parabole, cf. *supra* p. 12. Il va de soi que la parabole sera considérée synchroniquement : comme un récit cohérent et suivi. Je reprends ici, en le modifiant, mon article « Parabole des mines et/ou parabole du roi. Remarques sur l'écriture parabolique de Luc », dans J. Delorme (éd.), *Paraboles évangéliques. Perspectives nouvelles*, Cerf 1989, p. 309-322. Pour l'histoire de la tradition, qui va de Jésus à la rédaction de chacun des évangélistes, cf. A. Puig i Tàrrech, « La parabole des talents (Mt 25,14-30) ou des mines (Lc 19,11-28) », in *A cause de l'Évangile, op. cit.*, p. 165-193.

8. Cf. R. Meynet, *Initiation à la rhétorique biblique*, p. 85-131 ; I. de La Potterie, « La parabole du prétendant à la royauté (Lc 19,11-28) », in *A cause de l'Évangile*, p. 613-641.

9. « La parabole... », p. 630.

10. Rappelons la distinction entre les différents types de modèles, les uns décrivant la forme de l'expression et les autres la forme du contenu. A les confondre, de nombreuses analyses tombent dans l'arbitraire. – La composition concentrique proposée par R. Meynet, *op. cit.*, p. 106-110, mélange les modèles

A	= v. 12	présentation de l'homme de haute naissance : projet de royauté ;
B	= v. 13	l'homme et les dix serviteurs : mission confiée ;
C	= v. 14	les concitoyens et l'homme noble : refus de l'avoir pour roi ;
A'	= v. 15*a*	retour de l'homme devenu roi ;
B'	= v. 15*b*-26	le roi et les serviteurs : sanction sur la mission confiée ;
C'	= v. 27	le roi et les citoyens : sanction négative.

Ce schéma, fondé sur des critères narratifs – apparition et disparition des acteurs, phases diverses : contrat, performance et sanction –, se voit vérifié et confirmé dans son articulation principale, au v. 15, par la présence d'une expression typiquement lucanienne, impossible à traduire – « et il y eut que, lorsque... [11] » –, indiquant nettement le début d'un nouveau développement à l'intérieur du récit. Les correspondances montrent que les actions amorcées par les personnages dans la première partie trouvent leur dénouement dans la seconde. Narrativement, rien de plus banal. En apparence, car l'harmonie du schéma ne doit pas masquer certaines irrégularités du paysage narratif de la parabole.

La première partie (v. 12-14) est très brève et bien des points, passés sous silence, laissent le lecteur avec de nombreuses ques-

---

et les niveaux d'analyse (vocabulaire, thèmes, personnages, discours narré, dialogue) en passant de l'un à l'autre :

a	v. 11 cadre : proximité de Jérusalem ;
b	v. 12-15 les ennemis ;
c	v. 16-19 dialogue avec les deux serviteurs ;
d	v. 20-21 identité du *kyrios ;*
e	v. 22*a* « de ta bouche je te juge mauvais serviteur » ;
d'	v. 22*b*-23 identité du *kyrios ;*
c'	v. 24-26 dialogue avec les autres ;
b'	v. 27 destruction des ennemis ;
a'	v. 28 cadre : montée vers Jérusalem.

Le modèle narratif choisi par I. de La Potterie est au contraire entièrement narratif – même s'il est vérifié et confirmé au niveau lexicographique et stylistique.

11. *kai egeneto en tô* + verbe à l'infinitif + proposition principale, précédée ou non de *kai*, voire de *kai idou*. Cf. Lc 9,29.33 ; 17,14 ; 19,15 ; 24,4.15.30.51. Ce même syntagme peut aussi indiquer le début d'un épisode : Lc 5,12 ; 9,18 ; 11,1 ; 14,1 ; 17,11. Quant à la formule *egeneto de en tô* + verbe à l'infinitif..., elle se trouve toujours au début d'un épisode : Lc 2,6 ; 3,21 ; 5,1 ; 9,51 ; 11,27 ; 18,35 ; Ac 19,1, et, selon les témoins, Lc 8,40 ; 10,38.

tions. Pourquoi aller se faire couronner dans un pays lointain au lieu de recevoir cette dignité sur place ? Pourquoi cette haine des concitoyens : cet homme est-il mauvais, dur, ou sont-ils, eux, méchants et incapables de reconnaître sa valeur ? Pourquoi a-t-il confié son argent à ses serviteurs : pour leur témoigner sa confiance, les mettre à l'épreuve ? Le narrateur [12] insistera-t-il sur l'identité du maître-roi (bon ou méchant, etc.), sur la performance des serviteurs (vont-ils ou non faire du profit ?), sur le rapport entre leur performance et la sanction qui suivra (y en aura-t-il une, sera-t-elle proportionnée au faire, etc.) ou sur la relation du roi à ses concitoyens (vont-ils continuer à le rejeter, ou finalement l'accepter ? le roi va-t-il réagir et comment ?)... ? Le lecteur veut combler ces vides, mais ne le fera qu'à partir des indices disséminés au cours du récit et destinés à favoriser une solution plutôt qu'une autre.

Si la première partie du récit est sommaire en ses trois sections, la seconde va démesurément s'allonger, mais uniquement en *B*' – plus de onze versets ! –, où les serviteurs se présentent les uns après les autres pour dire ce qu'est devenu l'argent confié.

Notons l'art du narrateur, qui ne mentionne la performance des serviteurs ni durant l'absence du maître-roi (*kyrios*) [13] ni même lors du dialogue. Lorsqu'ils se présentent devant le maître, les deux premiers ne disent pas : « Tu m'avais donné une mine, *j'en ai gagné dix* », « tu m'avais donné une mine, *j'en ai gagné* cinq [14] », mais : « *Ta mine* a rapporté dix mines » (19,16), « *ta mine* a fait cinq mines » (19,18). A les entendre, ils n'ont rien fait, c'est l'argent qui s'est en quelque sorte reproduit lui-même. Mieux, à la différence de la parabole matthéenne, où les deux premiers serviteurs s'avancent et *montrent* le résultat de leurs efforts [15], en Lc 19 ils n'apportent que leur parole, pas les mines : le maître est obligé de les croire. Il aurait pu leur dire :

12. Par narrateur j'entends Jésus, qui raconte la parabole (comme narrateur intradiégétique).

13. Comparer avec le récit matthéen, où l'activité lucrative des deux premiers serviteurs est signalée en Mt 25,16.17, et celle du troisième, non lucrative, en 25,18.

14. Comparer encore avec Mt 25,20.22.

15. Cf. Mt 25,20.22 : « Voici les talents que tu m'as confiés et ceux que j'ai gagnés. »

« Montrez-les-moi ! » Or, il n'en fait rien, leur manifestant ainsi sa totale confiance. Si, dans la première partie de la parabole (v. 12-14), le silence du maître ne pouvait encore être interprété (oubli ? omission volontaire ?), à partir de la seconde il devient clair que la description des performances, positives ou non, est *délibérément* gommée. Même le faire du troisième serviteur n'est connu qu'à travers son *dire* : a-t-il effectivement mis la mine dans un linge, à l'abri ? L'important est qu'il affirme l'avoir fait. D'ailleurs, ce n'est pas seulement la performance des serviteurs qui est gommée : l'exécution de la sentence du maître l'est tout autant. Aux v. 26-27, le narrateur ne dit pas : « Et ils lui prirent même la mine qu'il avait », « et ils égorgèrent les ennemis du roi en sa présence ». A la différence d'autres paraboles lucaniennes (10,30-35, par exemple) où la performance domine, en celle-ci tout est vu à partir de la parole des personnages [16]. Il faudra donc voir la raison de cette place énorme donnée au *dire interprétatif*.

Dire et être

La séquence *B*' est ainsi beaucoup plus développée que les autres, signe évident que l'interprétation des acteurs de la parabole détermine celle des acteurs du récit primaire et celle de tous les lecteurs potentiels. Mais, en *B*', l'interprétation est spécifiée par ce qui l'encadre, *A*' et *C*' : le *dire* qui se donne à entendre est *judiciaire*, car ce maître ne parle pas à ses serviteurs comme tout maître le fait lorsqu'il demande des comptes sur un travail fait (punissant au besoin) ; en *B*', le maître est désormais *roi*, c'est-à-dire *juge*. La séquence est donc une *sanction* à la puissance deux, puisqu'elle ne décrit pas simplement l'appréciation d'une performance – que le narrateur a d'ailleurs omise ou gommée – par un maître quelconque : elle prend la forme d'un procès, où le maître est qualifié comme roi-juge, avec la fonction et le pouvoir d'enquêter, de juger, de prononcer une sentence et de la faire exécuter.

Notons que Luc [17] procède pour cette parabole comme il le

16. Cf. Lc 18,9-14. La focalisation est interne. Sémiotiquement parlant, la séquence dominante du récit est la *sanction*.

17. Qu'on ne voie pas ici une confusion entre narrateur extradiégétique (Luc)

fait ailleurs : au début du récit, les informations qu'il donne sur l'identité des personnages sont de type social et/ou religieux, mais neutre, comme s'il évitait de se prononcer sur leur moralité. Il signale que Zachée est percepteur en chef, riche, mais n'ajoute pas qu'il est pécheur ; il mentionne le style de vie du riche (16,19), mais ne dit pas que l'homme est mauvais [18]. De la même manière, Lc 19,12-14 ne signale que les statuts sociaux : un noble en passe de devenir roi, des servants, des concitoyens ; et si le narrateur parle des sentiments de ces derniers, il se garde bien d'en donner les raisons. *La véritable identité des différents personnages sera révélée uniquement par ce qu'ils disent* (v. 16-27). Mais c'est précisément là que commencent les surprises !

Le v. 13 n'avait pas précisé comment le maître avait réparti les mines avant de partir, et rien n'était dit sur la compétence des serviteurs [19]. Or, par les deux premiers serviteurs qui se présentent et déclarent un profit étonnant bien qu'inégal (cf. v. 16.18), nous savons que le roi n'avait pas réparti son argent selon les compétences : pourquoi n'avoir pas donné cinq mines ou plus encore à celui qui a décuplé la somme initiale ? Parce qu'il méconnaissait les capacités de chacun ou parce qu'il voulait les (faire) connaître et les mettre en valeur ? La suite du récit permet de choisir la seconde solution, mais il faut immédiatement ajouter que le maître ne semble pas préoccupé par le rendement : il confie une somme qu'il estime ridicule (« très peu de chose », *elakhiston*), et nous saurons bientôt, de sa bouche (v. 24), qu'il ne reprendra ni les dix mines initiales ni les autres, car il les cédera aux serviteurs qui les ont gagnées. En définitive, les mines n'étaient qu'une occasion : ce que le maître voulait, c'était les associer à son propre pouvoir royal (cf. v. 17.19) [20], leur donner

---

et narrateur intradiégétique (Jésus) ! La parabole de Jésus est reprise et retravaillée par Luc, génialement d'ailleurs.

18. On pourrait multiplier les exemples. L'évangéliste laisse presque toujours les jugements moraux aux personnages du récit. Les exceptions sont facilement classables et analysables : Lc 1,6 ; 2,25.36-37 ; 7,37 ; en 18,2, début de parabole, c'est Jésus qui qualifie le juge d'inique. La liste montre que Luc n'hésite pas à mentionner la qualification *positive*. Lc 7,37 semble faire exception, mais il s'agit d'un euphémisme !

19. Comparer avec Mt 25,16 : « il remit... à chacun *selon ses possibilités* ». Ce maître-là semble bien connaître sa maisonnée.

20. Noter qu'à la différence de Mt 25,21.23 le roi du récit lucanien ne qualifie

une qualification nouvelle, fondée non sur leur habileté financière – qui, répétons-le, n'est mentionnée ni lors de la remise des mines ni, au retour, par les servants ou par le roi qui les félicite – mais sur la relation de confiance : « parce que pour un rien tu as été digne de confiance (*pistos*) » (v. 17). Si la parabole n'insiste pas sur les mines – sinon pour indiquer qu'il s'agit d'un rien –, elle ne met pas davantage en valeur la performance ou la capacité des serviteurs, bien plutôt la largesse du roi, qui ne leur a pas donné son argent par appétit du gain, mais pour leur faire partager sa propre autorité. Son image s'en trouve donc précisée : il ne veut pas opprimer, soutirer, taxer, mais élever ceux qui sont dignes de confiance. On en vient alors à se demander si ses concitoyens n'ont pas eu tort de le rejeter et si ce ne sont pas eux les méchants. Or, le serviteur qui va entrer maintenant en scène (v. 20-23) remet drastiquement ces données en question.

Notons d'abord que si les deux précédents ne s'étaient pas mis en valeur – à les entendre, c'était l'argent du maître qui avait fructifié par lui-même –, ce dernier serviteur [21] va parler à la première personne, signalant ce qu'il a fait (« j'avais tenu ta mine dans un linge »), avant d'en donner la raison (« en effet j'avais peur de toi ») et la raison de la raison (« car tu es un homme... »). Les deux premiers ne disent ni pourquoi ni comment la mine a proliféré : ils se contentent de notifier un résultat. Pourquoi le troisième éprouve-t-il le besoin de se justifier ? N'aurait-il pas simplement dû dire : « Voilà la mine que tu m'as confiée » ? C'est que le maître avait demandé, exigé même (cf. v. 13) de chacun qu'il fasse des affaires. En gardant avec précaution la mine, le serviteur a évidemment enfreint l'ordre. Mais le maître voulait-il punir ceux qui, malgré leur labeur, auraient perdu l'argent confié ? Ignorait-il les risques inhérents à ce genre de pratique,

---

de « bon serviteur » que le premier servant (v. 17) ; au second il offre directement de partager son autorité (v. 19) sans le féliciter auparavant. L'accentuation est donc manifestement mise sur le projet inouï du roi et non sur les qualités des serviteurs.

21. En grec *ho heteros* (v. 20) signifie « l'autre » et suppose un ensemble de deux (personnes, groupes). Le syntagme est ici utilisé pour le « troisième » serviteur ; mais cela indique bien que pour l'évangéliste les deux premiers servants des v. 16-19 doivent être pris ensemble, comme un tout auquel va s'opposer ce qui suit.

où l'on peut gagner gros, mais aussi voir tout partir en fumée ? Le malheureux homme aurait-il eu à rembourser sa dette en cas d'échec [22] ?

Avant de revenir sur ces questions, il faut en finir avec le rapport entre dire et être. C'est par la parole du troisième serviteur que le lecteur en apprend davantage sur l'identité du maître, qui n'est pas dur, impitoyable (*sklèros*, Mt 25,24), mais *austèros*, terme technique, si l'on en croit les historiens de l'époque [23], que le reste de la phrase explique : il fait travailler ses serviteurs et jouit, se nourrit du fruit de leur peine. Le serviteur dit à son maître : « Tu *retires* ce que tu n'as pas déposé. » Or, le dialogue qui a précédé semble indiquer le contraire : non seulement le roi n'a pas demandé qu'on lui restitue les intérêts avec la mine initialement confiée, mais il *donne* encore d'avoir part à son autorité, de gouverner avec lui.

Si le serviteur a tort, pourquoi le roi ne cherche-t-il donc pas à le mettre sur la voie de la vérité : « Tu te trompes et te fais des illusions sur mon compte ; je ne suis pas ce que tu crois, etc. » ? A la différence de Mt 25,26 qui, après « tu savais que... », omet de faire répéter par le maître les allégations du serviteur (« tu es un homme dur »), signifiant ainsi qu'elles sont fausses, le narrateur lucanien n'hésite pas à faire reprendre par le roi les propos de son vis-à-vis : « Tu savais – et non : tu *pensais* ou tu *croyais* – que je suis un homme *austèros*. » C'est qu'en réalité Luc joue sur l'adjectif *austèros* : certes, il s'agit d'une parole technique, mais son emploi est également métaphorique, avec des connotations négatives, car les fonctionnaires royaux chargés de collecter les impôts n'ont jamais eu la réputation d'être cléments. Du statut social – celui qui, grand propriétaire, fait travailler ses serviteurs et récolte les fruits de leur labeur –, on peut donc passer au qualificatif moral : homme exigeant, austère. Le serviteur dit donc vrai ! Mais en affirmant sa peur, il montre que ce n'est pas le statut du maître qu'il considère (car tous les

22. Faut-il interpréter ces versets à partir d'une règle répandue alors dans les milieux d'affaires ? Sur cette question, cf. J.A. Fitzmyer, *Luke*, II, *ad loc.* Pour l'analyse narrative cette question est secondaire.

23. Cf. J.A. Fitzmyer, *ibid.*, p. 1237, qui donne des références extra-bibliques. L'adjectif était appliqué au *governmental finance inspector,* qui collecte les impôts et autres taxes.

propriétaires récoltent les fruits du travail de ceux qui sont sous leurs ordres) mais l'*homme*, qui exige beaucoup, punit, exploite fermiers et familiers [24]. Quant au roi, lui aussi dit vrai, mais il ne reprend certainement pas le mot *austèros* selon son acception négative : s'il moissonne là où il n'a pas semé, ce n'est pas par appât du gain, comme l'a montré le dialogue avec les deux premiers serviteurs. Tel est donc le pouvoir de la parole interprétante : révéler l'identité morale mais aussi, et avec des mots vrais, la déformer.

La section *B'*, de loin la plus longue, manifeste ainsi l'importance en notre parabole du « faire interprétatif », comme disent certains sémioticiens. Mais les différents indices jusqu'ici relevés montrent que le narrateur insiste moins sur la qualification et la performance (bonnes ou mauvaises) des serviteurs que sur l'identité réelle du roi. Quelle est son autorité (comme maître, puis comme roi), l'exerce-t-il et comment ? Chemin faisant, le lecteur découvre que le dire interprétatif est piégé : qui croire ? Il est invité à discerner entre différentes affirmations, puisque le narrateur ne lui donne rien d'autre.

Dire et juger

La séquence « sanction » mérite doublement ce nom, car un jugement officiel s'y exprime. Le roi prononce une sentence – le verbe utilisé ne laisse planer aucun doute [25] : « Je te *juge*... » – et demande qu'on l'exécute (v. 24). Situation des plus paradoxales : si le cadre est judiciaire – procès où la fonction du juge est d'en savoir plus sur ceux qui se présentent devant lui –,

24. A propos de l'opinion que le serviteur a de son maître (v. 21), la *BJ* met en note : « C'est l'opinion d'un serviteur paresseux et malveillant. » Cette remarque vaudrait à la rigueur pour Mt 25,26 mais manque totalement la pointe du récit lucanien : le narrateur ne dit rien sur les performances, et sa technique consiste à entretenir le suspense sur la vérité du dire, donc sur l'identité du roi – haï par ses concitoyens et plus que craint par certains de ses serviteurs, il est d'autre part incroyablement généreux et pas du tout jaloux de son pouvoir, qu'il désire même partager.

25. Noter à ce propos la différence entre Mt 25,26 et Lc 19,22. Paradoxalement, la scène matthéenne, très parousiaque, avec donc en arrière-fond le jugement dernier, n'a pas le vocabulaire judiciaire de Lc 19,15-23. L'homme décrit par Mt 25 est un simple maître, alors que celui de Lc 19 est devenu roi et juge.

ici, c'est pourtant l'identité du roi-juge qui fait question. Il prononce des sentences (« *bon* serviteur », v. 17 ; « *mauvais* serviteur », v. 22) et demande leur exécution (v. 24 et 27), pour que « justice » soit faite, mais lui-même est-il juste ? Seul l'examen de la sentence le dira.

Le troisième serviteur n'est pas d'abord jugé sur sa performance – il n'est déclaré ni fainéant ni incapable – mais sur ses paroles, sur les raisons qu'il a énoncées pour enfreindre l'ordre du maître (v. 13 : « Faites des affaires »). Pour se justifier, le serviteur invoque la peur : peut-on condamner quelqu'un pour un sentiment qui ne se commande pas, oppresse et paralyse ? Ne faut-il pas plutôt alors redonner confiance ?

Avant d'affronter le jugement et ses attendus, notons que les sentences énoncées aux v. 24 et 27 sont en tous points différentes. Le serviteur se voit privé de la mine initiale, mais il n'est ni molesté ni mis à mort, comme le seront plus tard les ennemis [26]. Le serviteur est jugé comme serviteur, en fonction de l'ordre qui lui avait été donné et du projet que le maître avait de le faire participer à l'exercice de son autorité : il ne lui reste rien, sinon la vie et le statut de serviteur – en effet le roi ne dit pas qu'il le fait déchoir de son état. Quant aux concitoyens, qui le rejetaient et refusaient son autorité, ils sont considérés comme ennemis, ce qui implique une situation de guerre, où la mort définit le sort du vaincu. La différence des sentences et des situations peut se décrire comme suit :

> – avec le serviteur, le roi-juge continue de se conduire en maître, et la rétribution reste subordonnée à cette relation ;
> – avec les citoyens qui refusent son pouvoir royal, le roi-juge réagit comme un roi dont on veut se débarrasser : par la guerre – puisque l'ambassade envoyée n'avait pas pour mission d'arriver à un compromis, mais de signifier un refus définitif et d'empêcher un quelconque retour.

Mais cette différence ne manifeste-t-elle pas la justice du juge, qui ne rétribue pas sans tenir compte des situations et des statuts différents ? Certes, mais il semble tout de même accabler un

26. Narrativement, les concitoyens et les serviteurs ont des parcours actantiels et figuratifs différents. On ne saurait donc dire, avec certains commentateurs, que les concitoyens sont aussi de « mauvais serviteurs ».

pauvre serviteur pris par la peur. Répétons pourtant que ce dernier n'est pas d'abord jugé sur sa performance négative, ni sur ses sentiments – le maître ne lui rétorque pas : « Pourquoi as-tu peur de moi ? » Il se voit jugé sur ce qu'il *dit* du maître. L'image qu'il avait de lui, comme homme *austèros*, impliquait qu'il se conduisît en conséquence, au risque d'être ensuite étonné par la générosité inouïe de l'homme. Même s'il avait fait de mauvaises affaires, le maître ne lui aurait pas fait reproche, comme le prouve la fin de la parabole : l'argent lui avait été littéralement *donné* (v. 13). Le verbe *didômi* est en effet répété à dessein tout au long du récit (v. 13.15.23.24.26) pour que les serviteurs de la parabole – et le lecteur – réalisent progressivement que le don initial n'était pas un prêt, mais une somme destinée à être « royalement » laissée en possession des serviteurs.

Si la parole, le dire, prend une telle importance en notre parabole, c'est donc parce que nous assistons à un procès, institution où la parole est *tout* ; en effet, même si l'on traite de faits au tribunal, la cour ne les connaît en général que par la parole des témoins, des plaignants, des accusés ou de leurs avocats respectifs. Aussi ne s'étonnera-t-on pas d'entendre le roi dire au serviteur : « Je te juge à partir de tes paroles, mauvais serviteur » (v. 22) [27].

Mais ici le lecteur est invité à saisir l'ironie particulière du propos : les paroles du serviteur n'étaient pas une reconnaissance de culpabilité, elles visaient au contraire à expliquer la non-performance par l'austérité du maître. Voilà un serviteur qui, au moment où son maître (devenu son roi-juge) lui demande des comptes, se met en quelque sorte à faire le procès de ce maître ! L'ironie redouble lorsque le maître, ne cherchant aucunement à se justifier (en mentionnant par exemple les deux impétrants qui viennent de quitter la scène), semble abonder dans le sens de l'autre et confirmer ses dires. Tous les effets narratifs visent à

27. Pour ce verset, les commentaires et les Bibles renvoient à Jb 15,6 (discours d'Élifaz). Les propos sont semblables mais la situation tout à fait différente, puisque dans la parabole cette phrase est attribuée non à un témoin mais au *juge*, dont l'identité vient d'être révélée sous un jour négatif. D'autres ont vu en cette affirmation royale une analogie avec le jugement de Salomon : rapprochement suggestif, même s'il n'a aucun appui lexicographique ni narratif. Pour la littérature non biblique, cf. Quintilien, *Inst. Orat.* V, 7. 15*sq.*

piquer la curiosité du lecteur à propos de l'identité morale du roi, et pourtant ce dernier *ne dit rien* sur lui-même, pour corriger l'image qu'on se fait de lui et pour justifier ses décisions. Comme les acteurs de la parabole qui ne comprennent pas pourquoi le roi donne encore plus à celui qui a déjà dix mines (v. 25), le lecteur ne peut que s'interroger sur l'apparente injustice du logion final (v. 26), où le narrateur n'insiste pas sur les mérites du serviteur qui reçoit encore plus, mais pose avec plus de force l'énigme de la décision du roi et de sa justice.

Mais en retirant au troisième serviteur la mine qu'il avait soigneusement conservée, le roi signifie d'autre part que, tout en le gardant comme serviteur ou *esclave* – ici encore le narrateur joue sur le mot *doulos* –, il ne lui laisse pas ce qui devrait être le signe de sa confiance, la mine initiale : peut-il faire partager ses responsabilités à qui n'a pas répondu par la confiance à la confiance dont il était l'objet ? Aucun doute n'est possible : la dynamique du récit, ses silences, ses développements, ses paradoxes, tout milite en faveur d'une interprétation royale et judiciaire ; la parabole nous met devant une figure royale dont l'identité reste contrastée, mystérieuse.

Lc 19,12-27 développe donc démesurément le dire interprétatif : l'enjeu n'est ni le faire (non mentionné ou si peu) ni le devenir concret des personnes jugées (le narrateur omet l'exécution des diverses sentences), mais la personne du maître, roi et juge, qu'on ne connaît que par ce qu'il dit et ce qui est dit de lui. Mais comment ne pas voir ici la maîtrise de Luc ? Si le lecteur n'a que des paroles sans qu'il lui soit possible de les vérifier par les faits – omis par le narrateur –, il va lui falloir discerner.

L'utilisation des paradoxes

La parabole a jusqu'à présent été analysée comme un en-soi, et sa nature de récit fictif autorise à procéder ainsi. Mais elle est également reliée au récit primaire et son écriture porte en tous points les marques de l'écriture lucanienne.

La parabole en son contexte [28]

Les relations de la parabole à son contexte apparaissent nombreuses, narrativement s'entend : les épisodes précédents aident à la comprendre et, à son tour, elle leur donne une portée nouvelle.

La parabole, nous l'avons vu, n'insiste pas sur la performance, positive ou négative, des serviteurs : le maître ne les juge pas sur les résultats qu'il juge ridicules eu égard à la dignité et à l'autorité qu'il veut leur offrir. L'important à ses yeux est la relation de confiance, l'image qu'ils se faisaient de lui. Or, plusieurs de ces traits apparaissaient déjà dans l'épisode de Zachée, auquel l'évangéliste rattache explicitement notre parabole au niveau syntaxique (19,11 : « Comme ils écoutaient cela, Jésus... »). Pour gagner de l'argent, Zachée n'a pas son pareil, comme le premier serviteur de la parabole ; la foule – autrement dit les concitoyens de Jésus – désapprouve le geste de celui qui va manger chez les pécheurs. Surtout, c'est l'attitude du roi qui semble en tout point identique à celle de Jésus : ce dernier ne fait aucune critique à Zachée sur la façon (malhonnête) dont il a gagné tant d'argent ; la performance ne semble pas lui importer : ce qu'il voit (v. 5), ce n'est pas seulement un petit homme perché sur son arbre, mais un grand désir, qui ira jusqu'à le reconnaître comme « Seigneur » (*kyrios*, comme dans la parabole). Peu importe ce qu'était Zachée avant de rencontrer Jésus à Jéricho : au demeurant, quelle différence y a-t-il entre un percepteur (publicain) et un serviteur/esclave ? Aucun des deux statuts n'est plus reluisant que l'autre, surtout si l'on considère la dignité qui sera conférée par la suite en chacun des récits. Quant à la façon dont les deux personnages principaux (Jésus et le roi) sont ou non acceptés, il existe encore des analogies : les deux sont acceptés par certains et contestés par d'autres (Jésus critiqué en 19,7 ; le roi haï en 19,14). L'importance du dire interprétatif en

28. Lorsqu'une parabole existe chez les autres Synoptiques, la méthode comparative permet d'apprécier l'importance du contexte sur l'effet de sens d'une parabole. Ainsi, par ex., la parabole du festin nuptial reçoit en Mt une coloration nettement eschatologique (cf. Mt 22,1-10), puisqu'elle fait partie de l'enseignement délivré après l'entrée à Jérusalem, alors que chez Luc elle est insérée dans un enseignement sur les pauvres (Lc 14,15-24). Même remarque pour Lc 19,12-27, eschatologisée en Mt et déseschatologisée en Lc.

chacun des deux récits a encore plus d'intérêt : on aura noté qu'ils finissent l'un et l'autre par une parole du personnage principal. Certes, ces paroles sont on ne peut plus opposées : l'une déclare le salut, l'autre la destruction, mais cela vient de ce que la parabole n'a pas d'abord pour fonction d'expliquer ou d'illustrer la rencontre entre Jésus et Zachée ; reprenant certaines de ses composantes, elle va plus loin.

Mais, grâce à l'épisode de Zachée, le lecteur peut interpréter certains passages de la parabole qui demeuraient obscurs tant qu'on la prenait comme un récit indépendant du contexte. L'homme de naissance noble, couronné roi dans un pays lointain et revenu pour juger, mais contesté dans son pouvoir et son attitude, cet homme a reçu les traits que le lecteur sait appartenir à Jésus, lui qui va chercher les pécheurs et se voit par là même durement critiqué par les fidèles de son peuple. La parabole décrit donc quelque chose du mystère qui se révèle à travers les réactions et les paroles de Jésus.

Ne s'agit-il que d'une description ? Pas d'abord ni seulement, comme l'indique l'importance du dire interprétatif en 19,16-27 : la parabole fonctionne à la manière d'un modèle heuristique et normatif où s'énoncent la finalité et les modalités du salut. Mais les référents – qui ne sont d'ailleurs pas les seuls possibles – fournis par le récit primaire sont tels qu'après avoir lu l'épisode de Zachée le lecteur ne peut que s'interroger sur la relation qu'entretiennent le roi de la parabole et Jésus.

Lc 19,12-27 n'est pas uniquement rattaché à l'épisode précédent, qui l'ancre dans l'événement-Jésus et que, réciproquement, il aide à comprendre. Sa fonction est tout autant proleptique, prophétique même, puisque c'est Jésus qui parle. Rappelons seulement des éléments connus de tous. Lorsque Jésus, monté sur un ânon, approche de la Ville, les *disciples* en liesse se mettent à l'acclamer et le reconnaissent comme roi (19,38). Rien n'est dit sur le reste du peuple : va-t-il accueillir en Jésus son roi, à la suite des disciples ? L'épisode suivant, qui décrit Jésus pleurant sur Jérusalem parce qu'elle n'a pas reconnu le temps de la visite, laisse présager une réponse négative, sanctionnée comme la fin de la parabole (v. 27). La parabole permet ainsi au récit primaire de s'articuler : entre l'épisode de Zachée et celui de l'acclamation royale, elle impose un ailleurs, une halte également, grâce à quoi les auditeurs/lecteurs vont reprendre les événements passés, pour en voir la portée, et attendre ceux qui vont advenir, pour y reconnaître une même logique, une même trame : l'opération est évidemment *herméneutique*. Les commentateurs n'ont pas manqué d'ajouter que la parabole n'est pas seulement une prolepse des événements immédiatement subséquents mais aussi de l'intronisation céleste de Jésus [29]. Sa fonction s'étend donc au temps de l'Église, qui est le temps du lecteur.

Parabole et récit primaire

Malgré tout, si la parabole lucanienne est insérée assez fermement en son contexte, peut-on l'en détacher, la faire jouer pour d'autres situations, autrement dit sans les acteurs du récit primaire ? A première vue, cela semble impossible pour la simple raison que dans les évangiles, spécialement dans le IIIe, c'est toujours *Jésus* qui parle en paraboles. Mais il ne s'agit pas seulement du Jésus historique : l'exégèse diachronique des paraboles est ici d'un précieux secours car elle montre comment chaque étape de la tradition constitue une réappropriation du message initial, laquelle va de pair avec un respect profond pour la structure *narrative* de la parabole. Notre lecture a amplement montré que toute la tension dramatique de 19,12-27 est déterminée par le rapport de confiance ou de refus, par l'image qu'on se fait du roi. Le lecteur peut évidemment considérer qu'il n'est ni le concitoyen ni le serviteur de ce roi, mais le tour de force du locuteur (Jésus) et de l'évangéliste est de le faire entrer peu à peu dans le récit en acteur, par les questions qu'il doit nécessairement poser pour combler les silences ou repérer la logique des réactions. Les sauts narratifs, les blancs, les non-dit, les ruptures, les apparentes incohérences sont les moyens privilégiés du parler en paraboles : le lecteur se prend progressivement au jeu et ne reste pas étranger à la situation décrite.

La fin de la parabole du roi fait déraper l'instance locutrice : pour la première fois, au v. 26, le narrateur supprime le « et il dit » habituel, par lequel il a montré jusque-là qu'il citait les

29. Cf. surtout I. de La Potterie, « La parabole... », p. 632-635.

propos du roi, si bien qu'on ne sait plus exactement quel est le narrateur intradiégétique : le roi du récit ou Jésus [30] ? Mais cela fait du lecteur un locutaire, à qui s'adresse aussi la finale : « Je vous dis qu'*à tout homme qui a*, il sera donné... » La parabole déborde ici largement le contexte immédiat de la montée à Jérusalem et du sort de Jésus : elle s'offre à tous comme une interpellation, comme une provocation sur la justice de Dieu telle que la comprend et la proclame Jésus.

3. L'écriture parabolique de Luc

Il va de soi que toutes les paraboles lucaniennes ne ressemblent pas à celle du roi : le mouvement dramatique y est plus ou moins fort, la longueur inégale, leur fonction peut différer – certaines impliquent un faire de la part de l'auditeur-lecteur, d'autres se présentent comme des révélations offertes à notre perspicacité, etc. Mais elles ont en commun de pouvoir être racontées ; elles sont même faites pour cela. Elles ne sont pas la mise en scène d'une idée, d'un idéal, car ce qu'elles racontent c'est une expérience ou une rencontre. Les paraboles lucaniennes gardent cette saveur d'inouï, d'énigmatique qui arrête le lecteur, le bouscule, sans qu'il puisse s'habituer à la force des contrastes et les maîtriser par des concepts.

L'analyse narrative impose d'aller plus loin. Quelle différence y a-t-il entre une histoire à caractère parabolique et une parabole évangélique [31] ? Au niveau de la structure narrative, *aucune*, car l'intensité dramatique, les motifs de « fiction », les traits métaphoriques ne sont pas le privilège des paraboles, bien au contraire. Les récits dits « vécus » (autobiographies, biographies, monographies historiques) décrivent souvent des drames dont on voudrait

30. Il est admis que le v. 26 est un logion de Jésus lui-même. L'évangéliste joue évidemment là-dessus pour effacer la différence entre locuteur de la parabole (Jésus, narrateur intradiégétique) et locuteur à l'intérieur de la parabole (le roi, narrateur intradiégétique à la puissance deux).

31. Question formulée par J.-F. Habermacher, « Jésus conteur d'histoires : la narration dans les paraboles », *Sémiotique et Bible* 45, mars 1987, p. 12.

qu'ils n'aient jamais eu lieu ; ils savent également emporter le lecteur dans l'énigme du cœur humain, avec ses aventures, qui nous rappellent nos propres aventures ou nous y invitent. De plus, s'il est vrai que, comme récit fictif, la parabole laisse en principe beaucoup plus de liberté à l'écrivain pour créer, n'oublions pas que Luc exerce sa créativité hors pair souvent davantage dans le récit primaire que dans les paraboles (du moins celles qu'il a en commun avec Mt/Mc).

La distinction entre parabole religieuse et les récits paraboliques en général viendrait-elle du « contenu de sa référence implicite (non dite) [32] », autrement dit d'un appel à une possibilité déterminée, celle de la foi dans une Promesse ? Sans aucun doute, mais pas uniquement, car cette référence implicite est également celle de nombreux épisodes narratifs non paraboliques. Ce n'est d'ailleurs pas à ce niveau que l'étude des paraboles lucaniennes a le plus d'intérêt. En plus de la structure narrative, de la référence implicite, il importe d'examiner la relation existant entre les personnages du récit primaire et le lecteur. Dans les récits de l'enfance et même avec l'épisode de Nazareth, la position du lecteur est privilégiée : il reçoit beaucoup plus d'informations que les personnages du récit primaire sur l'identité de Jésus (sa filiation divine, sa messianité, son rôle de Sauveur). Les questions du lecteur du IIIe évangile sont souvent inverses de celles des auditeurs de Jésus. Pour les paraboles, *cette différence s'abolit* en quelque sorte. Personnages du récit et lecteur se trouvent dans une situation analogue : les énigmes, les silences, les sentences ou paroles difficiles les prennent de plein fouet et leur interdisent une connaissance plus aisée ou immédiate du mystère.

L'histoire de l'exégèse est ici du plus grand intérêt parce qu'elle manifeste, par ses hésitations et ses variations, l'aspect toujours inouï des relations instaurées et proposées par la parabole du roi et toutes les autres. Quant à la réaction des foules qui écoutaient Jésus et à l'exégèse qui fut la leur, nous ne la connaissons pas, sinon l'une ou l'autre fois, et par l'évangéliste. Mais il est raisonnable de penser que leurs inter-

32. *Ibid.*

prétations furent aussi diverses que celles des générations qui suivirent.

En réalité, si lecteur et personnages sont à peu près dans la même situation, c'est parce que l'évangéliste lui-même, qui est censé rapporter les paroles de Jésus, est allé aux limites de ce qu'il est convenu d'appeler l'omniscience du narrateur. La parabole du roi (Lc 19) porte les traces d'une relativisation de l'omniscience : le lecteur se trouve ainsi dans l'impossibilité d'expliquer (narrativement s'entend) et d'interpréter avec certitude, au vu des indices qui lui sont donnés, certaines réactions ou affirmations du roi. Il suffit de comparer sur deux ou trois points les recensions matthéenne et lucanienne de la parabole pour le vérifier. Il est obvie que Matthieu donne au lecteur plus d'explications que Luc : les performances respectives des serviteurs sont décrites et le jugement va s'appuyer sur elles ; et si le serviteur voit en son maître un homme dur, Matthieu indique clairement, en omettant l'adjectif *sklèros* (« dur ») dans la réponse qu'il prête au maître, que ce dernier refuse un tel qualificatif et que le lecteur devrait faire de même. Par ces explications, le rédacteur reprend le contrôle du message et retrouve son « omniscience ». En Luc, le phénomène est inverse : à la perfection de la mise en tension narrative, correspond un refus d'expliquer, de justifier. Supprimant les performances et laissant uniquement au lecteur le *dire* des personnages, il le fait entrer dans l'épaisseur des relations contrastées, l'obligeant à discerner, soulignant même, grâce à l'intervention des personnages de la parabole, le choc provoqué par la décision finale du maître en faveur du premier serviteur : « Mais il a déjà dix mines ! » Ainsi, bien qu'il maîtrise parfaitement la mise en tension du récit, Luc refuse de dissimuler les limites de son omniscience : s'il se cache et laisse toute interprétation à Jésus, ce n'est pas parce qu'il feint de ne pas savoir, mais parce qu'il reçoit lui-même le choc des paroles et met tout son art à laisser leur force agir sur le lecteur. Quoi qu'on en dise, il y a dans les paraboles propres à Luc [33], mais aussi dans les autres qu'il reprend de la

33. Par exemple celles de la drachme perdue et retrouvée, du père et des deux fils, du riche et de Lazare.

double ou de la triple tradition, un inouï dont l'expérience simplement humaine ne peut pas totalement rendre compte, l'analyse de Lc 19,12-27 l'a bien montré.

Bref, la parabole lucanienne est le lieu où se modifient les rapports entre le narrateur, le narrataire-lecteur et les personnages du récit primaire. Eu égard à l'information et au déchiffrement des énigmes paraboliques, le lecteur perd son statut privilégié.

Conclusion

Dans la trame du récit primaire lucanien, les paraboles ont pour fonction de créer un temps de reprise et un espace pour l'adhésion. Si Jésus dénonce la non-reconnaissance de ses signes, il entend aussi susciter la réflexion, le discernement de ses auditeurs, pour les convaincre du bien-fondé de ses propres initiatives et décisions. La parabole, en emportant l'auditeur dans un autre monde, lui permet de se détacher de ses idées préconçues, de quitter ses liens, et de juger sainement, librement. Ailleurs indispensable !

Les paraboles sont également insérées dans la trame du récit primaire, où se nouent les relations, où se dessinent aussi les incompréhensions et les refus ; elles permettent ainsi aux personnages et au lecteur de lire la logique des événements, passés *et* futurs. Mais l'altérité divine nous rejoint là de façon surprenante : si les paraboles font appel à notre expérience, la réveillent, elles n'en sont pas la pure répétition ; elles ouvrent à l'inouï de Dieu. Comment en effet dire l'Autre, sans le reprendre sous les mots du même (notre expérience) ? Seule la métaphore peut dire l'Autre avec les mots du même. Comment s'étonner dès lors des traits métaphoriques disséminés en tant de paraboles lucaniennes [34] ?

34. Peut-on ou non définir la parabole à partir de la métaphore ? Les opinions sont partagées. V. Fusco, *op. cit.*, p. 103-109, le refuse. Ses raisons viennent

principalement de la *fonction* argumentative qu'il accorde très justement à la parabole et que la métaphore n'a pas par nature. Les deux figures ont certes des fonctions différentes, mais, sans recours au champ métaphorique (ce que Fusco appelle « champ figuratif »), la parabole n'existerait pas.

CHAPITRE VII

Le procès et la mort de Jésus. Paradoxale reconnaissance

Aux portes de Jérusalem, où le voyage se finit et où notre analyse s'est arrêtée, Jésus est acclamé par la foule des disciples en liesse et, dans l'immédiat, rien ne semble menacer l'enthousiasme populaire. Mais les prolepses de Jésus ont été suffisamment claires pour que le lecteur s'attende à voir tout basculer d'un moment à l'autre. D'ailleurs, plus que le déroulement des événements – que va-t-il arriver ? –, c'est leur interprétation qui compte ici : comment le narrateur lucanien a-t-il intégré les épisodes de la Passion et de la mort de Jésus dans l'ensemble de son récit ?

1. Quelques particularités du IIIe évangile

Luc et les deux autres Synoptiques

Dans une précédente étude [1], nous nous étions demandé pourquoi, dans leur récit de la Passion et de la mort de Jésus, Matthieu et Marc reprennent massivement au Psautier les motifs des supplications de l'innocent injustement persécuté.

Quelles sont les principales caractéristiques de ces psaumes ? La situation est toujours dramatique : le psalmiste va bientôt *mourir* ou son mal est incurable ; ainsi s'expliquent sa demande

1. J.-N. Aletti, « Mort de Jésus et théorie du récit », *RSR* 73 (1985) 147-160.

d'un salut rapide, voire immédiat, et l'intensité du cri jeté vers Dieu. Également, la *solitude* radicale : le juste se voit abandonné par tous ceux qui devraient être là, ses amis et Dieu lui-même, apparemment sourd, muet ou lointain, mais il est entouré par des *ennemis* féroces et nombreux. Non contents de vouloir sa mort, ces opposants l'accusent injustement et faussement sur ce qui fait le cœur de sa vie, à savoir sa relation à Dieu, et parient sur son sort : s'il est ami de Dieu comme il le dit, Dieu ne peut l'abandonner ; mais s'il meurt dans le déshonneur et la solitude, ses prétentions se révéleront fausses : il n'est pas l'ami de Dieu. Tel est donc le drame du psalmiste : il clame n'avoir rien fait contre Dieu, qui ait mérité le sort qu'il subit, mais les autres refusent de le croire et l'attaquent même. Pourtant, le juste *ne leur répond pas* [2] : il n'interpelle que Dieu, sur qui il compte et à qui il en appelle, parce que la vérité de sa vie doit être reconnue, mais surtout parce qu'il voit son sort mettre Dieu lui-même en question : qui pourrait reconnaître comme le Dieu juste et vrai un dieu qui laisse périr l'innocent seul, accusé, rejeté ? Mais, s'il ne répond pas à ses accusateurs, le juste persécuté des psaumes *n'intercède jamais* pour eux, en disant : « Voici, Seigneur mon Dieu, j'offre ma vie en rançon, pour leur obtenir le pardon » ; son drame vient en effet de ce qu'apparemment Dieu le rejette : à quoi bon Lui offrir une vie dont Il ne semble même pas se soucier ?

Le récit de la Passion selon Mt/Mc suit ce modèle, surtout les scènes au pied de la croix, où les citations implicites du Ps 22 fournissent au récit son fil conducteur. Jésus est mourant, seul, abandonné par ses disciples – seules quelques femmes regardent de loin –, injurié et provoqué, mais silencieux devant les outrages, un silence qui finira par le cri adressé à son Dieu [3], sans intercession ni demande de pardon pour ses opposants.

2. En tous ces psaumes – seul fait exception Ps 41-40,11 – le psalmiste ne dit jamais à Dieu : « Rends-moi fort que je leur donne une bonne raclée, que je leur paie leur dû ! » Il laisse le soin de le faire à Dieu, car en tous ceux qui l'accusent ou veulent sa disparition il ne voit pas ses propres ennemis mais ceux *de Dieu* : l'enjeu est la justice divine, sa capacité de vaincre le mal et ainsi d'être reconnue, chantée.

3. L'arrière-fond des supplications n'autorise pas à interpréter le cri de Jésus comme un cri de désespoir ou de révolte. Le désespoir impliquerait que Jésus

La difficulté du récit lucanien de la Passion vient de ce qu'à la fois il est proche et diffère de Mt/Mc. Comme chez eux, certains motifs des psaumes de supplication sont aisément repérables, à cause du vocabulaire – le partage des vêtements (Ps 22,19), le cri de Jésus (Ps 31-30,6) – et des situations : Jésus est mourant, seul, conspué et ne répond pas aux insultes. Mais d'autres traits dénotent une perspective différente : si les psaumes de supplication et les récits de Mt/Mc ne mentionnent aucune intercession, le narrateur lucanien retient au contraire la demande : « Père, pardonne-leur, ils ne savent pas ce qu'ils font » (Lc 23,34*a*) [4]. L'adresse filiale (« Père » deux fois, aux v. 34 et 46) implique une attitude qui n'a rien à voir avec la demande instante pour la libération immédiate de la menace et de la mort. Dieu n'est ni absent, ni sourd ou muet : il est là, tout proche, et Jésus s'abandonne avec confiance entre ses mains, sans jamais lui demander de venir vite, de ne pas l'abandonner. Manifestement, chez Luc, l'attitude de Jésus renvoie plutôt à celle des psaumes de confiance, où l'orant répète à l'envi qu'il espère et ne doute pas du secours du Seigneur. Le mot de Jésus au malfaiteur crucifié avec lui : « Aujourd'hui même tu seras avec moi au paradis » (23,43), indique aussi une certitude que rien ne pourra ébranler : Dieu est de son côté et reste le Père bien-aimé.

En suivant fidèlement jusqu'au bout le modèle des supplications du juste persécuté, la double recension Mt/Mc souligne l'aspect dramatique et énigmatique de la situation : Jésus crie et interroge Dieu sur son apparent abandon. Certes, il est reconnu comme « Fils de Dieu » (Mt 27,54 ; Mc 15,39) par le centurion, juste après sa mort, mais tous les autres témoins, en particulier les

---

ne s'adresse pas à ce Dieu qui semble l'abandonner, et la révolte qu'il ne lui dise pas « *mon* Dieu ». Si, malgré leur situation dramatique, les psalmistes continuent d'interpeller Dieu, c'est parce qu'il est leur seul recours et que la confiance continue de les habiter. Le cri de Jésus est une *question* qui doit être interprétée comme celles des supplications. Cf. X. Léon-Dufour, *Face à la mort. Jésus et Paul*, Seuil, 1979, p. 149-154.

4. La prière de Jésus manque en certains témoins très fiables : le problème de critique textuelle est donc réel. Néanmoins, qu'on retienne ou non le v. 34*a* ne change en rien les conclusions de l'analyse narrative, comme on pourra s'en rendre compte par la suite.

autorités juives, restent sur leurs positions. Qui a raison ? Dans le IIIe évangile au contraire, les scènes au pied de la croix soulignent la progression qui va du mépris et des outrages à la double confession finale, de l'innocence de Jésus – « Sûrement cet homme était *juste* » (23,47) – et de la responsabilité de tous les autres. Sur le chemin du calvaire, seules les femmes se battent la coulpe (Lc 23,27), mais, tout à la fin, après que Jésus est mort et reconnu innocent par le centurion, ce ne sont plus seulement les femmes qui se frappent la poitrine, mais *toutes les foules accourues* pour voir le spectacle (23,48). Jésus meurt dans la confiance, reconnu innocent non seulement par les femmes, par le malfaiteur qui lui demande de se souvenir de lui, par le centurion, mais aussi (de façon implicite) par les foules. Reconnaissance de l'innocence qui est indissociablement une confession de leur responsabilité. Bref, le narrateur met en contraste l'innocence confiante de Jésus et le péché avoué des foules. *Les acteurs du récit sont reconnus pour ce qu'il sont* : Jésus innocent, et les autres pécheurs repentants – du moins les foules.

La citation biblique faite par Jésus

Si, dans son récit de la Passion, Matthieu cesse de citer les Écritures *comme narrateur* pour rappeler que Jésus les accomplit, comme il l'a fait jusqu'en 21,4 [5], il n'en laisse pas moins *à Jésus* le soin de montrer, au cours de la dernière Cène et de l'arrestation, que les événements, apparemment contraires, accomplissent en réalité les prophéties (cf. Mt 26,31.54.56). Jésus renvoie explicitement aux Écritures avant d'être ligoté et crucifié : liberté physique et analepses bibliques sont concomitantes. Après l'arrestation au contraire, Jésus est mené de-ci de-là au gré des caprices, silencieux sauf lorsqu'il lui faut répondre sur son identité. Deux étapes se dessinent ainsi nettement de part et d'autre de l'arrestation : la première, où Jésus annonce les événements – trahison, rejet, reniement, dispersion des « brebis » – en en donnant une des clefs, le modèle biblique, et l'autre étape, où il

5. Cf. Mt 1,22 ; 2,5.15-16.17-18.23 ; 3,3 ; 4,14-16 ; 8,17 ; 12,18-21 ; 13,35 ; 21,4.

est prisonnier, malmené, vivant son agonie dans le silence jusqu'au cri de la mort en croix.

A l'instar de Mt/Mc, Luc n'intervient jamais comme narrateur pour proposer explicitement la grille de lecture biblique. Jésus est le seul à faire référence aux Écritures, mais *une seule fois*, tout à la fin de la célébration de la Pâque :

> Car je vous le dis, il faut (*dei*) que s'accomplisse (*telesthènai*) en moi ce texte de l'Écriture : « On l'a compté parmi les criminels. » Et de fait, ce qui me concerne arrive à son terme (*telos*). *Lc 22,37*

Cette annonce, qui est en même temps un rappel d'Is 53,12 [6], mérite l'attention du lecteur, car c'est le seul épisode du IIIe évangile où, parlant de son sort, de lui-même donc, Jésus mentionne explicitement les Écritures, et fait précéder la citation d'une formule d'accomplissement – le cas de Lc 4,18-20 est différent, puisque à la synagogue le passage d'Isaïe était la lecture du jour et que la mention de l'accomplissement ne précédait pas la citation : en Lc 22,37, Jésus *choisit* le texte qui, selon lui, permet de lire les événements à venir. Mais comparé à Lc 24 où, après sa résurrection, le même Jésus insistera sur la nécessité de la souffrance et de la mort par lesquelles le Messie devait passer, et où il ouvrira ses disciples aux prophéties des Écritures, cette unique citation semble insuffisante : une présentation substantielle des Écritures n'aurait-elle pas été mieux à sa place durant le repas pascal, avant que les événements ne se détériorent et semblent basculer dans le non-sens ?

Il faudra évidemment répondre à cette difficulté [7]. Notons cependant que si, avant la Passion, Jésus ne fait appel qu'une seule fois à l'Écriture pour indiquer jusqu'où ira son chemin de souffrance et de rejet, toute la suite du récit lucanien, par la voix des personnages ou celle du narrateur, semble être une exécution de la prophétie de 22,37. Qu'il suffise de mentionner les passages où il est question de voleurs et de malfaiteurs :

6. Il s'agit donc d'une prolepse analeptique.
7. Cf. *infra*, p. 195.

22,52	(= Mt/Mc)	Jésus aux hommes venus l'arrêter : « Comme pour un brigand... avec des épées... » ;
23,2	(Luc seul)	le Sanhédrin à Pilate : « [Jésus] poussant à la révolte et empêchant à payer l'impôt » ;
23,5	(Luc seul)	le Sanhédrin à Pilate : « Il [Jésus] soulève le peuple... » ;
23,14	(Luc seul)	Pilate répétant les accusations des v. 2 et 5 « soulever le peuple » ;
23,19	(= Mc 15,7)	le narrateur : « [Barabbas]... jeté en prison pour une émeute... et pour meurtre » ;
23,25	(Luc seul)	le narrateur : « [Pilate] relâcha celui... jeté en prison pour émeute et meurtre » ;
23,32	(= Mt/Mc)	le narrateur : « On conduisait aussi deux malfaiteurs, pour les exécuter avec lui » ;
23,33	(= Mt/Mc)	le narrateur : « Ils le crucifièrent ainsi que les deux malfaiteurs... » ;
23,39	(Luc seul)	le narrateur : « L'un des malfaiteurs crucifiés l'insultait... »
23,41	(Luc seul)	un malfaiteur : « Pour nous c'est juste : nous recevons ce que nos actes ont mérité : mais lui [Jésus] n'a rien fait de mal. »

Tel est donc un des paradoxes soulignés par Luc : Jésus, mis au rang des malfaiteurs, traité comme tel, est finalement déclaré innocent, explicitement par le centurion et indirectement par les foules qui partent en confessant leur faute. Plus le sort de Jésus sera celui des brigands, plus, paradoxalement, son innocence ressortira.

Les prolepses faites par Jésus durant la dernière Pâque (annonces de la trahison, du reniement de Pierre, de son propre sort, identique à celui des sans-loi) appellent donc les événements et forment la dynamique du récit lucanien de la Passion. Jésus ne prédit pourtant pas qu'il sera reconnu innocent, et c'est là qu'il faut reconnaître la griffe de Luc : celui-ci n'a pas attendu le calvaire pour mettre en relief l'innocence de Jésus, comme l'atteste l'épisode de la comparution devant les autorités.

2. Jésus devant Pilate et Hérode. Lc 23,2-25

Le passage est facilement identifiable, eu égard aux changements d'espace, de personnages et à l'unité d'action (judiciaire).

Quant à sa composition narrative, elle s'impose aussi, les différentes scènes s'ordonnant concentriquement :

A	= v. 1-7	Jésus devant *Pilate* *dialogue* entre Pilate et Jésus, entre Pilate et les autorités juives ; mention des *accusations* et affirmation d'*innocence* ;
B	= v. 8-12	Jésus devant *Hérode* scène narrée à la troisième personne : *aucun dialogue* ; mention des *accusations*, mais *rien sur l'innocence* ;
A'	= v. 13-25	Jésus devant *Pilate* *dialogue* entre Pilate et la multitude (chefs et peuple) ; mention des *accusations* et réaffirmation d'*innocence*.

Cette composition, fondée principalement sur la présence ou l'absence des personnages et les répétitions de vocabulaire, ne rend compte ni de la progression narrative ni de la fonction respective des différentes scènes ; ce qu'il faut précisément mettre en valeur.

Jésus devant Pilate

L'identité de Jésus

La scène où Jésus comparaît devant le Grand Conseil (22,66-71), avant l'épisode chez Pilate, est brève et va directement à l'essentiel ; en deux étapes [8], l'assemblée veut entendre de la

8. Faut-il rappeler au lecteur que cette christologie en deux étapes, progressive donc, n'est pas nouvelle dans le macro-récit : elle vient de très loin, de l'épisode de l'Annonciation, où l'ange déclare d'abord que Jésus sera fils du Très Haut, épithète du roi, fils de David (Messie), et ensuite qu'il sera Fils de Dieu.

bouche de Jésus une claire déclaration d'identité : « Si tu es le Messie, dis-le-nous ! » (v. 67*b*), et : « Tu es donc le Fils de Dieu ? » (v. 70*a*). Sachant qu'ils espèrent une réponse nette pour l'accuser, Jésus leur rétorque, d'une manière ambiguë : « C'est vous qui dites que je le suis ! » Ambiguïté, car la phrase peut signifier : « Voyez ! vous-mêmes l'avez pressenti ! » ou, au contraire : « C'est vous qui le dites, et je vous laisse la responsabilité de ce titre que je refuse. » Jésus ne répond pas aussi simplement qu'ils le désiraient ; il les renvoie à leur propre demande et à ce qu'elle implique : comment pourraient-ils lui poser ces questions, s'ils n'avaient quelques raisons d'y répondre positivement ? La réaction de ses interlocuteurs manifeste pourtant qu'ils ont voulu voir dans le propos du prisonnier une déclaration d'identité nette. Mais l'épisode lucanien n'a rien d'un procès officiel [9] : Jésus n'y fait pas figure d'accusé, et le narrateur ne mentionne ni le juge, ni les témoins, ni une quelconque sentence : « Il mérite la mort ! », à tel point que la réaction des membres du Grand Conseil devient elle aussi ambiguë. Pourquoi emmènent-ils Jésus chez Pilate ?

La réaction de Pilate

L'ambiguïté de la situation disparaît dès le moment où le narrateur signale les accusations du Grand Conseil, arrivé au complet (« toute leur assemblée », 23,1) devant le procurateur romain. Mais la différence entre les accusations formulées devant Pilate et les énoncés de la scène précédente saute aux yeux : alors qu'il avait été seulement question de l'identité de Jésus, le même Grand Conseil porte maintenant le débat à un niveau politique : révolte et refus de payer les impôts (23,2). Le lecteur, qui a eu amplement le temps de lire et de connaître les propos de Jésus, voit immédiatement le caractère mensonger des accusations. Pourquoi le narrateur ne le signale-t-il donc pas ? Pourquoi, à la différence de Mt/Mc, passe-t-il également sous silence la raison qui leur a fait livrer Jésus : la jalousie [10] ? Il n'est sans doute pas nécessaire de préciser que les accusations sont fausses : le narrateur, convaincu de la finesse de son lecteur, a omis une

9. Comparer avec Mt 26,57-68 et Mc 14,55-65.
10. Cf. Mt 27,18 ; Mc 15,10.

observation qui va de soi. Mais s'il tait également la ou les raisons qui font mentir les autorités religieuses juives, est-ce par ignorance, par manque d'intérêt ou à dessein ? Ce que nous connaissons du narrateur permet d'opter pour la troisième hypothèse : durant l'épisode, Luc laisse la vérité et le mensonge se manifester *à travers les dialogues*, sans mentionner lui-même les raisons profondes des choix et des désirs. Mais une lecture attentive du passage manifeste les raisons de la discrétion de Luc.

S'il se contente de laisser parler les personnages, c'est que le mensonge n'empêchera pas la vérité de se révéler, au contraire. Le lieu est d'ailleurs idéal : deux autorités suprêmes se font face, le Grand Conseil des juifs et le magistrat romain, manifestant le caractère officiel du procès. Caractère officiel que vérifient les circonstances : Pilate souligne bien qu'il n'a pas interrogé l'accusé en privé, pour se mettre d'accord avec lui ou trouver un expédient, mais que *tous*, absolument *tous*, des grands prêtres au plus humble des habitants du pays, ont entendu les questions et les réponses (v. 13-14). Et si tous ont tout entendu, alors les paroles de Pilate acquièrent une force de témoignage et une extension maximale : « cet homme dont vous dites qu'il pousse le peuple à la révolte » (v. 14, reprenant les v. 2 et 5) n'a rien fait dont on puisse l'accuser. L'autorité judiciaire suprême reconnaît, devant toute la population réunie, que les raisons avancées pour condamner Jésus sont fausses et proclame ainsi son innocence : « je n'ai trouvé en cet homme rien de condamnable, eu égard aux chefs d'accusation » (v. 14).

Mais Pilate ne déclare-t-il pas un peu rapidement que Jésus est innocent ? Il n'a pas écouté son enseignement et ne s'informe même pas ! Les trois raisons données par les membres du Sanhédrin (v. 2) visent en effet à provoquer la réaction des autorités romaines : si, comme le disent les accusations, Jésus demande aux foules de ne pas donner l'impôt à *César* et s'il se dit lui-même *Christ-Roi*, c'est qu'il refuse l'autorité impériale et veut se substituer à elle. Le procurateur ne peut pas ne pas faire le lien entre les titres « César » et « Roi ». Sa question à Jésus : « Es-tu le roi des Juifs ? » (v. 3), montre d'ailleurs qu'il a saisi l'enjeu de l'affaire. Mais la réponse du prisonnier reste ambiguë, du moins telle que Luc la relate : *su legeis*, car elle peut signifier : « Tu le dis et tu dis vrai » ou « Toi tu le dis, moi pas ! ». Le lecteur perçoit d'ailleurs aisément pourquoi Jésus répond ainsi, plutôt que « Je le suis » (*egô eimi*) : étant donné ce qu'ont déclaré les accusateurs, Pilate ne peut donner au titre qu'une acception politique, laquelle implique une rivalité avec le pouvoir romain et donc une condamnation, et, comme Jésus n'a jamais donné une connotation politique à sa royauté, le *su legeis* acquiert alors une résonance négative (« C'est toi et toi seul qui le dis »). Mais en demandant au prisonnier : « Es-tu le roi des Juifs ? », Pilate dit quelque chose de vrai, car Jésus est Roi, au sens où durant le voyage il l'a fait entendre et où il fut acclamé par ses disciples, alors qu'il était monté sur l'ânon : sa réponse *su legeis* prend alors une coloration positive.

La suite du récit montre que Pilate a compris le *su legeis* comme un refus de royauté politique, et l'accusé devient immédiatement innocent. Voilà pourquoi les membres du Sanhédrin, qui veulent absolument obtenir satisfaction, ne retiennent plus ensuite que la seule accusation de soulèvement, dont le lecteur sait – aussi bien que les juifs du récit lucanien – qu'elle provoquera la réaction impitoyable du gouverneur (cf. Lc 13,1). Mais ils prononcent le mot « Galilée », ce qui va permettre à Pilate d'envoyer Jésus chez Hérode, pour la raison indiquée par le narrateur (v. 7*a*).

Jésus devant Hérode

La scène met en relief certains contrastes : entre la joie du roi à la vue de Jésus au début et le mépris avec lequel il le traite à la fin, entre ce mépris et la splendeur du vêtement qu'il fait revêtir au prisonnier ; également l'opposition entre les nombreuses paroles du roi, les accusations des chefs et des scribes et le silence de Jésus. Pourquoi mentionner la joie d'Hérode si le lecteur n'en doit pas connaître les raisons : joie vicelarde, sadique et cruelle (cf. Lc 3,19-20 ; 13,31), ou au contraire curiosité extrême qui s'attend à voir cet homme connu opérer des signes merveilleux (cf. Lc 9,7-9) ? Luc signale aussi la présence des grands prêtres, des scribes, et leurs accusations véhémentes : le fait-il pour souligner leur détermination, pour mettre en relief le silence de Jésus ou parce que leur présence est une caution supplémentaire de la véracité et de la fidélité du récit : tous les opposants ont pu voir et entendre ? Bref, le narrateur signale les sentiments d'Hérode, ses questions soutenues, les accusations des opposants, le silence de Jésus, sans donner au lecteur les raisons de ses choix...

Mais plus que les contrastes et les oppositions, c'est la fonction de la scène qui ne manque pas d'intriguer. Car, si avec Pilate il s'agit d'un procès officiel, ici au contraire aucune sentence d'acquittement ou de condamnation n'est prononcée : la scène ne semble avoir ni la forme d'un procès ni un rôle déterminant pour l'issue du débat, puisque Hérode renvoie le prisonnier à Pilate sans commentaire. Le narrateur ne l'a retenue que pour mentionner le début de l'amitié entre Hérode et Pilate – mais pourquoi ne donne-t-il pas la raison de cette volte-face ?

En réalité, si le narrateur ne signale pas de lui-même l'importance de la comparution devant Hérode, c'est parce qu'il veut le faire savoir au lecteur *par les personnages du récit*, plus précisément par Pilate (v. 15) : le procurateur renvoie à ce qui s'est passé chez Hérode pour appuyer son propre jugement. Que Jésus lui ait été rendu sans déclaration aucune, démontre l'incapacité où se trouvait le tétrarque de prononcer la moindre condamnation et souligne le non-fondé des accusations ; la réaction de Pilate n'était donc pas arbitraire : les *deux instances judiciaires* sont d'accord pour reconnaître, l'une explicitement et l'autre implicitement, l'innocence de Jésus.

Mais le narrateur aurait pu résumer drastiquement la scène, en disant par exemple : « Pilate envoya Jésus chez Hérode, lequel, ne trouvant rien en lui qui méritât la mort, le renvoya à Pilate. » Nous avons déjà vu pourquoi il évoque encore les accusations véhémentes des chefs juifs : pour que la scène ne soit pas à huis clos, que les accusateurs ne puissent parler de forfaiture. Un autre élément reste à expliquer : la mention des outrages infligés à Jésus (v. 11). Le lecteur a pourtant tous les indices pour en trouver la fonction. Il sait déjà qu'Hérode est un malfaiteur (cf. Lc 3,19-20) ; si donc, malgré toute sa vilenie, manifestée ici par le mépris et les outrages – l'acteur n'a pas changé depuis le début du macro-récit et confirme la véracité des dires de Luc –, Hérode ne peut rien trouver pour garder, voire mettre à mort Jésus, c'est que l'innocence de ce dernier est totale. Témoignage paradoxal, que le tétrarque ne s'attendait certainement pas à donner !

Il reste à expliquer la réflexion du narrateur sur l'amitié d'Hérode et de Pilate (v. 12). Faut-il l'interpréter comme un des premiers effets bénéfiques de la Passion de Jésus : réconcilier des ennemis ? Ou comme un trait ironique supplémentaire : amitié louche, fondée sur un méfait – la démission ou la collusion de l'un et l'autre pouvoir ? Peut-être, mais la réponse doit être fondée sur la dynamique narrative, pour être plausible. Or, Luc ne rapporte pas cette amitié au début de la scène (avant le v. 8), comme si Pilate avait tout fait en montrant à Hérode qu'il reconnaissait son autorité, mais il la rapporte à la fin, *après qu'*Hérode a renvoyé Jésus chez Pilate. En faisant revenir le prisonnier au palais du procurateur, le tétrarque montre qu'il reconnaît sa juridiction suprême – la reconnaissance est ainsi devenue réciproque, les deux pouvoirs ne s'ignorent plus. Mais le lecteur a une autre raison pour apprécier le geste d'Hérode : en renvoyant le prisonnier – affublé de son vêtement éclatant –, le Tétrarque confirme le diagnostic du procurateur sur le non-fondé des accusations et lui laisse le soin de décider en dernier recours du sort de Jésus. Paradoxe de la scène, puisque c'est l'innocence de Jésus qui permet aux deux juges de reconnaître leurs pouvoirs respectifs.

Les contradictions

Le prisonnier étant de retour, Pilate convoque *tout le monde* : les membres du Sanhédrin et le peuple (*laos*), qui apparaît pour la première fois dans les épisodes de la Passion. Ses propos auront ainsi une extension maximale : nul ne pourra ignorer les événements et dire qu'il n'y est pour rien. Le sort de Jésus devient l'affaire de tous.

Le rôle ambigu du peuple

A vrai dire, il était déjà question du peuple depuis le début de l'interrogatoire puisque, d'après l'un des chefs d'accusation, Jésus « soulève *le peuple* » (v. 5). C'est sans doute pour cela que Pilate appelle tout le monde, y compris le peuple, pour notifier sa décision de relâcher un homme injustement accusé. Que Jésus n'ait pas cherché à soulever les multitudes, tous les épisodes des sections précédentes le prouvent amplement : ce qui n'a pas empêché ce même peuple d'écouter Jésus avec ferveur et enthousiasme tous les jours qui ont suivi son entrée dans le Temple (Lc 19,45–21,38). Oui, le peuple a toujours été favorable à Jésus et le considère comme un prophète. Or, que dit la multitude au moment décisif du procès, alors qu'il lui faut témoigner en faveur de celui qu'elle admire ? Que Jésus n'a jamais cherché à soulever personne contre les autorités romaines ? Le narrateur note laconiquement :

> Et ils crièrent tous ensemble (*pamplèthei*) en disant : « A mort celui-ci ! Relâche-nous Barabbas ! » *Lc 23,18*

Le peuple sait bien que les accusations de leurs autorités religieuses sont fausses, mais il n'en crie pas moins : « A mort ! » Et voici un nouveau paradoxe, en cet épisode complexe : *le peuple témoigne de la fausseté des accusations au moment même où il crie « A mort ! »*. Comment en effet Jésus pourrait-il avoir soulevé contre l'occupant romain ce peuple qui, loin d'être séduit par lui et de le reconnaître comme chef, demande sa mort ?

Mais l'itinéraire du peuple durant la Passion de Jésus ne s'arrête pas là, contrairement à celui des autorités religieuses. Après le reniement officiel du procès, l'immense foule suivra Jésus jusqu'au calvaire et, après la mort du supplicié, s'en retournera repentante, consciente de sa faute, de sa lâcheté [11].

11. Les acteurs « peuple » et « foules » ont des traits communs dans les scènes au pied de la croix : en 23,35 le « peuple » est là et regarde (*theôrôn*), mais ne se moque pas de Jésus comme les chefs religieux juifs et les soldats (cf. 23,35-37), et, après la mort de Jésus, les foules qui se sont réunies pour le spectacle (*theôria*) et regardent (*theôrèsantes*) s'en retournent en se frappant la poitrine (23,48). Le « peuple » fait-il partie de ces « foules » qui se repentent, autrement

La contradiction des autorités religieuses

Le narrateur laisse donc parler les acteurs : les contradictions dans lesquelles ils s'empêtrent sont assez énormes pour qu'il n'ait pas besoin de les souligner. Il intervient tout de même pour épingler celle des autorités religieuses juives. Au début du procès, en effet, les membres du Sanhédrin attestent que Jésus pousse la nation à la révolte (v. 2). Or, durant la seconde audience chez Pilate (v. 13-25), celle où ils demandent la mort de Jésus, leur monnaie d'échange est un certain Barabbas, dont Luc souligne par deux fois qu'il était en prison « à cause d'une émeute survenue dans la ville et pour meurtre » (v. 19.25). Le lecteur aura sans doute noté que le nom de Barabbas se trouve seulement prononcé par les opposants et que le narrateur utilise uniquement des pronoms pour le désigner (v. 19*a*.22*a*). C'est une des rares fois où il intervient pour donner le profil éthique négatif d'un personnage [12]. Mais on n'a aucune peine à voir pourquoi il est contraint de le faire : les grands prêtres et les scribes se garderaient bien de mentionner son passé, et telle est bien leur contradiction. Car, s'il est un homme dont le Grand Conseil devrait demander la mort, c'est Barabbas, qui avait soulevé le peuple et avait tué ! Or, bien que Pilate ait proclamé hautement l'innocence de Jésus, les chefs refusent que ce dernier soit relâché et exigent la libération d'un émeutier, ce qu'ils reprochaient précisément à Jésus d'être. Accuser un homme innocent de vouloir soulever le peuple et en arriver à demander la libération d'un autre, qui a tué et a voulu la rébellion du peuple : en cet épisode se manifeste l'incohérence totale des accusateurs.

Où, sinon dans un procès officiel, la révélation de la vérité et du mensonge doit-elle se faire ? Le but est atteint : la fausseté

---

dit, la multitude finale inclut-elle le peuple qui a crié « A mort ! » lors du procès, ou bien ces foules sont-elles composées uniquement de pèlerins venus pour célébrer la Pâque à Jérusalem, qui ont accouru pour profiter du spectacle et s'en retournent bouleversés ? Le narrateur ne précise pas. Il semble bien que le repentir soit celui de tous les spectateurs présents – donc du peuple (*laos*) mentionné en 23,35 –, le terme « foules », au pluriel, incluant tout le monde. Quoi qu'il en soit, pour le processus de véridiction, l'essentiel est la reconnaissance effective de l'innocence de Jésus et de la culpabilité de tous par le plus grand nombre possible de témoins, ce qu'indique le terme « foules » (*ochloi*).

12. Cf. Lc 3,19-20 (sur Hérode).

des accusations est établie, le mensonge des accusateurs confirmé et l'innocence de Jésus reconnue par les autorités judiciaires. Tout ne devrait-il donc pas bien finir ?

Pilate et sa décision

Au v. 22, Luc observe que Pilate dit pour la *troisième fois* qu'il n'a rien trouvé en Jésus qui mérite la mort. Le lecteur n'a pas besoin de cette indication du narrateur pour savoir que Pilate se répète : la mention des trois fois souligne à l'évidence la conviction du juge, conviction d'autant plus ferme qu'elle n'est pas affirmée devant Jésus seul mais à la face de tout un peuple et de ses plus hautes autorités religieuses [13].

Mais s'il est aussi convaincu de l'innocence du prisonnier, pourquoi accède-t-il à leur requête ? Par peur d'une émeute : leurs hurlements ne visent-ils pas à intimider le procurateur ? Les mots du narrateur autorisent pareille interprétation lorsqu'il note que Pilate livre Jésus « à leur volonté » (v. 25*b*) : le procurateur a abdiqué devant la ténacité de la multitude. Peur et lâcheté.

L'ironie profonde de la situation sourd entre les mots : voilà une foule qui veut la mort d'un homme qu'elle accuse d'agitation et qui elle-même se retrouve au bord de la révolte. Mais quelles que soient les raisons qui font obtempérer le procurateur, il se trouve lui aussi empêtré dans la contradiction : il voulait relâcher (*apolysai*) Jésus dont il connaissait et proclamait l'innocence et en vient à relâcher un prisonnier qui s'est soulevé contre l'Empire.

La fonction révélatrice de l'épisode a plus d'importance que le drame. Assuré de la vérité et de la réalisation des prolepses de Jésus, en particulier de celles relatives à ses souffrances et à sa mort, le lecteur connaît déjà l'issue finale ; son intérêt se porte plutôt sur le « comment », sur les circonstances et sur la reconnaissance. Tous les acteurs du drame étant présents au procès, l'épisode acquiert une importance décisive : devant *tous*, et *par la bouche de l'instance judiciaire officielle*, l'innocence de Jésus

13. Comparer le récit lucanien avec l'épisode correspondant de Mt 27,11-26 et Mc 15,2-15, où Pilate ne dit pas qu'il ne voit rien en Jésus qui mérite la mort.

est reconnue et les accusations relatives à une royauté politique déclarées fausses. Mais en même temps qu'il scelle l'innocence de Jésus, cet épisode dévoile les contradictions qui habitent les autres acteurs : *tous* sans exception – les membres du Sanhédrin, le peuple, Pilate, Hérode également – se contredisent, sans que le narrateur ait jamais besoin de le signaler explicitement.

Mais pour importantes qu'elles soient, les scènes de la comparution devant Pilate et Hérode n'achèvent pas le processus de révélation qui s'opère durant la Passion. Car, si le lecteur sait que les acteurs se contredisent, ces derniers ne semblent pas encore s'en rendre compte. Il faudra la mise en croix et la mort de Jésus pour que toutes les foules se battent la coulpe. C'est donc un véritable processus de *véridiction* que le lecteur est invité à contempler. Le mensonge n'empêche pas la vérité de se révéler, au contraire. Paradoxales voies de Dieu.

3. Acteurs et paradigmes

Le narrateur semble plus intéressé par le comment de la reconnaissance que par le drame. Jésus annonce qu'il souffrira, qu'il sera compté pour un malfaiteur, et cela advient. Mais en réduisant substantiellement le drame du juste que les ennemis refusent de reconnaître jusqu'à la fin – drame que les deux autres Synoptiques ont voulu relater dans toute son intensité –, le récit lucanien n'ôte-t-il pas aux situations et aux acteurs leur poids d'humanité ?

Les acteurs et le drame

Il faut d'abord admettre que Luc cherche à estomper la responsabilité de certains de ses personnages – celle des disciples par exemple. Durant l'agonie à Gethsémani, ils sont endormis... « de tristesse », « par sympathie », diraient les écrivains de notre temps – alors qu'en Mt et Mc surtout, ils ne comprennent strictement rien à la gravité de l'heure. Ils ne fuient pas lorsque la troupe armée vient arrêter Jésus [14]. Dans les trois autres évangiles, Pierre renie après l'interrogatoire de Jésus chez le grand prêtre, ce qui donne à ses propos un accent de gravité qu'ils n'ont pas dans le IIIe évangile. Et, pour la trahison de Judas, Luc ne retient pas la terrible sentence prononcée par Jésus : « Mieux eût valu que cet homme-là ne fût pas né » (Mt 27,24 ; Mc 14,21). La prière finale n'inclut-elle pas d'ailleurs tous les acteurs du drame dans cette demi-responsabilité teintée d'ignorance : « Père, pardonne-leur, ils ne savent pas ce qu'ils font » (Lc 23,34) ? Mais n'est-ce pas parce que Dieu est l'agent qui mène les événements, parce qu'il « fallait » que Jésus meure ? Nécessité qui semble réduire le rôle des opposants, de tous les acteurs de la Passion.

Malgré tout, les personnages lucaniens n'en deviennent pas pour autant inconsistants, simples pantins utiles pour démontrer la thèse de l'innocence de Jésus. De Pierre qui s'empêtre dans son reniement et pleure ensuite, à Hérode dont le sadisme ne disparaît pas, comme par enchantement, devant l'innocence de Jésus, ils gardent tous ce trait de mystère que la focalisation externe, presque toujours adoptée par Luc, met évidemment en relief. Le cas du peuple est sans doute le plus typique : si Jésus a été suivi avec assiduité et dévotion, c'est bien par le peuple ; or, durant le procès, sans préavis et sans que le lecteur sache pourquoi, le peuple se met du côté des autorités religieuses et demande la mort de Jésus. Si Luc avait seulement voulu souligner l'innocence de Jésus sans impliquer le peuple, il lui aurait été facile de dire que le peuple avait tout entendu et vu du procès, sans crier ni demander la mort de Jésus : il n'en aurait pas moins eu tous les témoins désirés pour fonder la véracité de son récit. Or, il fait crier toute la multitude, sans exception. Revirement étrange, explicable sans doute par les lois sociologiques, mais inexpliqué narrativement. Il s'en fallait d'un rien pour que, dans le récit lucanien de la Passion, Jésus ait la vie sauve : si le peuple n'avait pas crié avec les grands prêtres et les scribes, Pilate l'aurait-il livré ? Le narrateur n'en dit pas davantage, parce qu'il

14. Comparer Mt 26,56 ; Mc 14,50-52. Comme Luc, Jn 18,1-12 ne parle pas de fuite des disciples.

n'en sait pas davantage ! Et cela rend son récit plus opaque, au moment même où se révèlent les contradictions des accusateurs et l'innocence de l'accusé. L'épisode de la comparution reflète peut-être mieux que les autres la façon dont Luc présente ses personnages durant la Passion : épaisseur des sentiments, des raisons et des déclarations. Les décisions et les cœurs gardent ainsi tout leur mystère d'humanité – d'obstination mais aussi de fragilité.

A vrai dire, le problème de la consistance des personnages se pose moins pour ses ennemis ou ses disciples que pour Jésus lui-même. Son silence devant Hérode, sa promesse faite au brigand, sa familiarité avec Dieu, sa confiance indéfectible : autant de traits qui semblent en faire un personnage lisse, sans profondeur, jouant un rôle qu'il sait devoir bientôt finir. Où est le poids d'humanité, de déréliction, rapporté par les scènes au pied de la croix en Mt/Mc ? Certes, durant les procès et les circonstances qui entourent la mort de Jésus, Luc retient presque exclusivement les éléments qui vont dans le sens de la double reconnaissance – innocence de Jésus et remords des foules. Mais il ne faut pas oublier la veillée de Gethsémani, où le narrateur parle de l'angoisse de Jésus (Lc 22,44) et du réconfort (22,43) qui lui est nécessaire pour affronter la souffrance et la mort. Épisode étrange, pour le moins inattendu de la part d'un narrateur soucieux de souligner avant tout la façon dont Jésus annonce et domine les événements. S'il ne l'a pas omis, c'est bien parce que le Seigneur – comme il aime à l'appeler – est réellement passé par les affres d'une angoisse dont la mention de la sueur suggère l'intensité. Évidemment, Luc tait les raisons de cette angoisse, mais son écriture résonne de cette lutte : Jésus n'apparaît pas comme un bon écolier qui remplit sa page d'écriture mais comme un homme qui offre sa liberté, sans laquelle le « il faut » (*dei*) perd sa pertinence – n'est-il pas stupide d'entendre un pantin, qui agit sur commande, mécaniquement, répéter « il faut » ? Qu'on ne dise donc pas que le personnage de Jésus manque d'humanité dans les épisodes de la Passion du IIIe évangile : étant donné la perspective lucanienne, le lecteur s'étonnera plutôt qu'il en ait encore !

L'épisode du procès a d'ailleurs montré comment comprendre

ce « il faut » (*dei*) ; le devoir-souffrir (pour entrer dans la gloire) qui conduit la logique du récit ne gomme pas les libertés humaines mais en indique seulement les limites : les fautes, les résistances, les rejets n'empêchent pas Dieu de faire advenir son salut. Le « il faut » traverse les refus humains pour les manifester et les purifier.

Degrés dans l'opposition et dans la reconnaissance

Dans les précédentes sections, Jésus a été proclamé par les disciples Christ (9,20) et Roi (19,38). Sans aller aussi loin dans la reconnaissance, les foules avaient vu en lui un grand prophète.

Durant le procès et les scènes au pied de la croix la reconnaissance de son identité sera moindre. Pilate, qui ne voit en lui ni un prophète ni le roi des juifs, proclame pourtant qu'il est innocent, et le centurion confesse qu'il est juste (23,47). Les foules, qui assistent à la mise en croix et à la mort, partagent aussi, bien qu'implicitement, l'opinion du centurion, puisque tous s'en vont en se frappant la poitrine – la reconnaissance de leur faute est corrélative de celle de l'innocence de Jésus. Il y a donc des degrés dans la confession et la reconnaissance : au demeurant, pour le narrateur, ce n'est pas le degré – ou la noblesse, voire la grandeur du titre – qui compte, mais qu'au procès et après sa mort l'innocence de Jésus soit *reconnue d'une manière ou d'une autre par le plus grand nombre d'acteurs possible.*

Seules deux catégories d'acteurs, les chefs religieux et les soldats, se refusent à voir en Jésus l'Envoyé de Dieu, et le narrateur ne cherche ni à taire ni à gommer leurs résistances, leurs provocations (Lc 23,35-37). La raison en est simple, narrativement parlant s'entend : s'il n'y avait pas d'opposants jusqu'à la mort, Jésus ne pourrait aller jusqu'au bout des voies qui *devaient* être les siennes : supporter les outrages sans y répondre, demander même à Dieu – qu'il appelle son Père – de pardonner – étant ainsi reconnu juste, innocent. C'est bien l'inimitié dont Jésus est l'objet qui met en relief sa confiance et son abandon à la tendresse de Dieu et qui permet à la foule des témoins de découvrir enfin leur propre faute.

Il reste que la consistance narrative des autorités juives dans le récit lucanien fait difficulté. Durant le voyage vers Jérusalem, Jésus avait déjà des opposants : les pharisiens, les légistes et les scribes ; mais il n'est plus fait mention des légistes et des pharisiens après Lc 19,39. Et le narrateur ne dit pas ce qu'ils sont devenus. Quant aux chefs religieux, grands prêtres et gardes, que le récit ne met en scène qu'après l'entrée de Jésus dans le Temple (19,47), leur opposition mortifère donne l'impression d'être aussi subite que violente : comment ont-ils pu décider de livrer à la mort un homme qu'ils n'ont jamais rencontré ? Mais, objectera-t-on, les scribes ne font-ils pas le pont entre la première série d'opposants et la seconde, puisqu'ils suivent Jésus depuis le début de son enseignement [15] ? Certes, mais après Lc 22,2, avant la Passion donc, ils disparaissent aussi ; ne restent alors comme opposants que les prêtres, les stratèges, les chefs et les anciens. En réalité, ce qu'il faut retenir, c'est moins la cohérence du récit sur les raisons qu'auraient pu trouver les autorités religieuses pour se débarrasser de Jésus que la volonté du narrateur d'en faire les responsables principaux de sa mort. C'est d'ailleurs ce que répéteront les deux disciples sur le chemin d'Emmaüs :

> Nos grands prêtres et nos chefs ont livré [Jésus] pour être condamné à mort et l'ont crucifié. *Lc 24,20*

Bref, le lecteur ne doit pas chercher la cohérence du récit dans l'opposition soutenue, du début à la fin, par les mêmes acteurs, mais dans le processus de véridiction : peu importe alors que les chefs religieux aient ou non reconnu l'innocence de Jésus, puisque leurs contradictions se manifestent d'elles-mêmes dans l'écart entre les accusations qu'ils formulent à l'encontre de Jésus et la libération de l'émeutier Barabbas, qu'ils exigent de Pilate. Car

15. Le terme « scribes » (*grammateis*) est toujours utilisé par Luc au pluriel. Pour les sections du ministère itinérant, cf. 5,21.30 ; 6,7 ; 9,22 (prolepse de Jésus) ; 11,53, 15,2. Pour les épisodes qui ont lieu dans le Temple et où le dessein de mettre à mort Jésus est clairement exprimé, cf. 19,47 ; 20,1.19.39.46.

une objection pourrait être formulée : certes, le peuple a vu en Jésus un prophète, mais les autorités chargées de la bonne doctrine et responsables de l'ordre n'ont pas – Dieu merci – cédé à la séduction ! La comparution devant Pilate montre ce qu'il faut faire d'une telle objection : croirez-vous des autorités qui en arrivent à un tel degré de mensonge ? La manière dont le narrateur développe sa perspective et aboutit à la véridiction finale relève tout simplement du chef-d'œuvre.

Ténèbres et contemplation

Un dernier paradoxe souligne encore le processus de véridiction qui sous-tend le récit lucanien de la Passion. C'est au moment où les ténèbres s'abattent sur la terre, pour trois longues heures (23,44), que le récit multiplie le vocabulaire du « voir » :

23,47 « Voyant (*idôn*) ce qui s'était passé, le centurion rendait gloire à Dieu... » ;

23,48 « Et toutes les foules accourues pour ce spectacle (*theôria*), ayant-vu-en-spectateurs (*theôrèsantes*) ce qui s'était passé, s'en retournaient en se frappant la poitrine » ;

23,49 « Tous ses amis... ainsi que des femmes qui l'avaient suivi depuis la Galilée et qui regardaient (*horôsai*) cela ».

Manifestement, l'obscurité ne fait pas obstacle au « voir » de la multitude présente autour de la croix, elle semble même être un des éléments qui ont permis aux yeux de se dessiller. Que tous aient pu voir – malgré ou grâce aux ténèbres – pour louer Dieu ou se repentir, indique bien que la mort de Jésus a fait parvenir le processus de véridiction à son extension maximale. Mais ce « voir » de la multitude a changé de nature, comme l'indique le verbe *theôrein*, traduit, faute de mieux, par voir-en-spectateur [16]. En réalité, il s'agit d'une contemplation : les ennemis se sont tus, ont disparu, et Jésus mort s'offre désormais

16. La traduction cherche à respecter la répétition (« spectacle », *theôria*) ; cela n'implique aucune extériorité, comme lorsqu'on dit de quelqu'un qu'il est resté spectateur, qu'il n'est donc pas entré dans un drame en acteur, en s'y impliquant. Le terme grec indique un regard prolongé, plein d'intérêt – qui n'a rien de détaché ou de lointain.

à la contemplation, à la reconnaissance de tous – peuple, amis et femmes qui l'ont suivi depuis la Galilée. Mais la repentance et la reconnaissance ne viennent-elles pas trop tard ? A quoi bon proclamer l'innocence d'un mort : cela ne le fait pas revenir ! Tout est-il donc fini sur une véridiction maximale mais inutile ? Qu'en est-il de la Bonne Nouvelle du salut promise depuis le premier épisode, l'annonce à Zacharie, et sans cesse reprise ? Le récit doit continuer.

Manifester la vérité et/ou le mensonge des différents acteurs du drame qu'il décrit, sans ôter leur aura de mystère et d'opacité, tel est le tour de force auquel le narrateur lucanien est arrivé dans l'épisode du procès et les scènes au pied de la croix. Tous les acteurs savent – plus ou moins – qui ils sont respectivement et finissent par le dire. Mais si le récit de la Passion est en quelque sorte le *Who's Who* du IIIe évangile, il semble sceller un échec, que les deux disciples déplorent pendant qu'ils cheminent vers Emmaüs.

CHAPITRE VIII

Reconnaissance et cohérence. Lc 24

Dans *L'Arc-en-ciel* [1], J. Green note : « L'importance des débuts de roman est un des aspects les plus passionnants qui soient dans le domaine de la littérature. » De la première phrase naissent en effet l'espace, le temps et les personnages, avec leurs caractères, leurs passions, leur destin. Cette observation de J. Green, nous l'avons déjà vérifié, ne vaut pas que pour le roman. Les premières scènes du IIIe évangile déterminent l'identité et la vocation des personnages, leur rapport au passé de la promesse et à sa réalisation imminente : le récit aura pour fonction de décrire l'effectuation du salut, en actes et en paroles.

Mais l'art de commencer ne suffit pas, surtout lorsque la fin semble faire échouer l'histoire et le récit. Certes, chez Luc, les scènes au pied de la croix finissent par une proclamation posthume : « Vraiment, cet homme [Jésus] était juste ! » N'est-il pas pourtant trop tard ? Le lecteur a en effet appris au commencement du macro-récit, par l'ange et par Syméon, que Jésus est le Sauveur d'Israël : sa mort n'interdit-elle pas la venue du salut promis au peuple ?

Les épisodes qui suivent ont donc une importance décisive : il n'en va pas seulement du projet du narrateur, mais de ce qui s'annonçait avec la personne de Jésus.

1. *Journal 1981-1984*, Seuil, 1988, p. 468.

1. Lc 24 : l'art de conclure un récit

Fin et commencement

Luc semble finir comme il a commencé. De part et d'autre une entrée, celle de Zacharie dans le Temple et celle des femmes dans le tombeau, ici et là des envoyés célestes qui délivrent un message de vie sur fond de stérilité ou de mort ! Le récit finit d'ailleurs exactement là où il a commencé, dans le Temple. Mais ce n'est pas seulement le début qui se voit repris par la fin : tout le IIIe évangile est au rendez-vous de Pâques, récit en quelque sorte ressuscité, comme Jésus, récit où s'unissent définitivement le passé et l'avenir, les promesses et leur accomplissement.

Car le chapitre est un résumé de tout l'évangile. Durant leur voyage vers Emmaüs, les deux disciples reprennent point par point les grandes étapes du ministère de Jésus, selon les règles élémentaires de la rhétorique de l'époque : une bonne conclusion doit récapituler [2] l'ensemble d'un discours ou d'un récit ! C'est exactement ce que font Cléophas et son compagnon (v. 19-20) ; à l'inconnu qui leur demande de quoi ils parlent, ils reviennent, en quelques expressions concises, sur l'histoire de Jésus :

- le nom (Jésus) et le lieu d'origine (Nazareth) ; cf. Lc 1–2 ;
- le ministère tel que l'a surtout décrit la première section (Lc 4,14–9,50) : Jésus reconnu comme *prophète* puissant en œuvre et en parole (4,32 ; 4,36 ; 5,17 ; 6,19 ; 7,16 ; 8,26 ; 9,19) ;
- la Passion, avec le nom des opposants (grands prêtres et chefs) et le type de mort (croix) ; Lc 23.

Mais en Lc 24 le macro-récit n'est pas seulement résumé. Les acteurs se renvoient les uns aux autres, comme en écho, les annonces que Jésus avait faites durant son ministère : les anges

2. Récapitulation appelée *anakephalaiôsis*.

aux femmes (v. 6), les femmes aux Onze et aux Apôtres (v. 9.10), et finalement le Ressuscité à tous les disciples (v. 44-46). Et le refrain est presque toujours le même : il devait être livré aux mains des pécheurs, être crucifié, pour ressusciter le troisième jour. Les événements de cette journée – car les trois épisodes de Lc 24 se déroulent « le troisième jour » : unité temporelle idéale – ne sont donc que la réalisation de la parole toute-puissante de Jésus. Ainsi se vérifie l'affirmation des deux disciples : « Jésus, prophète puissant en œuvres et en parole. » Le chapitre ne doit donc pas son existence au narrateur soucieux d'ajouter un appendice à la vie d'un homme illustre désormais disparu, il se présente comme l'accomplissement d'une série d'annonces faites par Jésus lui-même : c'est encore lui qui a prévu les événements. Bref, Lc 24 ne raconte pas seulement ou d'abord une rencontre avec le Ressuscité sans laquelle tout aurait basculé dans le non-sens, il décrit également une autre résurrection, celle de la mémoire : « Souvenez-vous comment il vous a parlé », disent les anges aux femmes, « et elles se souvinrent de ses paroles », note en écho le narrateur.

Mais la mémoire ne s'arrête pas à Jésus et à ses annonces prémonitoires, elle remonte beaucoup plus loin, à la Loi, à Moïse. En réalité, il ne s'agit pas de remonter le cours du temps : le Ressuscité, acteur du récit, part du commencement pour arriver à l'aujourd'hui, à ce « troisième jour » de la résurrection qui clôt l'évangile. Lc 24 contient donc l'histoire biblique : en le lisant, on passe à travers toutes les promesses, toutes les Écritures. Chapitre encyclopédique, gros de tout le passé : celui de Jésus et de l'histoire qui le précédait. Luc a ainsi respecté doublement les règles de la bonne rhétorique, puisque le résumé du ministère de Jésus s'accompagne d'un autre résumé, à la fois plus long (toutes les Écritures) et plus court (tout est dit en une phrase ; cf. v. 27.44*b*).

Début et fin de l'évangile se correspondent donc – la cohérence et la constance de Luc sont exemplaires. En Lc 1, le narrateur et l'ange avaient invité à relire l'histoire des patriarches et des prophètes. En Lc 24, l'invitation est la même, *explicite* cette fois ; il ne s'agit d'ailleurs plus d'allusions disséminées çà et là, mais d'une revue complète : « Et commençant par Moïse et *tous* les prophètes, il leur interpréta dans *toutes* les Écritures ce qui le concernait » (v. 27 ; cf. aussi v. 44).

La dynamique du récit

En ce chapitre plus qu'ailleurs peut-être, le narrateur sait combiner divers modèles. Le modèle rhétorique, dont il vient d'être question et qui fait de Lc 24 une parfaite conclusion de tout l'évangile. Le modèle concentrique, à propos duquel les amateurs de chiasmes se sont affrontés avec délices : comme on l'a très justement montré, la composition concentrique déborde l'épisode des pèlerins d'Emmaüs et s'étend à l'ensemble de Lc 24 [3]. Si le modèle rhétorique mettait en relief le *passé*, sous forme de résumé, la mémoire donc, le modèle concentrique souligne l'inouï du *présent*, en s'enroulant et en se déroulant autour de l'annonce des femmes, qui renvoie à celle des anges : « il [Jésus] est VIVANT » (v. 23). Le lecteur peut vérifier par lui-même la pureté des parallélismes lexicographiques – réduits ici à leur plus simple expression [4] :

(femmes) remplies de crainte (v. 5),
[anges] leur dirent : « pourquoi... ? (v. 5), il faut... crucifié et **le troisième jour ressusciter** » (v. 7)

....

ils s'en allaient... de Jérusalem (v. 13)

.....

femmes... disant avoir vu des anges qui disent qu'il est **VIVANT** (v. 22-23)

.....

ils s'en retournèrent à Jérusalem (v. 33)

....

(disciples) remplis de crainte (v. 37),
[Jésus] leur dit : « pourquoi... ? (v. 38), il faut... (v. 44)... **ressusciter... le troisième jour** » (v. 46).

3. Passons sur les divers essais et contre-essais d'établissement de compositions concentriques. Pour une brève histoire des méandres de la recherche en ce domaine, cf. R. Meynet, « Comment établir un chiasme. A propos des pèlerins d'Emmaüs », *NRT* 100 (1978) 233-249. Article repris et complété dans *Quelle est donc cette Parole ?*, Cerf, 1979.

4. Pour un déploiement complet des parallélismes, cf. R. Meynet, *Quelle est donc cette Parole ?*, planche 14.

N'est-ce pas cela l'essentiel : que celui qui est mort en croix soit vivant ? Annonce inouïe autour de laquelle tourne le chapitre, inouïe au point de provoquer la naturelle incrédulité des Onze et des autres disciples. Le modèle concentrique permet donc au narrateur de porter à son terme le processus de véridiction : si Jésus n'est pas vivant, les épisodes précédant la mort perdraient leur consistance. Que Jésus ait traversé la mort fonde la vérité de son agir et de sa parole : le salut qui venait avec lui ne s'est pas arrêté en chemin !

Mais la composition concentrique d'ensemble, par ses répétitions mêmes, donne au texte une stabilité souvent confondue avec le statisme. En réalité, grâce à un troisième modèle, dramatique celui-là, suivi par le narrateur [5], Lc 24 est d'une rare dynamique. De l'un à l'autre épisode, la progression est constante :

v. 1-12	Jésus est déclaré vivant aux femmes, mais absent et introuvable ;
v. 13-33	Jésus est étrangement présent à deux disciples, mais non reconnu ; finalement reconnu, il devient aussitôt invisible ;
v. 34-53	Jésus visiblement présent au milieu de tous, se fait immédiatement reconnaître, demeure un certain temps avec eux, avant d'en être séparé.

L'art de Luc est dans sa préparation de la reconnaissance. Il commence habilement avec une nouvelle qui va circuler, se répandre : « Il n'est pas ici, il est ressuscité. » Les anges le disent aux femmes, qui le disent aux Onze et aux Apôtres... sans être crues... Chacun sait qu'il n'est pas de plus mauvaise nouvelle qu'une fausse bonne nouvelle. Mais les affirmations des femmes délient tout de même les langues : le second épisode résonne de cette rumeur, de cette espérance à laquelle on n'ose croire... car cela fait déjà trois jours qu'il ne s'est rien passé. Suit alors la leçon d'exégèse qui fait battre le cœur des deux disciples : la cohérence des événements précède de peu la reconnaissance et la disparition. A leur tour ils courent annoncer, non qu'un homme rencontré sur la route leur a dit qu'il est vivant, mais qu'ils l'ont

5. Sur ce modèle, cf. J. Dupont, « Les disciples d'Emmaüs », in *La Pâque du Christ mystère de salut* (Mélanges Durrwell), Cerf, 1982, p. 167-195 = *Études sur les Évangiles Synoptiques* II, Louvain, 1985, p. 1153-1181.

reconnu *de leurs propres yeux* [6]. Et le chapitre finit par la venue de Jésus au milieu de tous les siens, qui le reconnaissent et l'écoutent leur expliquer la cohérence des événements, depuis le commencement.

Récit fermé/ouvert

L'histoire se termine bien et les dernières phrases du récit relatent la grande joie des acteurs : « Ils s'en retournèrent à Jérusalem en grande joie et ils étaient continuellement dans le Temple, bénissant Dieu » (v. 52-53). Bien que Jésus ait été séparé d'eux, leur joie reste entière. Tout est pour le mieux.

Le récit donne pourtant l'impression de ne pas finir, à plusieurs niveaux d'ailleurs. Qu'en est-il du salut que Jésus avait pour fonction d'apporter au peuple ? La séparation ne serait-elle pas l'ultime obstacle à la venue du salut ? Et si durant son ministère Jésus multipliait les prolepses sur son sort – rejet, souffrances, mort et résurrection –, sur celui de Jérusalem, la ville qui met à mort les prophètes, en Lc 24 il n'arrête pas, à l'inverse, de faire des analepses et il reste on ne peut plus discret sur l'avenir proche et lointain de ses disciples. Il ne leur dit même pas qu'il va les quitter avant la fin de ce « troisième jour » ! La liste de ses prolepses est facile à établir, du fait même de leur rareté :

v. 47	« [Il est écrit que] serait proclamé en son [de Jésus] nom le repentir pour la rémission des péchés à toutes les nations en commençant par Jérusalem » ;
v. 48	« Vous [êtes/serez (?)] [7] témoins de ces choses » ;
v. 49	« Et voici, moi j'envoie sur vous la promesse du Père » ;
v. 49	« Et vous, demeurez dans la ville jusqu'à ce que vous soyez revêtus de la force d'en haut ».

Ces versets sont les derniers de l'évangile. Le récit finit en s'ouvrant à d'autres espaces (toutes les nations) et à d'autres

6. Signalons en passant que le chiffre « deux » a son importance pour le témoignage : la Loi ne reconnaît valable que la parole concordante d'au moins deux personnes.

7. Tous les manuscrits n'ont pas de verbe (*este*, « vous êtes »), si bien qu'on peut interpréter la phrase comme si elle était au futur : « vous serez ».

temps (« demeurez dans la ville jusqu'à ce que... »), mais avec une discrétion qui tient du flou artistique : combien de jours, de mois, les disciples devront-ils rester dans la ville, quelle est cette promesse du Père que Jésus est sur le point d'envoyer ? Et que fera Jésus, lorsqu'il l'aura envoyée ? Autant de points d'interrogation pour les acteurs et pour le lecteur. A vrai dire, les acteurs – les disciples – ne semblent pas s'inquiéter du caractère vague et allusif des propos de Jésus à leur endroit : ils ne posent aucune question et ne semblent pas s'étonner – *a fortiori* s'inquiéter – de la séparation. Seules l'emportent la joie et la louange continues. Le récit se termine donc sur une durée indéterminée, soulignée par l'expression adverbiale (« tout le temps », *dia pantos*) et l'imparfait (« ils étaient louant Dieu »). Jésus parle aussi du rôle à venir des Apôtres : ils auront la compétence voulue (grâce à la promesse reçue, à la force d'en haut) et leur performance est décrite comme un témoignage (v. 48) [8] dont les modalités sont néanmoins passées sous silence : le lecteur attend la suite [9]. Bref, le récit reste narrativement et sémantiquement ouvert.

Mais cette ouverture est encore un signe de fermeture, puisqu'elle fait inclusion avec l'exorde de l'évangile :

Lc 1,2	« comme nous l'ont transmis ceux-qui-ont-vu [10] (*autoptai*) et sont devenus serviteurs de la parole » ;
Lc 24,48	« vous [êtes/serez] témoins (*martyres*) de ces choses ».

En se faisant reconnaître par ceux qui avaient cheminé avec lui depuis la Galilée, qui avaient vu les signes et écouté son enseignement, le Ressuscité mène *à son terme* le témoignage oculaire, l'*autopsia*. S'ils ne l'avaient pas rencontré, comment auraient-

8. Le témoignage du v. 48 équivaut-il à la proclamation universelle du v. 47 ? Les acteurs qui proclament et témoignent sont-ils les mêmes ? L'analyse narrative peut passer outre ces points délicats et toujours discutés.

9. Sur le flou de l'annonce du Ressuscité en Lc 24,49, cf. F. Bovon, « Effet de réel et flou prophétique », art. cité, p. 357, en particulier p. 359, où il est dit que le caractère flou d'un oracle (d'une analepse) mobilise le lecteur, éveille sa curiosité.

10. En bon français : « témoins oculaires » ; mais en traduisant ainsi on ne peut plus rendre le mot *martyres*, qui signifie également « témoins ». Le respect de la différences des racines ôte malheureusement toute élégance à la traduction.

ils pu annoncer qu'il est glorifié, ressuscité, vivant ? Mais Lc 24 montre aussi que le « voir » doit se purifier et accepter son contraire, le « ne-plus-voir », indiqué dans le texte par la mention de la séparation physique : c'est à cette condition que les disciples pourront annoncer le Seigneur partout, témoigner de sa présence agissante et invisible. Ouverture et fermeture du récit, fermeture et ouverture, peu importe la façon dont se conjuguent les termes du binôme : le narrateur maîtrise jusqu'au bout la logique de son récit.

Finir un récit n'est pas plus aisé que de le commencer. L'art avec lequel, en son dernier chapitre, Luc arrive à faire croître la tension dramatique, l'habileté avec laquelle il combine différents modèles, fermant son récit tout en l'ouvrant, méritaient une halte. Il reste à entrer dans l'itinéraire de la reconnaissance, pour en déterminer la fonction.

2. Récit d'une reconnaissance. Lc 24,13-33

Cet épisode a été déjà tant de fois commenté que j'ai un peu honte de le proposer à l'attention d'un lecteur qui en connaît déjà la beauté [11]. Mais les impératifs de l'approche narrative ne sont pas les mêmes que ceux de l'analyse de la forme de l'expression, en particulier des parallélismes et de la *dispositio* rhétorique : il y a fort à parier que les surprises ne manqueront pas !

Pourquoi faire parler les disciples ?

Le premier paradoxe narratif du passage saute aux yeux : dès le début du récit ou presque, le lecteur, grâce à l'information

11. Outre l'article de J. Dupont signalé à la note 5, on trouvera une bibliographie conséquente dans J. Wanke, *Die Emmauserzählung*, Leipzig, 1974 ; R. Dillon, *From Eye-Witnesses to Ministers of the Word*, Rome, 1978, et dans J.A. Fitzmyer, *Luke, op. cit.*, II, *ad loc.*

explicite du narrateur, sait que Jésus est ressuscité [12] et que c'est lui en personne qui fait route avec les deux hommes (v. 15). Le même narrateur ajoute aussitôt : « mais leurs yeux étaient empêchés de le reconnaître » (v. 16), indiquant ainsi au lecteur qu'*il en sait beaucoup plus que les deux acteurs en question.* Privilège insigne. Mais si nous savons déjà que c'est Jésus qui marche avec eux et si nous en connaissons la vie, pourquoi faire répéter à ces deux hommes un discours dont il n'y a apparemment rien à apprendre ?

En réalité, si le lecteur sait que Jésus est vivant, ressuscité comme il l'avait dit, il reste encore ignorant des sentiments et des attentes des disciples. Or, c'est précisément cela que vise la question du v. 19 : « Quoi ? » Question qui libère le trop-plein de leur cœur : il fallait les faire parler pour savoir ce qu'ils attendaient – ou n'attendaient plus.

Le discours des deux disciples est divisé en deux parties :

v. 19-21	récit du vécu : ministère et mort de Jésus ;
v. 22-24	mention d'autres récits (femmes ; anges).

Les parallèles entre ces parties sont nets ; ils mettent en valeur les sentiments des disciples, plus précisément le passage répété de l'espérance à la déception :

a	nous espérions que c'était lui qui allait délivrer Israël (v. 21*a*) ;
b	mais il est mort depuis trois jours (v. 21*b*) ;
a'	des femmes nous ont bouleversés... disant qu'il est vivant (v. 22-23) ;
b'	ils sont allés au tombeau... mais ils ne l'ont pas vu (v. 24).

Le résumé de la vie de Jésus (v. 19-21) n'est pas plus long que le récit des événements du jour (v. 22-24), indice évident qu'ils veulent en arriver au plus vite à ce qui vient de se passer, au dire des femmes – faisant écho à celui des anges – qui retient davantage leur attention et celle des autres disciples, parce qu'ils

12. Le narrateur a déjà « enfreint » la focalisation degré zéro au v. 3, lorsqu'il dit des femmes qu'« elles ne trouvèrent pas le corps du *Seigneur* Jésus ». Allusion à peine voilée à la résurrection : le corps du *Seigneur* ne peut plus être dans le tombeau.

en ont été « bouleversés » (v. 22), au point de les pousser à aller au tombeau (v. 24), même si tout finit sur un constat d'échec. Par sa question, le voyageur a atteint son but : ces deux hommes ont pu dire leur désir, immense mais déçu. S'ils ont tellement envie de le revoir, pourquoi Jésus ne leur dit-il pas : « Celui que vos désirs appellent, celui en qui vous aviez mis toutes vos espérances, le voici devant vous, c'est Moi, Moi qui vous parle » ? Pourquoi leur fait-il auparavant un long discours ?

Une raison, d'ordre littéraire, impose au narrateur de retarder la rencontre : la dramatisation progressive et continue qui structure Lc 24. Elle a déjà été présentée plus haut ; inutile d'y revenir. Notons cependant que dans l'épisode subséquent, où il se fait reconnaître immédiatement du groupe des disciples réunis à Jérusalem, Jésus se livre ensuite au même type de discours : *la reconnaissance ne le dispense donc pas de faire chaque fois un long détour à travers les Écritures.* Si nous considérons les deux épisodes, l'inversion des syntagmes narratifs est obvie :

Emmaüs (v. 13-33) : Il fallait + leçon d'exégèse + reconnaissance ;
Jérusalem (v. 35-51) : reconnaissance + il fallait + leçon d'exégèse.

A l'évidence, les syntagmes sont complémentaires. Pour Cléophas et son compagnon, désolés par la mort injuste de celui qu'ils considèrent comme un prophète puissant, et incapables de réaliser que cette mort *devait* advenir avant l'entrée dans la gloire, le rappel des prophéties vise à montrer la *cohérence* de l'itinéraire, pour que l'espérance puisse renaître. Mais percevoir le bien-fondé d'un tel parcours, espérer Jésus vivant et glorieux ne dit pourtant pas *où* il se trouve, *quand* et *comment* ils le reconnaîtront. A quoi bon le savoir glorieux, grâce aux Écritures, s'il ne se laisse rencontrer, car seule une rencontre peut donner la vraie joie ? Mais, inversement, à quoi bon le rencontrer, exulter de joie, si l'on ne peut rendre compte de cette mort qui a jeté la suspicion sur la cohérence du parcours ? Pourquoi a-t-il été rejeté, pourquoi les chefs religieux ont-ils réussi à le faire crucifier, comme un malfaiteur ? Tant de « pourquoi » demeurent inexpliqués ! Reconnaissance et cohérence s'appellent donc *sans se substituer l'une à l'autre.*

Voir et reconnaître

Le paradigme du « voir » en Lc 24 suit une courbe ascendante qu'il n'est pas inutile de rappeler. Dans le premier épisode, le narrateur évite soigneusement le vocabulaire du voir – parce qu'il n'y a rien à voir ! Il note seulement que les femmes « trouvèrent » la pierre roulée et ne « trouvèrent » pas le corps ; il ne dit pas qu'elles *virent* les deux hommes – dont l'éclat des vêtements est pourtant mentionné ! (v. 4) –, mais qu'elles « baissèrent leur visage vers le sol » (v. 5) : pour ne pas voir, par respect, par déception ? Par peur, si l'on en croit le narrateur. Pierre se rend ensuite au tombeau et « voit » les bandelettes mais pas Jésus : « voir » qui s'accompagne d'étonnement, autre nom de l'incompréhension. Suit l'épisode des deux disciples, rejoints cette fois par Jésus en personne, et où la progression du « voir » se résume drastiquement en deux formules :

v. 16 il [Jésus] allait avec eux, mais leurs yeux étaient empêchés de le reconnaître ;
v. 31 leurs yeux s'ouvrirent et ils le reconnurent, mais il leur devint invisible.

La progression se poursuit jusque dans le troisième épisode, où tous les disciples sont présents : Jésus se tient au milieu d'eux, mais ils croient « contempler » (*theôrein*) un esprit. Et lui de se faire reconnaître immédiatement : il leur demande de « voir », de « toucher » ses mains et ses pieds. Le « voir » dont parle le texte est évidemment physique, mais il passe par une série de purifications, au point que la séparation *physique* finale ne laissera aucune trace de tristesse. Comment l'épisode d'Emmaüs décrit-il cette nécessaire transformation du voir ?

L'évangéliste ne dit pas : « leurs yeux étaient empêchés de *le voir* » (v. 16) ni « leurs yeux s'ouvrirent et *ils le virent* » (v. 31), car les deux disciples voyaient *sans le reconnaître*. Ainsi sont nettement indiquées les limites du voir physique pour la reconnaissance du Ressuscité. Le temps qui sépare le « voir » du « reconnaître » permet la leçon d'exégèse dont les deux hommes confesseront plus tard (v. 32) qu'elle les a transformés. Ils comprendront alors pourquoi Jésus n'a pas voulu se faire reconnaître d'eux sur-le-champ : leur désir de le voir était fort, mais ils savent maintenant que la vision physique n'est plus un absolu ; même invisible à leurs yeux de chair, le Ressuscité restera présent : *l'invisibilité n'équivaut pas/plus à l'absence* [13]. La disparition soudaine de Jésus, après la reconnaissance, aurait pu les laisser tristes, interdits, paralysés. Or, ils n'en parlent même pas, comme si elle ne les touchait ni ne les préoccupait. C'est plutôt le temps qui a précédé la reconnaissance – temps du voyage, temps de l'écoute – qui retient leur attention : ils ne mentionnent que leur transformation radicale – leur cœur brûlant – et l'attribuent à sa parole où s'énonçait la cohérence de leur vie et de celle de Jésus.

Jésus s'est donc fait reconnaître. Mais se peut-il qu'un geste aussi commun que la fraction et le partage du pain, accompagné de bénédiction – geste répété à chaque repas par tout chef de famille –, soit accepté sans plus de façon par les Onze (v. 35) comme signe de reconnaissance du Ressuscité [14] ? Que les deux disciples l'aient reconnu à « la fraction du pain » – qu'ils aient été présents ou non à la dernière Cène de leur maître – importe peu narrativement, car le geste n'est pas *cause* de la reconnaissance, seulement l'*occasion* : eux qui avaient suivi Jésus sur les routes de Palestine, auraient pu le reconnaître à beaucoup d'autres signes. Si leurs yeux s'ouvrent à ce moment-là (= occasion), c'est parce que Jésus l'a voulu ainsi, parce qu'il a décidé du *où*, du *quand* et du *comment*, montrant par là que désormais sa présence n'est plus nécessairement liée à la reconnaissance. Mais il se fait tout de même reconnaître, et pas n'importe comment. Pourquoi a-t-il choisi la fraction du pain ?

La dynamique du récit permet de suggérer une interprétation. On conçoit en effet que, après avoir montré comment les Écritures

13. L'expression « il devint invisible » (*aphantos egeneto*) est unique dans les Écritures (LXX) et dans le NT. J.A. Fitzmyer, *Luke*, p. 1568, signale que l'adjectif *aphantos* est utilisé en grec classique pour la disparition des dieux (Euripide, *Hélène* 606).

14. Il faut sans doute admettre aussi le caractère anachronique de l'expression « fraction du pain » en ces versets. Mais on n'aura aucune peine à voir en cette expression un clin d'œil fait au lecteur !

prophétisaient sa mort et sa glorification, Jésus se fasse reconnaître par un geste ou une parole qui signifie précisément cette victoire. Or, grâce à ses correspondances formelles avec la dernière Cène (Lc 22,19-20), la fraction du pain confirme qu'il y a eu victoire, puisque le vivant invite à partager sa vie.

La scène d'Emmaüs ne renvoie pas seulement au dernier repas. Le narrateur reprend très habilement certaines expressions de la multiplication des pains :

Lc 24	**Lc 9**
« et le jour a déjà baissé » (v. 29)	Mais le jour commença à baisser (v.12*a*)
s'étant étendu avec eux (v. 30)	« faites-les s'étendre » (v. 14)
ayant pris le pain	ayant pris cinq pains et...
il bénit	il les bénit
et ayant rompu	et rompit
il leur donna (v. 30)	et donnait aux disciples... (v. 16)

Il est dès lors possible d'aller plus loin dans les correspondances. Par ses connotations analeptiques, la « fraction du pain » autorise une lecture typologique qui inclut la mort, la glorification, et vérifie les paroles par lesquelles le Ressuscité montrait la cohérence existant entre les Écritures et son propre sort. Le geste de Jésus fait vraiment advenir ce que la leçon des v. 25-27 avait signifié en paroles : l'histoire d'un salut qui allait vers son accomplissement. Le lecteur est ainsi invité à relire la série des épisodes qui préparaient le don du pain-corps, en un mouvement de va-et-vient, grâce auquel il percevra la cohérence annoncée par Jésus [15].

Il est vrai que le geste n'a pas pour fonction de fonder le rite sacramentel : le narrateur ne rapporte ni la parole sur le pain ni sa manducation par les disciples. Car à Emmaüs le signe est fait pour la *reconnaissance* et pour la *relecture* de la série des signes auxquels le geste renvoie.

Les correspondances entre Lc 24 et Lc 9 sont obvies. Elles

15. Cf. la multiplication des pains par Élisée en 2 R 4,42-44 ; peut-être aussi Nb 11,21–23. Ces connotations ne sont pas propres au IIIe évangile, puisqu'elles sont communes aux trois recensions synoptiques ; Luc a cependant sa manière d'utiliser les Écritures. Cf. H. Schürmann, *Das Lukasevangelium*, p. 513-521.

font pourtant question. Si le geste est le même *avant* et *après* Pâques, rien n'est-il changé ? En Lc 9, à la banalité du geste s'oppose l'inouï du résultat ; rien de tel en Lc 24 : la glorification de Jésus n'aurait-elle pas amené la transformation, tant attendue, de notre monde ? Entendons bien ce qu'indique ainsi le narrateur : la transformation existe bel et bien, mais il s'agit de celle des disciples, qui ne sont plus dorénavant prisonniers des signes merveilleux sans lesquels ils douteraient de sa présence. Le geste du pain rompu, simple, banal, écarte définitivement l'attente idolâtrique des signes et permet aux disciples de dire l'essentiel – leur transformation intérieure à l'écoute de sa parole sur les Écritures – sans s'attrister de sa disparition, qui leur permet au contraire de reprendre immédiatement la route et d'aller dire à leurs compagnons qu'il est vivant.

Acteurs et lecteur

En fin d'épisode, le narrateur retient le motif de la route ou du chemin (*hodos*) :

v. 32 « notre cœur n'était-il pas brûlant comme il nous parlait en route... ? » ;
v. 35 « ils racontèrent ce qui s'était passé sur la route ».

Les deux acteurs ne retiennent donc que leur transformation « sur la route » – expression familière à Luc et dont le lecteur connaît déjà la portée [16]. Route de Jérusalem à Emmaüs, où s'opère la rencontre avec Jésus, route qui est le support symbolique d'une autre route, à travers les Écritures, voyage long et nécessaire pour que s'ouvrent le cœur, l'intelligence et – finalement – les yeux des disciples. C'est donc la route en compagnie de Jésus qui a permis le voyage à travers les Écritures.

Mais c'est ici – plus précisément au v. 27 – que finit le privilège du lecteur. Bien avant les disciples, ce dernier sait que Jésus est ressuscité et qu'il s'approche des deux hommes, puisque le narrateur le lui a dit. Mais que sait-il de cette leçon magistrale

16. Cf. Lc 9,57 ; 10,31 ; 19,36.

d'exégèse qui leur a brûlé le cœur ? Magistrale, car il faut être le Ressuscité pour faire défiler toutes les Écritures le temps d'un voyage relativement court. Les disciples ont eu quelques heures de leçon particulière, et le lecteur un seul verset : « Et commençant par Moïse et tous les prophètes, il leur interpréta dans toutes les Écritures ce qui le concernait. » Si c'est l'exégèse du Ressuscité – et ses effets bienfaisants – que retiennent les disciples, pourquoi le narrateur n'en fait-il pas profiter son lecteur, en quête lui aussi de cohérence ?

L'explication n'est-elle pas toute simple : comment le narrateur aurait-il pu relater cette traversée des Écritures sans provoquer un déséquilibre dans l'harmonie des épisodes qui composent la conclusion de l'évangile ? Certes, mais le lecteur ne saura-t-il jamais rien des explications de Jésus et ne pourra-t-il à son tour en avoir le cœur brûlant – parce que le narrateur est tout simplement sadique [17] ? Que le lecteur se tranquillise, il aura la première partie des Actes des Apôtres pour recevoir à son tour quelques leçons d'exégèse, par disciples interposés [18].

En définitive, la situation respective du lecteur et des acteurs n'est pas si éloignée que le début de l'épisode aurait pu le laisser prévoir. La composition concentrique qui culmine sur le dire des anges : « Il est VIVANT », a son importance, mais, plus le récit avance, plus le narrateur met l'accent sur la *cohérence* des événements, sur l'interprétation donc : en témoignent les répétitions (v. 27, 32 et 35*a*) [19] et la réaction des disciples, plus touchés par leur transformation au contact des Écritures que par la reconnaissance et la disparition, pourtant extraordinaires l'une et l'autre. Le lecteur sait ainsi que pour les deux disciples, comme pour lui, l'important est désormais la cohérence ; grâce

17. Technique bien connue de certains conteurs : Si vous saviez comme ce que X m'a dit est émouvant et vrai : j'en suis bouleversé, etc. – Et que vous a-t-il donc dit ? – Ah ! c'est un secret ! Mais si vous saviez comme c'était beau, etc.

18. Que les discours exégétiques n'apparaissent que dans le second volet du diptyque Luc-Actes renforce évidemment l'aspect ouvert du premier volet (l'évangile).

19. Dans l'épisode suivant, cf. les v. 44-47. On aura noté comment, en Lc 24, le narrateur renvoie de plus en plus longuement et extensivement aux Écritures : d'abord à propos de la seule mort-glorification de Jésus (v. 25-27), ensuite en associant cette mort-glorification à ses conséquences, la proclamation universelle, par les disciples, du pardon des péchés.

au discours de Jésus, les disciples ont la clef d'interprétation que le lecteur n'a pas encore. Mais ce dernier sait qu'au point où il en est, percevoir la nécessité de la cohérence a plus d'importance que d'en connaître le contenu, les articulations. La fonction de l'épisode devient ainsi obvie pour le lecteur : l'interprétation, autrement dit la recherche et l'exposé de la cohérence, n'est pas une *invention* des disciples ; leur compétence en matière d'exégèse est un don, le fruit d'un enseignement qui est lui-même un des fruits de la résurrection... Le Ressuscité ne dit pas seulement aux deux disciples : « Imbéciles, lisez donc les Écritures et vous comprendrez ! », il prend le temps de les introduire aux correspondances secrètes qui déterminent la logique de tout parcours paradoxal. L'exégèse (le parcours et sa logique) et l'annonce (il est vivant, nous en sommes témoins) des disciples seront inspirées par la même personne !

Mais si c'est l'origine de l'exégèse qui compte avant tout, pourquoi Jésus n'a-t-il pas fait ses premiers cours dès le commencement de son ministère, afin d'initier progressivement ses disciples au dessein cohérent de Dieu ? Fallait-il absolument attendre la résurrection ? Le problème, qui a affleuré plusieurs fois au cours de ces chapitres, exige une réponse.

3. Écritures et récit [20]

Luc et les deux autres Synoptiques

Telle est la distribution des citations explicites – précédées d'une formule d'introduction [21] – dans l'évangile de Luc, comparé avec Mt/Mc :

20. Est-il besoin de rappeler qu'il ne s'agit pas d'étudier systématiquement l'usage que le IIIe évangile fait des Écritures, mais de préciser la fonction des citations bibliques dans le récit lucanien.

21. Voici les différentes formules d'introduction utilisées par Luc, en commun

Mt et Lc	Mt-Mc-Lc	Lc
		Lc 2,23 (Ex 13,2 ; Lv 12,8)
	Mt 3,2-3 = Mc 1,2-3 = Lc 3,4-6 (Ml 3,1 + Is 40,3)	
Mt 4,4-10 = Lc 4,4-12 (Dt)		
		Lc 4,17-19 (Is 61,1-2 ; 58,6)
	Mt 12,3-4 = Mc 2,25-26 = Lc 6,3-4 (1 S 21,2-7)	
Mt 11,10 = Lc 7,27 (Ml 3,1)		
	Mt 22,38-40 = Mc 12,28-31 = Lc 10,28-28 (Lv 19,18)	
	Mt 21,13 = Mc 11,17 = Lc 19,46 (Is 56,7 ; Jr 7,11)	
	Mt 21,42 = Mc 12,10-11 = Lc 20,17 (Ps 118,22-23)	
	Mt 22,31-32 = Mc 12,26 = Lc 20,37 (Ex 3,6)	
	Mt 22,43-44 = Mc 12,36 = Lc 20,43-43 (Ps 110,1)	
		Lc 22,37 (Is 53,12)

Le IIIe évangile n'a en propre que trois citations explicites. L'importance narrative [22] des deux faites par Jésus a été suffi-

---

avec les autres Synoptiques – Lc 22,37 fait exception (absent en Mt et Mc) :

3,4 : « comme il est écrit au livre des oracles du prophète Isaïe » ;
4,4 : « Jésus lui [au diable] dit : " Il est écrit... " » ;
4,8.10 : même formule utilisée par Jésus ;
4,12 : « Jésus lui [au diable] répondit : " Il est dit... " » ;
4,18 : « Il [Jésus] trouva l'endroit où il est écrit... » ;
6,3 : (Jésus) « N'avez-vous pas lu ce que David fit... ? » ;
7,27 (Jésus) : [Jean] « celui dont il est écrit... » ;
10,26 (Jésus) : « Dans la Loi qu'est-il écrit ?... » ;
19,46 (Jésus) : « Il leur disait : " Il est écrit... " » ;
20,17 (Jésus) : « Que signifie donc ceci qui-a-été-écrit... »
20,37 (Jésus) : « Moïse l'a noté dans le récit du buisson, où... » ;
20,42 (Jésus) : « David lui-même dit au livre des Psaumes... » ;
22,37 (Jésus) : « il faut que s'accomplisse ce qui-a-été-écrit... ».

Un passage de l'Écriture, comme Is 6,10 (Jésus parle en paraboles, pour qu'« ils voient sans voir et qu'ils entendent sans comprendre »), pourtant repris mot à mot en Lc 8,10*b*, n'est pas une citation explicite, car la formule d'introduction manque.

22. Elles ont une fonction proleptique, puisqu'elles annoncent les événements subséquents.

samment soulignée [23] pour qu'il faille y revenir. Mais tel est bien le paradoxe : hormis ces trois passages, aucune autre citation explicite n'est propre au récit lucanien – qui diffère en cela de Mt et Jn, par exemple [24] –, alors que les allusions aux Écritures y sont sensiblement plus nombreuses que chez les autres Synoptiques. Les anges ne citent pas l'Écriture et se contentent de simples allusions, et le narrateur ne montre jamais que les gestes salvifiques de Jésus accomplissent les promesses à l'aide de formules bien frappées : « Ainsi s'accomplit la parole du prophète... »

La discrétion du narrateur lucanien en matière de citations bibliques vient de ce qu'après l'épisode de Nazareth *il laisse à Jésus seul le soin de renvoyer explicitement aux Écritures* [25], de faire le lien entre les prophéties du passé et les événements présents ou futurs, comme en témoigne la liste suivante [26] :

4,21 « aujourd'hui cette Écriture s'accomplit (*plèrousthai*) à vos oreilles » ;

18,31 « ...à Jérusalem, et s'accomplira (*teleisthai* ; litt. " arrivera-à-son-terme ") tout ce qui a été écrit au sujet du Fils de l'homme » ;

21,22 « ...jours de punition [pour Jérusalem] pour que s'accomplisse (*pimplasthai* ; litt. " se remplisse ") ce qui a été écrit » ;

22,37 « ce qui a été écrit doit s'accomplir (*teleisthai* ; litt. " arriver-à-son-terme ") en moi : " il a été mis au rang des scélérats " » ;

24,44 « telles sont les paroles que je vous ai dites quand j'étais encore avec vous : il faut que s'accomplisse (*plèrousthai*) tout ce qui a été écrit de moi dans la Loi de Moïse... ».

Le contraste entre les nombreuses allusions du narrateur et les rares citations faites par Jésus invite à distinguer deux niveaux de textualité ou plutôt deux destinataires différents. Le narrateur, volontairement discret, travaille par allusions, *pour le lecteur*, le supposant capable de lire, de retrouver en son propre texte les mots et les situations bibliques analogues qu'ils évoquent et

23. Cf. *supra*, p. 55-57 et 158-160.
24. Sur ce point, cf. J.-N. Aletti, « Mort de Jésus et théorie du récit ».
25. Lc 3,4-6, commun aux trois Synoptiques et antérieur à cet épisode, n'est donc pas l'exception qui confirmerait la règle.
26. Noter comment les différents verbes grecs sont tous rendus par le même « accomplir » dans la TOB.

accomplissent. Mais les citations explicites ou les mentions de l'accomplissement des Écritures, c'est Jésus seul qui les fait pour ses auditeurs, qui sont les *acteurs du récit primaire*. Et c'est à leur propos qu'on doit se demander pourquoi il cite peu les Écritures et parle d'accomplissement en termes aussi génériques, sans prendre la peine de passer en revue les textes qui confirment et appuient ses dires.

Les raisons d'une discrétion

Ce qu'il faut expliquer c'est donc moins la discrétion du narrateur avec son lecteur que celle de Jésus face à ses auditeurs. Or, la liste précédente apporte quelques précieux éléments de réponse : lorsqu'il parle d'accomplissement des Écritures ou cite ces dernières à propos de sa mort et de sa glorification futures, Jésus ne le fait que *devant ses disciples*, qui seront encore les seuls, après la résurrection, à bénéficier du parcours scripturaire.

Les disciples sont donc des acteurs privilégiés. Mais pourquoi Jésus attend-il aussi longtemps pour leur faire lire en détail les Écritures ? N'aurait-il pas été souhaitable d'être plus explicite avant la Passion, pour les rendre plus fermes et confiants, pour que la cohérence permette d'éviter les peurs, les trahisons et les reniements ?

Les passages relevés plus haut montrent qu'effectivement Jésus n'a commencé à parler de ses souffrances comme accomplissant les Écritures que peu de temps avant la Passion (cf. 18,31 ; 22,37). Mais il n'a pas tu ou caché à ses disciples ce rapport existant entre les Écritures et le sort qui serait le sien. D'ailleurs, ses paroles n'ont pas été saisies, comme le note le narrateur : « Et eux [les Douze] ne comprirent aucune de ces paroles » (18,34). A quoi aurait servi une exégèse détaillée, montrant que le Christ devait souffrir pour entrer dans sa gloire, si les disciples ne pouvaient encore l'entendre ? Car le récit met bien en évidence l'incapacité où ils sont de comprendre la gravité de l'heure : comment pourraient-ils envisager une mort imminente et infamante pour leur maître, alors que bourdonnent encore à leurs oreilles les acclamations des foules enthousiastes (cf. 19,38) ?

Leur querelle à propos du plus digne ou du plus grand (22,24) en est un signe – si Jésus est sur le point de prendre possession de son royaume, autant être bien placé –, tout comme leur réaction de défense contre d'éventuels ennemis – prenons des épées pour tenir à distance les éventuels et rares récalcitrants (22,38) !

Le narrateur revient plusieurs fois sur l'incompréhension des disciples : en définitive, ils ne pouvaient s'ouvrir aux Écritures et à la paradoxale cohérence qui se dégageait des événements qu'après la mort et la résurrection, car seule la reconnaissance de Jésus ressuscité les ferait réfléchir sur l'itinéraire. Telle est la loi de tout itinéraire : on n'en peut comprendre la logique profonde qu'à la fin ; la cohérence est toujours ultime, dans son processus et dans la conscience qui la perçoit. Le lecteur aura noté que le narrateur ne signale pas immédiatement les effets provoqués par la leçon d'exégèse donnée aux disciples en route vers Emmaüs ; il ne dit pas : « et *pendant qu*'il leur parlait, leur cœur se mit à battre, car ils saisissaient enfin le sens des événements ». Ce n'est qu'*après* l'avoir reconnu qu'ils parlent de leur transformation intérieure. La parole qui, en chemin, interprétait les Écritures et indiquait la logique des événements n'est donc définitivement intégrée qu'une fois la reconnaissance effectuée, une fois l'espérance exaucée.

Ainsi, les disciples ne pouvaient vraiment profiter du parcours à travers les Écritures qu'après la résurrection. Mais le lecteur également, objectera-t-on : pourquoi l'avoir privé des explications du Seigneur ? Si le narrateur lui « cache » provisoirement le contenu des preuves données par Jésus, c'est pour qu'il n'ait de leçon *que de la bouche des Apôtres*. Pour Luc en effet, seuls les disciples qui ont rencontré et reconnu le Ressuscité ce même « troisième jour » ont eu droit *en direct* à une leçon d'exégèse, puisque la perception de la cohérence fut pour eux liée à la reconnaissance. Et le lecteur, qui n'a pas eu à reconnaître le Ressuscité en ces épisodes, n'a donc pas droit au contenu de ses discours. Mais les conséquences en sont de taille : le lecteur ne connaît l'exégèse de Jésus et la façon dont il faut lire les Écritures, comme prophéties de son destin paradoxal, que par les Apôtres. Leur exégèse, dans le livre des Actes, reste l'unique témoin de celle du Ressuscité : dès lors, la proclamation de l'Évangile et l'exégèse « chrétienne » deviennent inextricablement liées – les premières annonces des Actes sont toutes des leçons d'exégèse.

Il est désormais possible de saisir la raison de l'absence d'argumentation scripturaire, à la manière de Matthieu ou de Jean, dans l'évangile de Luc : si ce sont les Apôtres qui déterminent les voies de l'exégèse et si leur argumentation – qui reprend celle enseignée en Lc 24 – ne commence qu'avec le livre des Actes, le narrateur ne peut *de lui-même*, comme narrateur, intervenir à ce niveau. Mais, inversement, si l'annonce de l'Évangile implique la proposition d'un parcours à travers les Écritures, on ne s'étonnera pas que le IIIe évangile soit un exposé de la cohérence existant entre l'événement-Jésus et les promesses, bref qu'il soit une exégèse discrète, par allusions et non par argumentations scripturaires.

Conclusion

C'est toujours à la fin d'un itinéraire que les choix opérés se révèlent ou non fondés. Lc 24 a montré qu'entre le commencement et la fin du IIIe évangile, l'écriture apparaît d'une rare homogénéité, au niveau de la perspective et des techniques narratives.

Avec Lc 24, le lecteur arrive au terme d'un récit à la fois fermé et ouvert ; un choix s'impose à lui. Il peut continuer dans le sens de l'ouverture, aller du côté des Actes où, par les discours des disciples, se proclame l'Évangile en même temps que la cohérence du trajet. Mais si, comme il est dit aux deux disciples (v. 27) et ensuite au groupe entier (v. 46), il y a des liens plus qu'étroits entre les Écritures et la vie de Jésus, jusqu'en sa mort paradoxale, le lecteur peut aussi reprendre depuis le commencement tout le récit lucanien, pour en repérer la typologie et les allusions bibliques multiples [27].

27. Les allusions à la LXX sont identifiables grâce au vocabulaire et au styled'imitation. Pour les reprises originales de la LXX par Luc, cf. les articles de T.L. Brodie cités dans la bibliographie finale.

Lc 24 a évidemment montré que la Bonne Nouvelle annoncée par les voix célestes de Lc 1–2 n'était pas une illusion, un vœu pieux. La joie, l'émerveillement et la louange – que la disparition physique du Ressuscité semble même favoriser – ont refleuri sur les lèvres. Que le parcours finisse sur une note de louange indique bien la fonction de Lc 24 : louer n'est possible que pour qui sait reconnaître, *relire* ensemble le passé et le présent. Pourquoi l'exégèse ne porterait-elle donc pas à la louange, à moins qu'elle n'en vienne ?

CHAPITRE IX

Raconter Jésus Christ

Les précédents chapitres ont permis de mettre en évidence les composantes de l'écriture narrative du IIIe évangile. La façon dont le narrateur commence son récit, le type de perspective et d'intrigue qu'il suit, le processus de véridiction mené à son terme sans défaillance, et la reconnaissance finale : autant d'étapes et de mécanismes qu'il fallait relever pour en déterminer la portée. Mais il importe aussi de reprendre rapidement l'itinéraire avec le protagoniste Jésus pour vérifier autrement les choix opérés par le narrateur.

Jusqu'à présent, les analyses ont plutôt fait ressortir la maîtrise de l'évangéliste. Le récit lucanien soulève pourtant de redoutables difficultés, qu'on pourrait énoncer ainsi : un récit où la causalité semble hétéronome, où Jésus dit souvent qu'il lui *faut* faire ceci ou cela et annonce l'arrivée inéluctable des événements, ne donne-t-il pas l'impression de n'être qu'une illusion – tout étant déjà prévu et mené par Dieu ? Mais si la causalité divine est entière – en dépit de sa non-présence feinte –, le récit ne devient-il pas le simple développement d'une théorie de la providence ou de la réalisation du salut, ou encore l'extension d'une conception idéologique de l'histoire (fût-elle du salut) ? Sartre disait de Mauriac que, en menant ses personnages à la manière d'un créateur omniscient et tout-puissant, il n'était pas plus artiste que Dieu : si l'art doit respecter le foisonnement, l'imprévu, la liberté, l'auteur omniscient ne peut être que disqualifié.

Laissons à Sartre la responsabilité de ses propos sur Mauriac, génial quoi qu'il en ait dit. Mais la question rebondit pour le narrateur lucanien et son protagoniste Jésus : quelle nécessité et quelle liberté s'énoncent au fil du récit ? Comment le narrateur peut-il les maintenir ensemble ?

1. Jésus prophète omniscient et obéissant

La christologie comme reconnaissance

Les commencements

L'itinéraire choisi par le narrateur fait que, dès les premiers épisodes de son récit, tous les titres christologiques sont révélés directement aux acteurs et au lecteur par les voix célestes : l'ange Gabriel et celui, innommé, de Noël égrènent ces titres avant qu'ils ne soient repris par les acteurs humains. La christologie se donne d'abord à entendre, à recevoir, avant d'être proclamée par les voix humaines, sous forme oraculaire, prophétique. Au niveau des énoncés et du nombre des titres, elle atteint sa plénitude et son extension maximale en Lc 1–2, même si les prophéties doivent recevoir leur précision et leur effectuation par la vie de Jésus [1].

Le narrateur

Ce que le lecteur sait de l'identité de Jésus, il ne l'apprend pas du narrateur qui, toujours ou presque, reste en deçà des acteurs du récit. Ainsi en Lc 1–2, il n'appelle Jésus par son nom qu'après la circoncision (2,21), et, dans le reste de l'évangile, il sort rarement de sa neutralité ; au demeurant, le seul titre qu'il donne à Jésus est celui de *kyrios* (Seigneur), mais on ne saurait noter une quelconque évolution dans la fréquence ou dans les connotations du vocable au fur et à mesure que l'on va vers la

1. Cf. par ex. le cantique de Syméon, qui décrit inchoativement les destinataires du salut : « lumière pour éclairer *les nations* et gloire d'*Israël ton peuple* ». Le lecteur aura noté que le narrateur lucanien procède par précisions successives : du *Magnificat* au *Nunc dimmittis* la progression des motifs est nette. Sur la fonction narrative du flou prophétique en Lc, cf. F. Bovon, « Effet de réel », p. 358-359.

fin : comme narrateur, Luc emploie *kyrios* plus souvent durant la section du voyage vers Jérusalem, mais elle est plus longue [2].

Les opposants

Quant aux opposants de Jésus, comme ils ne forment pas un groupe homogène, la façon dont ils s'adressent à lui dépend de leur propre statut et du point où en est le récit.

Tout au début du ministère, les démons interpellent Jésus, par possédés interposés, en le nommant « Fils de Dieu » (4,3.9 ; 4,41) : titre tout à fait conforme à ce que le lecteur a appris avec Marie, de la bouche de l'ange Gabriel. Or Jésus leur impose le silence, parce que, ajoute le narrateur, « ils savaient qu'il était le Christ » [3]. Jésus ne veut donc pas qu'on sache qu'il est le Messie-Christ ! Pourquoi ? La suite de l'Évangile donnera une réponse progressive : tous – foules, doctes et autorités officielles – devront le reconnaître aux signes qu'il fera. Les déclarations des démons, qui visent à emporter l'adhésion des témoins, ont donc une fonction narrative nette : en provoquant le refus de Jésus, elles indiquent dès le commencement les conditions d'une vraie reconnaissance.

Le premier groupe d'opposants n'apparaît vraiment que durant la section du voyage. Mais ceux, pharisiens et légistes, qui se refusent à voir en Jésus un prophète, ne l'appellent pas moins uniformément « maître » (*didaskale*) [4]. Bref, avant l'entrée dans le Temple (19,44), on ne note aucune évolution. Ce n'est qu'à partir de la séance devant le Sanhédrin et le procès devant Pilate que les adversaires prononcent les mots de « Christ », « Roi », « Fils de Dieu », mais en spécifiant bien que c'est Jésus qui se prétend tel : « il se dit Christ, Roi » (23,2), « qu'il se sauve, s'il

2. Voici le relevé des emplois du titre « Seigneur » (*kyrios*) par le narrateur : Lc 7,13 ; 10,1.39 ; 11,39 ; 12,42 ; 17,5.6 ; 18,6.37 ; 19,8 ; 22,61 (deux fois) ; 24,3.

3. Le narrateur lie deux autres fois les titres de Messie (Fils de David) et Fils de Dieu : en 1,32.35 et 22,67.70, et il opère une gradation (d'abord *Christ*, puis *Fils de Dieu*). Pour l'ordre inverse (« Fils de Dieu », puis « Messie »), cf. Ac 9,20-22. La notation de Luc en 4,41 signifie que pour lui – comme pour Jésus – il existe une parenté entre les deux titres : inséparables, même s'ils ne sont pas équivalents.

4. Au sens de « rabbi », au niveau du *savoir*, de l'enseignement. Cf. 10,25 ; 11,45 ; 19,39. L'appellation va jusqu'en 20,39. Elle implique une reconnaissance de la compétence de Jésus.

est le Christ de Dieu, l'Élu » (23,35)... L'analyse de l'épisode du procès a bien montré l'ironie de la situation : ces mots de « Christ », « Roi », « Fils de Dieu » brûlent les lèvres des grands prêtres et des chefs, mais ceux-ci ne peuvent faire autrement que de les répéter... comme accusations : ce faisant, leurs contradictions profondes pourront venir au jour en même temps que la vérité de l'être de Jésus. La reprise des titres messianiques par les adversaires de Jésus durant le procès et au pied de la croix sert donc paradoxalement le processus de véridiction décrit par le narrateur.

Les foules et le peuple [5]

Dès le début du ministère, les foules reconnaissent en Jésus un prophète (9,8.19) et même un grand prophète (7,16). Jusqu'au bout elles suivent son enseignement avec assiduité. C'est seulement durant le procès qu'à la suite d'une volte-face inexpliquée – du moins par le narrateur – elles réclameront la mort de celui qu'elles ont toujours écouté. Suivant Jésus jusqu'au calvaire, « les multitudes » regretteront leur faute, reconnaissant par là même son innocence.

Les disciples

C'est sans aucun doute avec les disciples qu'une progression dans la reconnaissance de Jésus comme Messie est notable. Si avant le voyage à Jérusalem ils appellent « maître » (*epistata*) [6] celui qu'ils suivent, par la suite ils le nomment « Seigneur » [7]. Mais les moments les plus significatifs sont évidemment ceux qui scandent la fin des deux sections du ministère itinérant :

5. Au risque de simplifier, je considère ici les foules et le peuple comme un acteur unique eu égard aux énonciations christologiques.

6. Au sens de « chef », « supérieur » (statut de celui qui est « au-dessus », comme l'indique le mot grec *epistatès*) : le mot implique une soumission, une dépendance reconnue. Cf. Lc 5,5 ; 8,24 (deux fois) ; 8,45 ; 9,33 ; 9,49. Lc 17,13 (les dix lépreux) est le seul passage où le titre n'est pas utilisé par un ou des disciples. Sur ce titre, cf. *supra*, p. 92, note 7.

7. Dès le début du ministère : Lc 5,8. Durant le voyage à Jérusalem : 9,54 ; 10,17 ; 10,40 ; 11,1 ; 12,41 ; 17,37. Durant la Passion : 22,33.38.49. Après la résurrection : 24,34. – Jésus appelé « Seigneur » par des personnes qui croient en lui : 5,12 (le lépreux) ; 7,6 (le centurion) ; 9,61 ; 18,41 (l'aveugle) ; 19,8 (Zachée) ; par des inconnus : 13,23.

lorsque Pierre confesse Jésus comme Messie de Dieu (9,20) et lorsque tous les disciples en liesse l'acclament comme Roi (19,38). L'itinéraire ne finit pas là évidemment, puisque après la Résurrection ils rencontreront et reconnaîtront Jésus ressuscité. Le processus de la reconnaissance de Jésus comme Christ sera du même coup une compréhension de l'itinéraire paradoxal, celui des souffrances en vue de la gloire. Il faut toutefois noter que dans les épisodes de Lc 24 le mot « Christ » n'est prononcé que par Jésus et devant les seuls disciples, qui ne proclameront à leur tour la messianité de Jésus qu'*après la Pentecôte*, mais à toutes les nations [8].

Jésus

Dans le IIIe évangile, c'est Jésus qui mène en quelque sorte la christologie – à partir de l'épisode de Nazareth, comme on l'a vu. Sa christologie reste indirecte, pour laisser à ses auditeurs le soin de percevoir, grâce aux signes surtout, son identité prophétique et messianique. Et s'il interdit à ses disciples de divulguer cette identité – préférant se désigner lui-même comme « Fils de l'homme » –, après la résurrection, il reprendra de lui-même le titre de Messie, en montrant à ses disciples la logique paradoxale de son itinéraire à travers la souffrance. Rappelons seulement comment, dans l'épisode d'Emmaüs, le narrateur réussit à montrer le passage que les disciples doivent effectuer :

> *a* = v. 19*b*-21 : la christologie des disciples pour qui Jésus de Nazareth est *prophète* puissant en acte et parole
> *celui qui aurait pu délivrer Israël*
> ....
> *v. 22-24* : les rumeurs du jour... « disant qu'il est VIVANT »
> ....
> *a'* = v. 25-27 : la christologie de Jésus qui parle du *Christ* devant souffrir pour entrer dans sa gloire
> selon le témoignage des Écritures.

Si les disciples n'hésitent pas à voir en Jésus un prophète, ils ne prononcent pas le mot « Messie » ou « Christ », mais utilisent une circonlocution qui fait penser à un possible messianisme : peur

8. Cf. l'usage du terme « Christ » en Actes : 2,31.36.38, etc.

ou incapacité de le dire ? Toujours est-il que c'est Jésus qui prononce le mot « Messie » ou « Christ » : mais il l'utilise désormais sans aucune réserve parce qu'il est allé jusqu'au bout de ce que le titre imposait avant d'être proclamé [9] : le titre est chargé de toute l'histoire passée, constituée par la vie de Jésus mais aussi par ce qui la précédait et s'indique comme mémoire (toutes les Écritures).

Bref, s'il est vrai que la christologie du récit lucanien va vers la reconnaissance de Jésus comme Messie souffrant et glorifié, accomplissant ainsi les Écritures, il faut admettre que cette reconnaissance reste le fait de quelques-uns – les disciples – et passive : le narrateur ne dit pas que ceux qui rencontrent le Ressuscité lui donnent le titre ; Jésus seul l'emploie. Cette reconnaissance encore muette et réduite à un petit nombre montre bien la facture ouverte de Lc 24 et, par là, du IIIe évangile.

Jésus prophète : quel type de savoir ?

Problèmes de perspective

Le IIIe évangile est le seul à présenter toutes les transformations physiques de Jésus, de la conception à la mort-résurrection. Mais il passe laconiquement sur les changements psychologiques et spirituels correspondants (cf. Lc 2,40.52), à tel point qu'on peut s'interroger sur la consistance humaine du personnage, tant il semble tout savoir et prévoir, comme si les événements n'avaient à être vécus que pour accomplir les Écritures. Ce point, qui soulève peu de questions chez la plupart des lecteurs chrétiens tant ils sont habitués à une certaine image docète de Jésus, exige pourtant la plus grande attention, car il en va de la vérité de l'incarnation.

La perspective adoptée par le narrateur ne favorise ni les confidences ni les épanchements. Il partage en cela les normes littéraires de son époque, utilisant les dialogues pour laisser

9. Sur ce point, cf. A. Gueuret, *La Mise en discours. Recherches sémiotiques à propos de l'Évangile de Luc*, Paris, 1987, p. 284-292, qui montre bien que Jésus ne se désigne lui-même comme Christ qu'après la Résurrection et seulement devant ses disciples.

s'exprimer et se manifester les sentiments et les intentions des acteurs. Sans pouvoir dire que Jésus est un acteur monolithique, dont la personnalité serait fixe du début à la fin du macro-récit, il faut avouer qu'on en sait peu sur sa conscience filiale, à part quelques énoncés denses et énigmatiques (2,49-50 ; 10,21-22). Tout en s'enrichissant sémantiquement, son rôle de Messie reste cependant le même du début à la fin de l'évangile. Comme Jésus ne dit de lui-même que ce qui permet aux disciples et aux foules de s'interroger – selon les principes de la christologie indirecte – sur son identité et sur le sort paradoxal qui l'attend, le lecteur sait uniquement que Jésus a conscience d'être le Messie et d'avoir à subir le rejet de ses contemporains. Eu égard à l'omniscience de Jésus, la première difficulté vient donc du laconisme du narrateur et de la perspective adoptée par lui.

Omniscience et liberté

Faut-il aller plus loin et parler d'une maîtrise cognitive totale de Jésus à tous les niveaux, au sens où il verrait à l'avance tous les événements et les susciterait dans le détail ? Plusieurs épisodes montrent qu'il connaît de l'intérieur ceux qui l'entourent : lorsque, par exemple, il dit de la femme courbée qu'elle est prisonnière depuis dix-huit ans et lorsqu'il nomme Zachée par son nom, alors qu'il n'a jamais rencontré ni l'un ni l'autre auparavant. Le narrateur note, rarement il est vrai, cette connaissance « des reins et des cœurs » (cf. Lc 5,22 ; 6,8 ; 8,45-46 ; 9,47).

Pourtant, cette maîtrise cognitive de Jésus laisse intacte la liberté des acteurs. Si, par exemple, Zachée n'avait pas voulu « voir » Jésus ou s'était découragé à cause de la foule, le salut ne se serait pas révélé à lui ; au pécheur repenti, Jésus n'impose rien, il laisse au contraire s'exprimer une liberté qui découvre ses responsabilités. Au demeurant, les événements du récit lucanien ne se présentent jamais comme une force implacable qui s'impose envers et contre tout, mais comme l'effet de deux volontés, celle de Dieu et celle des hommes, dont le narrateur ne dit jamais que la seconde est prisonnière de la première ou « manipulée » par elle. Qu'il suffise de rappeler l'épisode de Noël où les événements semblent déterminés par le bon plaisir de l'empereur ; à aucun moment Luc ne dit que Dieu a profité de cette volonté et des déplacements qu'elle a provoqués pour favoriser la naissance de Jésus à Bethléem : il ne fait que mettre en relation de contiguïté les deux projets, laissant au lecteur le soin de faire le reste [10]. L'interrogatoire devant Pilate montre également les effets inattendus des décisions humaines.

L'omniscience et sa fonction

L'omniscience de Jésus ne supprime pas les libertés de ses auditeurs, amis ou adversaires. Mais quelle est sa fonction narrative ? Le discours de Nazareth donne les règles de la reconnaissance et indique le type de signes par lesquels Jésus entend accomplir les Écritures, les voies de Dieu. La finalité de ce discours programmatique est narrativement obvie : *la typologie à l'œuvre dans les différents épisodes ne sera pas l'invention ou la création du narrateur.*

Que le lecteur doive lire les signes et les événements à l'aide de cette grille ne dit toutefois pas grand-chose sur le mode de connaissance prophétique de Jésus. D'ailleurs, les prophéties qu'il fait sur son sort n'entrent jamais dans les détails : loin de faire perdre aux événements leur poids de mystère et de liberté, elles visent à *préparer le processus de mémorisation postpascale* : « Rappelez-vous comment il vous a parlé quand il était encore en Galilée » (24,6) et « Voici les paroles que je vous ai adressées quand j'étais encore avec vous » (24,44). La maîtrise cognitive de Jésus est *au service de la cohérence* des voies de Dieu.

Quel type de nécessité ? [11]

C'est précisément là que les principales interrogations surgissent. Admettons que la liberté humaine reste sauve, que Dieu

10. Sur ces questions qui ne sont pas propres au IIIe évangile, et font plus qu'affleurer dans la Bible hébraïque, cf. M. Sternberg, *The Poetics of Biblical Narrative. Ideological Literature and the Drama of Reading*, Bloomington 1985, p. 159-178.

11. Rappelons la liste impressionnante des occurrences du verbe « falloir » appliqué à l'agir et au destin de Jésus en Lc : 2,49 ; 4,43 ; 9,22 ; 13,16 (cf. 13,14) ; 13,33 ; 17,25 ; 19,5 ; 22,37 ; 24,7 ; 24,26 ; 24,44. A cette liste, il faut ajouter 15,32, on verra pourquoi. – Soit dit en passant, la question du « il faut » touche par ricochet la toute-puissance – et non l'omniscience – du narrateur : le récit de *fiction* suppose un narrateur qui peut créer à sa guise les personnages, les situations, les rebondissements, alors que le récit *historique* ou historiographique impose davantage de contraintes, celles mêmes d'une vie.

en pâtisse mais l'assume et puisse aller au-delà de nos refus. Le « il faut » ne transforme-t-il pas néanmoins le récit en simple vérification de l'accomplissement d'un impératif hétéronome ? Les récits de la Passion ont permis d'esquisser une réponse [12], mais il n'est pas mauvais de voir comment Jésus – et le narrateur avec lui – voit et vit le « il faut ».

Or, la seule définition – qui n'en est pas une – du « il faut », Jésus la propose en une parabole, celle du Père et des deux fils (Lc 15,11-32). Que le lecteur ne sous-estime pas la portée de cet acte d'énonciation : seul un autre récit – récit dans le récit : métadiégétique – permet à Jésus de dire comment lui-même vit le « il faut », les situations extrêmes où le mène son ministère ! Que Jésus ne résume ni ne décrive l'expérience par un concept, qu'il n'y ait donc qu'un récit pour décrire le type de nécessité auquel Jésus obéit, souligne à l'envi *le caractère non idéologique du « il faut »*.

La première partie de la parabole est suffisamment connue pour qu'il faille y revenir [13]. Notons seulement que beaucoup de présentations du retour du cadet – belles et édifiantes : conversion intérieure, repentir, amour du père... – sont narrativement non fondées. Le fils cadet revient *parce qu'il a faim*. Le narrateur met le fils dans une situation extrême pour l'amener, par focalisation interne, à *exprimer* les raisons de son retour, lesquelles montrent qu'il est encore capable de calculer. Tout l'effet de sens est d'opposer ces calculs, fondés sur le droit et la rétribution – que ni le narrateur ni le père de la parabole ne critiquent –, au non-calcul du père qui, apercevant le fils de loin – signe évident qu'il l'attendait continûment –, est pris de pitié, court se jeter à son cou, le couvre de baisers, etc. La succession des verbes, la promptitude et la rapidité avec lesquelles les ordres sont exécutés, soulignent à l'envi la force du sentiment intérieur signalé au v. 20*b* (« il-fut-pris-aux-entrailles »).

Le reste de la parabole (v. 25-32) fait alterner les points de

12. Cf. *supra*, p. 171.

13. Pour une récente et excellente approche narrative de la parabole, cf. V. Fusco, « Narrazione e dialogo nella parabola del Figlio Prodigo (Lc 15,11-32) », *in* G. Galli (éd.), *Interpretazione e Invenzione. La parabola del Figlio Prodigo tra interpretazioni scientifiche e invenzioni artistiche (Atti 8° colloquio sulla Interpretazione, 1986)*, Gênes 1987, p. 17-67.

vue du fils aîné et du père [14]. L'art du narrateur est de donner à l'aîné la possibilité d'exprimer les raisons de son amertume et, ce faisant, de mettre en évidence la similitude du raisonnement des deux fils – tous deux calculent, avec les mêmes critères, ceux de la justice distributive, bien que leur conduite ait été totalement différente. Le fils aîné indique indirectement à son père comment il *aurait dû* récompenser sa fidélité exemplaire et ce qu'il *n'aurait pas dû* faire avec le cadet. Le père ne dit pas que les raisons de l'aîné soient mauvaises ou déplacées. Il intervient à un autre niveau, où une autre nécessité, beaucoup plus forte selon lui, impliquait la réjouissance : « *il fallait* festoyer et se réjouir, car ton frère... » (v. 32) [15]. La stratégie utilisée par le narrateur mérite notre attention : il importait que le fils aîné fût absent – à la ville ou aux champs [16] – lors du retour du cadet, pour que ce dernier soit rendu à sa dignité de fils et que la fête puisse commencer ; cela signifie que la décision du père – redonner au cadet son identité de fils – est sans retour : il peut seulement inviter l'aîné à partager son choix et le convaincre de se joindre à eux. Pourquoi n'avoir même pas prévenu l'aîné : « Ton frère est revenu, nous faisons la fête, viens vite ! » ? Manque d'amour, de délicatesse ? C'est ici que le « il faut » prend toute sa dimension : que le père ait été aussi pressé de fêter le retour à la vie de son fils, qu'il y ait subordonné tout le reste sans tolérer de délai, montre l'extrême d'une attente aimante qui réagit sans compter. Ce « il faut » est celui de l'amour étranger à tout calcul, du pardon sans condition, bref, de l'humanité de Dieu. Le « il faut » de l'aîné – et du cadet – passe par le concept, celui de rétribution : justice que le père ne rejette pas, mais qu'il bouscule au nom d'un autre « il faut », qui prend-aux-entrailles.

L'itinéraire de Jésus, par le « il fallait » des souffrances, n'a

14. Le récit devient donc une succession de focalisations internes : d'abord le point de vue du fils, puis celui du père.

15. C'est le père qui rappelle à l'aîné qu'il a un frère ! L'aîné est incapable de dire « père » ou « mon frère », seulement « ton fils », comme s'il ne les reconnaissait plus ni l'un ni l'autre pour père et frère. Situation bien connue des parents qui disent « mon fils, ma fille » lorsqu'ils sont fiers de leur progéniture, mais qui, dans le cas contraire, disent au conjoint : « Tu as vu ce que ton fils/ta fille a fait ! »

16. Qu'il soit aux champs souligne évidemment son travail, sa fidélité continue.

d'autre explication que cette fidélité d'un amour qui ne peut qu'aller à l'extrême. C'est en méditant obstinément cette parabole qu'on peut entrer dans la paradoxale logique du « il faut/il fallait ». Peut-être n'a-t-on jamais aussi bien ni aussi pudiquement dit combien, en Jésus, Dieu ne pouvait aller plus loin : il a accompli tout ce qu'il lui *fallait* accomplir pour que nos yeux se dessillent et que nous entrions dans la louange.

Des épisodes comme ceux de Zachée et de la veuve de Naïn sont autant de témoins de l'humanité de Jésus. Sa connaissance des êtres n'a rien d'idéologique : elle respecte les libertés et les suscite ; par ailleurs, son « il faut » n'exprime en rien une nécessité aveugle ou implacable : le Jésus de Luc n'est pas le personnage lisse, apparemment inconsistant, qu'une lecture rapide des épisodes au pied de la croix, par exemple, pourrait donner à penser.

2. Jésus et Dieu, son Père

En Lc 24, le lecteur assiste à un (autre) phénomène littéraire intéressant : l'évangile finit par le mot « Dieu » (v. 53) – quoi de plus beau pour un récit religieux ? –, pourtant « Dieu », comme acteur, semble totalement absent du chapitre. En plus du v. 53, il n'est mentionné qu'une autre fois (v. 19), et en passant. Comparé aux premiers épisodes de l'évangile (Lc 1–2), où les événements étaient clairement engendrés par son initiative et annoncés par ses envoyés célestes – Gabriel et l'ange « anonyme » de Bethléem –, ce dernier chapitre donne l'impression d'être un désert théologique [17] ! Puisqu'il va bientôt être séparé [18] de ses disciples Jésus pourrait tout de même leur dire où, vers qui il va.

17. Ceci n'est pas propre à Lc. Cf. Mt 28 et Mc 16,1-8 où l'on ne rencontrera même pas une occurrence du mot.

18. La séparation physique ou visuelle symbolise la présence désormais *définitivement* invisible de Jésus : l'épisode d'Emmaüs a entre autres fonctions, ne l'oublions pas, de montrer que l'invisibilité du Ressuscité n'équivaut pas à l'absence.

Dieu, Père de Jésus

En réalité, si Dieu n'est mentionné que deux fois, par les disciples (v. 19) puis par le narrateur (v. 53), il n'est en rien absent du récit : Jésus en parle, mais en le nommant « mon Père » (v. 49), terme qui indique le type de relation qu'il entretient avec Lui : ce que Dieu était pour Jésus dès le commencement, dès la conception et la naissance, devient chargé de tout l'itinéraire, de toute une vie où la filiation est allée jusqu'à l'extrême. Les deux adresses faites sur la croix : « Père » (v. 34 et 46), qui exprimaient l'abandon confiant, la simplicité du rapport, se trouvent ainsi confirmées : Dieu était bien le Père de Jésus. Le « mon Père » du Ressuscité ne dit pas que cela : la relation filiale vécue jusqu'à la mort peut désormais manifester qu'elle a vaincu la mort : le « mon Père » a une saveur d'éternité.

Mais le « mon Père » de Lc 24,49 ne peut pas ne pas renvoyer aux premiers épisodes de l'évangile – où l'ange avait parlé de la filiation divine de Jésus – ainsi qu'à ceux du Baptême (3,22) et de la Transfiguration (9,35) : à la voix divine qui le nommait « Fils », Jésus fait désormais écho définitivement. Début et fin du macro-récit se répondent donc encore une fois...

Il y a plus : que Jésus ressuscité ne nomme Dieu que par cette expression « mon Père », que ce soit en quelque sorte le dernier mot [19] qui précède la « séparation physique », en fait la révélation ultime de l'évangile : notre Dieu est le Père de Jésus, le Père de Jésus a promis de nous sauver, le Père de Jésus... a donc envoyé son Fils. L'itinéraire de Jésus ne peut pas ne pas révéler l'amour inouï de Dieu son Père, tout comme la parabole du père pris-aux-entrailles.

Jésus, le Roi

Le titre de « Roi » (*basileus*) appliqué à Jésus est sans doute celui dont l'évolution est la plus nette. De fait, en Lc 1–2, aucun

19. « Père » est aussi le premier mot de Jésus en Lc. Cf. 2,49. Les premières et les dernières paroles de Jésus ont donc rapport à *son* Père.

des envoyés célestes ne nomme Jésus *basileus*, même si Gabriel déclare métonymiquement : « Dieu lui donnera le trône de David son Père » (1,32), ajoutant aussitôt qu'il « régnera sur la maison de Jacob pour toujours » (1,33). A l'évidence, l'ange ne voit pas le règne de Jésus comme celui d'un « roi » (*basileus*), tel Hérode nommé par le narrateur au tout début du macro-récit (1,5) : il annonce implicitement à Marie que son fils sera le Messie, ce que le titre « Fils du Très-Haut » (1,32) exprime à sa manière. Mais « Christ » ou « Messie », c'est-à-dire « oint » – d'une onction royale –, n'équivaut presque jamais à *basileus* [20], terme trop ambigu et chargé politiquement [21].

Le règne annoncé par l'ange est donc celui du Messie, et la section du voyage vers Jérusalem développe progressivement les composantes de ce règne messianique qui vient avec Jésus : pardon accordé aux pécheurs, attention aux plus pauvres, guérison de toute cécité... Pourquoi donc la foule des disciples n'acclame-t-elle pas Jésus comme le « Christ-Messie » ? La principale raison a déjà été signalée : seul le Ressuscité pourra le premier utiliser le mot « Christ », parce qu'il aura alors accompli tout ce que, selon le désir du Père, le titre impliquait. Jésus ne pouvait être proclamé et annoncé à tous « Messie » ou « Christ » qu'après la mort en croix et la résurrection. La seconde raison est évidemment à chercher du côté de l'arrière-fond biblique de Lc 19, repérable grâce au vocabulaire [22] et à la situation ; en s'approchant de Jérusalem, la Fille de Sion qui ne veut pas de lui et où il n'entrera pas, Jésus accomplit l'oracle de Zacharie [23] :

> Dites à la Fille de Sion :
> « Voici que ton roi (*basileus*) vient à toi,
> monté sur un ânon, le petit d'une bête de somme. » *Za 9,9*

20. Est-il besoin de rappeler que dans la LXX ce n'est *jamais* le substantif « roi » (*basileus*) mais « Christ » (*Khristos*) qui traduit l'hébreu « Messie » ? Cela dit, certains textes prophétiques et psalmiques montrent que le terme « roi » (*basileus*) peut désigner le Messie, à preuve Za 9,9 que nous retrouverons bientôt.

21. Même si, à cette époque, les rois étaient en même temps des chefs politiques et religieux.

22. Cf. les mots « ânon » (*pôlos*), « roi » (*basileus*) qui viennent de Za 9,9.

23. Pour les connotations fortement salomoniennes de Lc 19,35-40, cf. N. Fernández Marcos, « La unción de Salomón y la entrada de Jesús en Jerusalén : 1 Re 1,33-40/Lc 19,35-40 » *Bib* 68 (1987) 89-97.

Mais Jésus n'accomplit pas seulement la prophétie parce qu'il est sur l'ânon et en route vers la Fille de Sion : tout le ministère itinérant, en particulier le voyage vers Jérusalem, a montré que les paroles de Zacharie trouvent en Jésus leur accomplissement ; qu'il soit juste, humble, pacifique, son enseignement, ses réactions, ses gestes, sa prédilection pour les pauvres, la grâce du pardon accordée aux pécheurs l'ont montré à l'envi. En suscitant la mémoire du lecteur – grâce à ses connotations bibliques –, l'épisode de l'ânon ne fait que confirmer ce qui était déjà en œuvre tout au long du parcours.

A la fin du voyage, l'acclamation des disciples n'a rien d'ambigu. Or, avec les épisodes du procès et de la mort en croix, le titre de « roi » va résonner différemment selon les personnages qui l'utilisent. On aura sans doute noté que, durant l'assemblée plénière du Sanhédrin (23,66-71), le grand prêtre ne demande pas à Jésus s'il est « roi », mais s'il est le Messie, le Christ, titre qui renvoie à l'identité et à la mission *religieuses* de Jésus. Le lecteur tombe donc en arrêt, lorsque, devant Pilate, les mêmes chefs religieux accusent Jésus de « se dire *Christ Roi* ». L'accouplement des deux titres laisse poindre leur intention : jouant sur un signifié identique, mais chargé de connotations opposées, aux plans religieux et politique, ils peuvent tirer du titre « roi » un chef d'accusation idéal devant un procurateur prêt à exécuter quiconque oserait se poser en concurrent de l'autorité romaine.

Le reste du procès va montrer en quoi le titre « roi » à la fois s'applique et ne s'applique pas à Jésus. Si la royauté implique l'exercice de la puissance et exige d'être reconnue (cf. Lc 21,22) – sous peine de ne plus exister –, on ne peut que voir moquerie et dérision dans les salutations adressées à Jésus par les soldats au pied de la croix et dans le libellé de l'écriteau posé au-dessus de sa tête (23,36-38) : qui pourrait reconnaître roi un homme aussi faible, abandonné, méprisé ? Mais, en contraste, la demande du malfaiteur – « Souviens-toi de moi, Jésus, quand tu viendras dans ta royauté » (23,42) – et la réponse de Jésus révèlent la justesse du titre : sa parole n'a jamais été plus efficace, victorieuse et triomphale. « Aujourd'hui même tu seras avec moi dans le paradis ! » (23,43) : parole de roi et de juge, qui triomphe de la mort en emportant avec lui dans le Royaume ceux qui l'invoquent et l'implorent. L'écriteau exprime alors une paradoxale vérité – confirmée par la résurrection, qui scelle la victoire sur la mort et montre que la prophétie de Jésus mourant n'est pas la dernière énormité d'un paranoïaque : Jésus humilié est vraiment Roi. Ce qu'il y avait d'ambigu, de volonté de puissance, dans le titre de *basileus* a disparu : Roi et Messie deviennent désormais interchangeables, équivalents.

Mais une conclusion s'impose aussitôt. La royauté de Jésus ne peut être dite avec des concepts : quiconque la proclame et la confesse ne peut que *raconter* comment elle fut révélée, exposée à notre reconnaissance. Le titre est inséparable du parcours qui le justifie, qui en est même le contenu. Le lecteur comprend d'ailleurs, mais seulement à la fin du macro-récit, pourquoi Jésus ne parle du Royaume qu'en paraboles, sous forme de récits. Le récit l'emporte ici sur le concept : c'est sans doute sa plus grande victoire !

3. Les dimensions du récit lucanien

Le IIIe évangile ne présente pas une christologie achevée. Certes, tous les titres de Jésus y sont énoncés et effectués, excepté peut-être celui de « Sauveur » qui appelle le livre des Actes. Mais la christologie – les analyses précédentes viennent d'en donner la preuve – ne consiste pas seulement à énumérer des titres ou des vérités sur Jésus ni même à raconter les événements vécus par lui, de la conception à la résurrection. Pour le narrateur lucanien, le récit – et donc la christologie – inclut aussi la vie et la proclamation des témoins. Voyons comment.

Le processus d'identification

Durant le ministère itinérant en Galilée et sur les chemins qui mènent à Jérusalem, Jésus désire déjà que ses disciples soient *comme* lui, et à tous les niveaux [24]. Désir répété durant la Cène, à propos de l'humilité : que le plus grand se fasse le plus petit et serve, *comme* lui-même a fait (22,24-27). Mais l'identification va plus loin que le désir, elle devient réalité pour quiconque est envoyé par lui : « Qui vous écoute m'écoute et qui vous repousse me repousse » (10,16). Cette identification ne vaut pas seulement pour le temps relativement court de la mission relatée en Lc 10. Les disciples sont avertis : comme leur maître et *à cause de lui*, ils seront haïs, arrêtés, livrés, mis en prison, traînés devant la justice, mais il leur donnera lui-même les mots pour se défendre – leurs paroles seront les siennes (21,12-19). Le témoignage (*martyrion*) est acte de parole, proclamation du nom de Jésus, jusque dans les épreuves – de chair et de sang (21,13).

Identification désirée, annoncée et décrite. Mais l'évangile finit sur une prophétie que le lecteur ne voit pas réalisée, celle d'un témoignage encore à venir.

Les premiers récits sur Jésus

Le livre des Actes décrit de différentes manières la présence active de Jésus en ses disciples. Parler d'identification respecte la lettre du récit lucanien, puisque c'est ainsi que le Ressuscité s'adresse au zélé persécuteur des premiers croyants en Jésus Messie : « Saoul, Saoul, pourquoi *me* persécutes-tu ? » (Ac 9,3).

Les Apôtres Pierre et Paul reproduisent originalement et fidèlement la figure du Christ qu'ils annoncent. Ils bénéficient comme lui de l'approbation divine, qui confirme leur témoignage par des actes de puissance ; ils sont entièrement donnés à leur ministère d'annonce de l'Évangile jusqu'à devoir souffrir comme leur maître, mais en bénéficiant de son appui, de sa force qui les fait échapper à de multiples persécutions et dangers [25].

Peu importe ici le détail des ressemblances entre la geste apostolique et le récit de la vie de Jésus. Un point seulement doit retenir notre attention. Si le récit des Actes est le second volet du diptyque lucanien, il est en réalité historiquement le

24. Cf. par ex. Lc 6,40 ; 9,23 ; 14,26-27.
25. Cf. R.L. Brawley, *Luke-Acts and the Jews. Conflict, Apology, and Conciliation*, Atlanta GA, 1987, p. 51-67, qui met en relief les techniques lucaniennes de légitimation.

premier récit sur Jésus : c'est parce que les témoins oculaires, dûment accrédités, ont parlé de leur maître et renvoyé à lui avec la force, la conviction de leur foi, manifesté sa présence active et salvifique, que le récit évangélique de Luc a pu voir le jour. Certes, le narrateur a voulu que le temps de son double récit suive le temps de l'histoire, respectant, semble-t-il, les lois des biographies de son époque [26]. Mais c'est par les Apôtres et tous ceux qui ont annoncé l'Évangile qu'il a lui-même connu Jésus et a eu envie d'en parler. En ne se contentant pas de raconter « tout ce que Jésus a fait et enseigné » (Ac 1,1), le narrateur met en relief le lien essentiel existant entre son propre récit et les récits qu'il avait lui-même écoutés, médités, et qui lui avaient brûlé le cœur.

Le fait même que Luc ait voulu prolonger le IIIe évangile montre enfin que, pour lui, raconter Jésus Christ, « tout ce qu'il a dit et fait », c'est suivre les traces de sa présence jusque dans la communauté qui s'en recommande. Car la fidélité au charisme originel se juge toujours à l'écart plus ou moins grand existant entre l'origine et l'aujourd'hui qui en témoigne. Raconter Jésus Christ, n'est-ce pas aussi raconter l'histoire qu'il a engendrée, suscitée, et qui vibre de sa mémoire, qui vit de sa vie ? Le travail du lecteur est finalement plus complexe que prévu : il ne lui faut pas seulement aller et venir entre l'événement Jésus Christ et toute l'histoire biblique antérieure pour percevoir la cohérence des voies de Dieu ; son premier voyage a pour point de départ les diverses images de Jésus qu'il a reçues de la tradition – ecclésiale et/ou culturelle – à laquelle il appartient et qui déterminent sa lecture du texte évangélique. Voyage long, jamais achevé ? Nécessaire cependant.

26. L'ouvrage de Diogène Laërce, *Vie, Doctrines et Sentences des philosophes illustres*, est souvent mentionné : cet écrivain montre, entre autres choses, comment les disciples des diverses écoles philosophiques propagent l'enseignement de leurs maîtres et le mettent concrètement en pratique. Ouvrage truculent, plein d'aphorismes, mais peu fiable historiquement ! Quant à savoir si Luc imiterait ce genre de littérature, la question vaut d'être posée, mais on n'y peut répondre avec certitude, surtout parce que les auteurs invoqués, tel Diogène, sont postérieurs à celui de Lc/Ac. Les suggestions de C.H. Talbert, *Literary Patterns*, p. 125-135, ne manquent pas d'intérêt mais n'ont pas encore été, que je sache, suffisamment testées. Cf. aussi C.W. Votaw, *The Gospels and Contemporary Biographies in the Greco-Roman World*, Philadelphia, 1970.

Si, malgré toute l'autorité du témoignage apostolique, Luc a voulu raconter à son tour « tout ce que Jésus a fait et enseigné », c'est parce qu'il a compris qu'annoncer l'Évangile équivalait à reprendre toujours originalement l'histoire de Jésus, en qui nous pouvons reconnaître l'extrême d'un amour, d'une promesse réalisée. Histoire et rencontre, qui sont devenues et ne pouvaient devenir que *récit*, tout simplement.

CHAPITRE X

Auteur, lecteur et récit. Lc 1,1-4

Si les relations entre narrateur et lecteur ainsi que les raisons d'écrire se donnent à reconnaître en Lc 1,1-4, pourquoi n'en proposer l'analyse que maintenant ? Il est pour le moins surprenant de finir par le commencement !

Certes, à la différence des autres évangélistes, Luc fait précéder son récit en troisième personne par une adresse qui devrait en principe nous renseigner sur ses intentions. Mais cet *incipit* n'est pas aussi clair qu'on le souhaiterait. Et pour compliquer encore notre travail, les fonctions extranarratives d'auteur et de lecteur font actuellement l'objet de discussions passionnées [1]. Le bon sens suggérait donc d'étudier les fonctions narratives, pour mettre en relief les techniques lucaniennes, avant d'aborder de front la question de la finalité de son récit. Chacun sait que nombreuses sont les raisons pour lesquelles on raconte une histoire : distraire,

1. Avec Genette (cf. *Le Nouveau Discours du récit*), je pense que les instances nommées « auteur » et « lecteur », « auteur *implicite* » « lecteur *implicite* » valent pour toute espèce de texte (philosophique, religieux, technique, etc.) et ne sont donc pas soumises à une approche typiquement narrative. – La différence entre auteur et narrateur est admise par tous (cf. ces vocables dans le lexique situé en fin de volume). Ce qui l'est moins, c'est la distinction entre « auteur réel » et « auteur implicite » (*implied author*), celui que le lecteur se représente ou imagine, par inférence, à partir du récit ; même remarque pour la distinction entre « lecteur réel » et « lecteur implicite » ou « virtuel » (*implied reader*). Genette note encore avec raison que l'auteur implicite est une instance inutile (qui chez de nombreux narratologues recouvre celle de narrateur) et que le lecteur virtuel équivaut en réalité au narrataire extradiégétique (= qui n'est pas un acteur du récit). Sur ces questions, cf. G. Prince, « Introduction à l'étude du narrataire », *Poétique* 14 (1971), 178-196 et les commentaires de G. Genette, *op. cit.* Pour éviter l'expression « narrataire extradiégétique », longue et quelque peu abstruse, j'ai préféré le simple terme de « lecteur ».

faire rêver, édifier, informer, s'expliquer, faire revivre le passé, etc. – si l'on en croit *Les Mille et Une Nuits*, Shéhérazade dut même indéfiniment raconter *pour ne pas mourir* ! Les précédents chapitres ont permis de hasarder quelques hypothèses sur les motifs qui ont poussé Luc à écrire son évangile. Il reste à les vérifier.

1. L'*incipit* de l'évangile

> *v. 1* : Puisque beaucoup ont entrepris de composer un récit des événements accomplis parmi nous,
>
> *v. 2* : tels-que nous (les) ont transmis ceux (qui furent) depuis le commencement témoins-oculaires et qui-sont-devenus serviteurs de la parole,
>
> *v. 3* : il-a-paru-bon à moi aussi,
> ayant tout suivi-de-près depuis-le-début, soigneusement,
> d'écrire pour toi de-façon-ordonnée,
> excellent Théophile,
>
> *v. 4* : afin qu'au sujet des choses dont tu as été informé, tu connaisses la solidité.

De nombreux auteurs [2] ont déjà affronté les difficultés soulevées par le vocabulaire [3] et le style lourd de cette préface, comme le montre la traduction littérale. L'approche narrative doit évidemment tenir compte des résultats fournis par les études comparatives, car on ne peut comprendre Luc sans l'éventail des diverses traditions littéraires de son époque. Mais, étant admis que la

2. Pour une bibliographie conséquente, cf. J.A. Fitzmyer, *Luke,* I, p. 287-302. Tout récemment, L. Alexander, « Luke's Preface in the Context of Greek Preface-Writing », *NT* 28 (1986) 48-74 (reprise synthétique d'une thèse à paraître dans les SNTSMS), a montré de façon convaincante que le style de la préface s'apparente à celui des préfaces de « tradition grecque scientifique ».

3. Plusieurs des mots utilisés par Luc sont des *hapax legomena* : 1) du NT : v. 1 : « puisque » (*epeidèper*) ; « composer » (*anatassomai*) ; « récit » (*diègèsis*) ; v. 3 : « suivre-de-près » (*parakoloutheô*) ; 2) du IIIe évangile : v. 1 : « événements » (*pragmata*) ; « accomplis » (*plèrophoreô*) ; v. 3 : « soigneusement » (*akribôs*) ; « excellent » (*kratistos*) ; « Théophile » ; v. 4 : « solidité » (*asphaleia*) ; « informer » (*katèkheô*).

préface ressemble à celles des manuels ou des essais scientifiques [4], il importe de l'exploiter en fonction du récit qu'elle est supposée introduire.

Récit inutile ?

Le premier paradoxe saute aux yeux : on comprend qu'un historien décide d'écrire s'il juge dépassés les essais de ses devanciers, si leurs informations sont erronées, insuffisantes ou si elles ont altéré, voire déformé un témoignage originel et autorisé. Or, Luc ne dit pas que les récits qui précèdent le sien ont péché en quoi que ce soit, il note même leur nombre respectable. S'il en est ainsi, pourquoi décide-t-il d'ajouter à la collection un récit apparemment inutile ?

Une chose est claire, la protase (v. 1-2) distingue deux groupes de personnes :

> *v. 1* : les *narrateurs*, en nombre relativement élevé ; leurs récits, conçus comme ordonnancement, ne sont pas *fictifs*, car le contenu en est entièrement déterminé par des événements dont ils n'ont eu connaissance que par un groupe qui les précède chronologiquement et qui est pourtant mentionné après le leur, au v. 2 ;
>
> *v. 2* : les *témoins oculaires devenus serviteurs de la parole* ; leur proclamation de la parole, fondée sur le « voir » (avoir-été-témoin-oculaire), a permis aux narrateurs de mettre par écrit les événements accomplis.

Le texte fait état d'une répartition des rôles : les narrateurs ou rédacteurs ne sont pas les mêmes que les témoins, devenus hérauts de l'Évangile. Ces rôles sont-ils imposés par le temps, autrement dit par la disparition progressive de la première génération et

4. Sur l'adjectif « scientifique », cf. L. Alexander, « Luke's Preface », p. 57-58, qui relève les caractéristiques formelles de ces préfaces : 1) textuellement : elles sont souvent brèves, en forme d'adresse (un « je » parle à un « tu »), détachables du texte (manuel, traité, histoire) qui suit ; 2) syntaxiquement : construction fortement hypotaxique, où les circonstancielles indiquent les raisons et les modalités de l'écriture. 3) stylistiquement : traces de rhétorique et densité ; 4) thématiquement : le sujet traité y est énoncé, et l'auteur insiste sur sa qualification.

donc par la nécessité de *fixer* un témoignage autorisé, pour qu'il ne se déforme pas ? Peut-être, mais en disant que le nombre des narrateurs est conséquent, que la conservation de la proclamation orale est ainsi assurée, l'auteur ôte à son propre récit cette fonction.

L'adjectif « nombreux » du v. 1 ne serait-il pourtant pas l'effet d'une exagération rhétorique ? En réalité, les historiens contemporains savent bien qu'à l'époque où écrit Luc *un seul* évangile a vu le jour, celui de Marc ou celui de Matthieu [5]. Ne peut-on donc imaginer que Luc ait voulu combler les manques ou élargir l'enquête dans l'espace et le temps ? C'est possible, mais l'exagération rhétorique doit tout de même être prise au sérieux : si l'auteur dit que les récits existants sont déjà nombreux et fondés sur la tradition « oculaire », c'est que, pour lui, raconter signifie autre chose que fixer par écrit une tradition originelle et orale en voie de disparition.

La protase a ainsi permis de consigner deux résultats négatifs : si l'auteur raconte à son tour, ce n'est pas par manque de traces écrites et ce n'est pas davantage par déficience des récits existants – quel que soit leur nombre réel – dûment fondés sur la tradition vivante des témoins oculaires accrédités. Les v. 1-2 fournissent aussi une raison positive, pour le moins paradoxale : si notre auteur a décidé de raconter, c'est précisément parce que des récits autorisés existaient déjà sur les événements dont il parlera lui-même. Luc connaît trop bien les Écritures pour ignorer qu'elles présentent parfois plusieurs versions des mêmes événements et que, pour les diverses générations bibliques, le passé était resté un sujet constant de méditation, de réappropriation. Le geste de Luc est analogue : sa reprise narrative n'a rien d'une répétition ou consignation mécanique, elle vise plutôt à vérifier une cohérence (v. 4). La préface finit en effet par une proposition circonstancielle, où l'auteur livre ses intentions : « *afin qu*'au sujet des choses dont tu as été informé tu connaisses *la solidité* ». Cette traduction malhabile a l'avantage de montrer que le dernier mot du prologue (« solidité ») se trouve en position emphatique :

5. L'hypothèse d'une dépendance de Mc par rapport à Mt et Lc formulée en 1789 par le théologien allemand Griesbach a encore aujourd'hui de fervents défenseurs.

Luc veut raconter pour qu'on connaisse la solidité de choses déjà connues et reçues. Le récit n'a donc pas seulement pour fonction d'informer [6] – d'autres l'ont déjà fait avant lui –, mais de manifester la vérité d'un vécu. Le récit n'a pas encore commencé, et le lecteur sait déjà qu'il sera un long processus de *véridiction*. L'analyse de plusieurs épisodes de l'évangile a amplement montré que le narrateur n'a pas failli à son projet.

Quels événements ?

Au v. 1, Luc parle des « événements accomplis parmi nous ». L'expression est vague. Pourquoi n'avoir pas précisé leur nature, d'autant que l'autre préface, celle des Actes, est d'une netteté qu'on aurait souhaité trouver dans la première : « J'avais consacré mon premier livre, Théophile, à *tout ce que Jésus avait fait et enseigné*, depuis le commencement... » (Ac 1,1) ? Il aurait été si simple d'éclairer le lecteur dès la première préface, en disant : « Puisque beaucoup ont entrepris de faire un récit ordonné de ce que Jésus a fait et dit... » Une chose est claire : le début des Actes confirme bien que le premier livre (l'évangile) raconte ce que fait et dit Jésus. Comment dès lors expliquer le flou rhétorique de la première préface ? De ce que Luc introduit en réalité ses deux récits, le premier sur les actes et paroles de Jésus et le second, sur la geste apostolique ? Ce faisant, il devait éviter de préciser trop vite l'objet du premier livre. Le flou viendrait donc du projet narratif de Luc : montrer que de Jésus aux Apôtres une même trajectoire se donne à reconnaître ; la solidité et la cohérence seraient dans la continuité, dans la dynamique et la logique de l'ensemble.

Que tel ait été le projet de Luc, nul ne pourrait en douter en lisant les deux volets du diptyque. Mais que le flou rhétorique et l'absence du nom de Jésus dans la première préface viennent

6. Comparer avec ce que le narrateur du *Vent du soir* déclare, vers la fin d'un récit décrivant les aventures « vraies » de héros qui ont pour une part contribué à donner à l'histoire, qui est notre histoire, son visage : « Je l'écris *pour que vous le sachiez.* » Luc n'écrit pas pour que Théophile connaisse des événements jusque-là ignorés, mais qu'il puisse en apprécier toute la valeur : « Je l'écris pour que tu saches que tout ce que tu sais déjà est vrai, solide, fondé. »

de là, rien n'est moins évident : si cette première préface s'appliquait aux deux livres, la seconde n'aurait plus de raison d'être. Ce sont plutôt les premiers chapitres de l'évangile (Lc 1–2) qui permettent d'esquisser une réponse plausible. En effet, les premiers épisodes ne parlent pas d'abord ni seulement de Jésus, mais des événements afférents à la naissance de Jean-Baptiste ; de plus, comme narrateur, Luc n'appelle Jésus par son nom qu'après la circoncision (2,21), obéissant ainsi, avec Marie, à l'ordre angélique (cf. 1,31) : pourquoi l'aurait-il mentionné avant cet épisode, fût-ce dans une préface ? Mais si ce flou rhétorique est dû en partie au respect scrupuleux des événements et des usages rapportés par le récit, cela signifie que le narrateur s'engage à la discrétion : les protagonistes parleront, et les événements manifesteront d'eux-mêmes [7] la solidité, la vérité d'un message déjà familier à Théophile. Bref, le préfacier donne en quelque sorte congé à l'omniscience [8] et à la toute-puissance [9] du narrateur avant même que ne soit commencé le récit.

Discrétion ou omniscience ?

A vrai dire, aussitôt après avoir refusé d'être un narrateur tout-puissant et omniscient, dans la scène de l'apparition à Zacharie (1,11-20) Luc enfreint le code qu'il s'est fixé [10]. Qu'une apparition soit le premier épisode d'un récit dont on dit qu'il aura toutes les caractéristiques de la solidité, semble effectivement miner la crédibilité du narrateur. Mais une présentation

7. Cela va en général de pair avec une prédominance du *showing* sur le *telling*.
8. Le fait même que Luc ne nomme ni le protagoniste ni la nature des événements indique qu'il ne veut pas intervenir comme narrateur qui sait tout à l'avance et impose au lecteur sa propre interprétation.
9. Cf. les expressions du v. 3 (« suivre-de-près » ; « depuis-le-début » ; « soigneusement » ; « tous [les faits] ») de la préface qui annoncent une *soumission* totale aux faits.
10. Cf. M. Sternberg, *Poetics of Biblical Narrative*, p. 86, selon qui Luc dérogerait au maximum à une règle – le refus d'omniscience – qu'il s'est imposée dans la préface : l'apparition à Zacharie, les monologues intérieurs, la prière de Jésus à Gethsémani – alors que les disciples sont endormis – sont « autant d'événements accessibles seulement à un statut privilégié d'omniscience que Luc refuse virtuellement ».

même brève du premier épisode de l'évangile [11] a bien mis en relief les conditions auxquelles le narrateur se soumet dès le début : en voulant montrer que les événements racontés sont le fruit de l'initiative et de la fidélité divines, Luc se doit de commencer par une scène de révélation en *showing*, à l'aide d'un dialogue entre un envoyé divin et Zacharie, non seulement parce qu'il peut ainsi renvoyer indirectement aux situations patriarcales (surtout les annonces à Abraham) et donner à son récit toute sa dimension de mémoire, mais aussi parce que cela lui permet de ne pas révéler, *comme narrateur*, le futur des personnages : l'omniscience est depuis le commencement abandonnée à certains *acteurs* – les envoyés célestes de Lc 1–2 et Jésus, après l'épisode de Nazareth. Le *showing* est ainsi pour Luc une technique obligée : elle favorise son rôle discret et permet aux acteurs de mener à bien, par leurs actes et leurs paroles, le processus de véridiction. Dans le IIIe évangile, discrétion et omniscience [12] devaient donc faire bon ménage, au moins cohabiter.

2. Quel lecteur ?

La préface est adressée à un certain Théophile. Étant donné l'usage d'alors, ce nom théophore [13] n'a rien d'étonnant. Mais le préfacier ne s'adresse pas nécessairement à une personne connue de lui, de sa communauté : l'hypothèse d'un nom d'emprunt ou d'un nom symbolique n'est pas du tout à exclure. Quant à l'adjectif qui précède (« *excellent* Théophile »), les préfaces auxquelles celle de Luc a été comparée montrent que les écrits « scientifiques » étaient adressés à des personnages éminents. L'adjectif contrebalance ainsi la banalité du nom. Faut-il voir là

11. Cf. *supra*, p. 64-70.
12. Omniscience tout à fait relative – la focalisation n'est jamais de degré zéro – comme l'a montré en particulier la présentation des paraboles. Cette omniscience relative atteint son *climax* à la fin des récits de l'enfance (Lc 2,22-30 : présentation au Temple ; Lc 2,41-52 : Jésus au milieu des docteurs).
13. Est-il besoin de rappeler que « Théophile » vient de *Theos* = Dieu, et de *philos* = aimé, ami ? « Théophile » signifie donc « ami de Dieu ».

un tribut payé par Luc aux lois du genre ou peut-on dégager, à partir des divers épisodes analysés précédemment, l'image que Luc se fait de son lecteur ?

Quel lecteur ?

La préface donne déjà quelques indications précises sur le type de lecteur auquel Luc s'adresse : il le suppose déjà informé sur les événements dont il va parler. Mais si le verbe *katèkheô* ne renvoie pas à une information superficielle, comme lorsqu'on notifie à quelqu'un les nouvelles du jour, il ne permet pas de qualifier le destinataire. Théophile est-il un homme qui vénérait les dieux des Grecs ou des Romains et qui, dûment informé des faits et gestes de Jésus, désire en peser la vérité, la solidité ? Est-il un juif pieux à qui Luc veut montrer que Jésus et ses disciples n'ont ni renié le vrai monothéisme ni oublié les alliances ? Est-il déjà chrétien, au moins de cœur ? Le verbe *katèkheomai* équivaudrait alors à ce qu'on désigne aujourd'hui par « catéchèse », enseignement, initiation, formation.

Si la préface ne permet pas d'en dire plus sur le statut du lecteur, le reste du récit va combler cette lacune. Le vocabulaire de nombreux épisodes, où se donnent à lire des reprises de la LXX, suppose un lecteur connaissant bien sa Bible, capable de repérer les allusions et les composantes de la relecture typologique lucanienne : un tel lecteur peut être juif. Mais d'autres indices invitent à penser que Luc s'adresse à un lecteur chrétien : toutes les fois où, comme narrateur, il nomme Jésus « le Seigneur » (le *kyrios*) [14]. S'il ne s'adressait pas à un lecteur pour qui Jésus est aussi « le Seigneur », le narrateur pourrait-il se laisser aller à de tels changements de perspective ?

Le savoir du lecteur

Les analyses ont montré qu'eu égard aux informations sur Jésus, son identité et son rôle salvifique, le lecteur et les acteurs humains du récit suivent des chemins qui, sans être inverses, se croisent. En Lc 1–2, le lecteur est beaucoup plus informé que

14. Cf. Lc 7,13 ; 10,1.39 ; 11,39 ; 12,42 ; 17,5.6 ; 18,6.37 ; 19,8 ; 22,61 (deux fois) ; 24,3. Ce glissement (de « Jésus » à « Seigneur ») ne vient pas de la tradition, il est typiquement lucanien.

tous les personnages réunis – excepté Marie, peut-être – sur l'identité et le rôle de Jésus [15] ; aussi bien, dès le début du ministère public, à la différence des foules et des premiers disciples, il sait que Jésus est le Fils de Dieu, le Messie-Sauveur d'Israël. Si les acteurs veulent savoir *qui* est Jésus (un prophète, celui qui doit venir, le Messie), le lecteur, lui, cherche le *comment* de la reconnaissance et suit le processus de véridiction, l'accord entre l'*être* et l'*agir*, autre nom de l'*apparaître* [16].

L'analyse de la parabole du roi (Lc 19,11-28) a montré que pour l'enseignement, la distance entre les acteurs du récit primaire, spécialement les disciples, et le lecteur tend à s'abolir. Les énigmes, les silences, les sentences ou paroles difficiles prennent de plein fouet les personnages du récit mais aussi le lecteur, lui interdisant une connaissance plus aisée ou immédiate du mystère.

A la fin du macro-récit, la situation du lecteur est nettement en deçà de celle des disciples, eu égard à l'explication de l'itinéraire et au parcours à travers les Écritures : ceux-ci peuvent désormais lire et relire le passé biblique comme prophétie de Jésus Christ ; quant au lecteur, il a été informé de la Résurrection avant les Apôtres, mais il n'a pas droit à la double leçon d'exégèse. Cette position d'infériorité s'explique évidemment par la présence du second livre, celui des Actes, qu'il lui faut également lire pour acquérir sa compétence en matière exégétique. Et, à dire vrai, pour qui pratique l'analyse narrative, ce renversement était

15. Ce privilège global n'empêche pas le narrateur de taire au lecteur certaines choses. Ainsi, il mentionne que Marie partit en hâte pour se rendre chez ses cousins (Lc 1,39), mais ne livre pas les raisons du voyage. L'ange n'avait rien ordonné à Marie : court-elle pour vérifier le signe (Élisabeth enceinte), pour aider Élisabeth ou pour lui annoncer qu'elle-même va devenir mère du Messie ? Autant de blancs que l'approche *narrative* peut en partie combler, par un examen attentif de la stratégie du narrateur. Pour le narratologue, l'analyse des silences s'impose : il importe en effet de discerner entre ceux qui sont narrativement significatifs et ceux qui ne le sont pas. Cf. l'analyse déjà faite (p. 34-35) du silence de Luc sur les raisons pour lesquelles Élisabeth resta cachée cinq mois (Lc 1,25).

16. C.H. Talbert, *Literary Patterns*, p. 91 et 141, relève le même processus de véridiction, mais avec d'autres catégories, lorsqu'il signale que, pour comprendre les procédures de composition en Lc/Ac, il faut tenir compte des modèles littéraires utilisés par Luc, en particulier les vies des philosophes (cf. Diogène Laërce et les autres) où l'insistance est mise sur l'*accord entre la doctrine d'un homme illustre et sa vie.*

prévisible dès la préface : si, en Lc 1,1-2, le narrateur lui-même avoue que son information est entièrement déterminée par la parole des témoins de la première génération, qui seront les acteurs du récit, il doit bien y avoir un moment, dans le récit même, où ces acteurs retrouveront leur statut privilégié de médiateurs de l'information ; la fonction de Lc 24 est précisément d'assurer ce passage.

Mais si les témoins oculaires sont l'unique source d'information du narrateur, pourquoi ce dernier a-t-il placé le lecteur en situation privilégiée au début du macro-récit (Lc 1–2) ? Cette question, soulevée à propos de l'analyse des premiers épisodes de l'évangile, a déjà reçu un embryon de réponse [17]. Au terme du parcours, il est plus facile de repérer les impératifs du narrateur. Si, comme il l'annonce dans sa préface, son récit doit être un processus de véridiction, avec pour terme la conjonction de l'être et de l'apparaître [18], deux possibilités lui sont offertes : soit partir de l'agir et de l'enseignement de Jésus (l'apparaître), pour voir ensuite comment ils reflètent son identité de Messie, de Sauveur et de Fils, soit au contraire partir de l'être secret [19] de Jésus et montrer alors comment la reconnaissance s'opère progressivement, à la faveur des signes de tous ordres offerts aux autres acteurs du récit. Luc a manifestement choisi cette deuxième voie : il lui fallait donc dès le commencement donner au lecteur les informations relatives à l'être de Jésus, pour que la vérification se fasse au niveau de l'apparaître.

Le lecteur comme acteur virtuel

Le lecteur reste-t-il le spectateur impassible des événements et de leur cohérence, a-t-il pour seule tâche de vérifier minutieu-

17. Cf. *supra*, p. 85.

18. Sur ces deux composantes de la véridiction et leurs combinaisons, voir le glossaire au vocable « véridiction », *infra*, p. 246.

19. En Lc, le processus de véridiction va du secret (« être » + « *non*-apparaître ») au vrai (« être » + « apparaître »), mais il faut distinguer les acteurs, car tous n'arrivent pas au même degré de reconnaissance. Les disciples vérifieront que Jésus est le Messie souffrant et glorieux, les foules qu'il est prophète et a été injustement livré, persécuté. En Lc 1–2, le processus de reconnaissance se fait déjà, puisque peu à peu l'enfant est reconnu comme Messie et Sauveur ; cependant, la véridiction ne s'y fait pas totalement, car manquent encore l'agir et l'enseignement de Jésus.

sement la solidité de l'enseignement déjà reçu, ou est-il discrètement invité par le narrateur à se réjouir de la manière dont l'accomplissement des Écritures est opéré, à entendre la voix du Seigneur qui l'appelle lui aussi à toujours plus d'humilité, de confiance dans la prière, d'attention aux pauvres, etc. ?

Même si la narration lucanienne est au passé [20], nombreuses sont les péricopes où le lecteur se voit directement interpellé. Est-il besoin de rappeler la façon dont plusieurs paraboles estompent l'écart existant entre les auditeurs de Jésus et le lecteur ? D'ailleurs, tout l'enseignement de Jésus, en style direct, souvent au présent, vise à ouvrir le cercle des auditeurs jusqu'à l'universaliser, dans l'espace et le temps [21]. Durant le voyage vers Jérusalem également, le narrateur donne plusieurs fois à Jésus le titre de « Seigneur » (*kyrios*), indiquant ainsi que ce n'est plus seulement le Jésus terrestre qui répond aux questions de ses disciples, mais le Ressuscité qui s'adresse en personne au lecteur [22].

Peut-on aller plus loin et supposer que le IIIe évangile favorise une identification du lecteur avec les disciples, acteurs du récit primaire ? Il est difficile, voire impossible de le dire, car les performances caractéristiques des disciples n'adviennent vraiment que dans le deuxième volet du diptyque (les Actes). Dans le premier (Lc) en effet, les disciples n'acquièrent ou ne reçoivent leur compétence de témoins et hérauts de l'Évangile qu'à la fin du parcours, en Lc 22–24. Avant la dernière Cène et la Passion, sans être informe, leur groupe n'a pas le même relief qu'en Marc ou Matthieu, et reste souvent mêlé aux foules [23]. Bref, le processus d'identification entre le lecteur et les disciples semble réservé pour après la Résurrection, lorsqu'il faudra reproduire (originalement) l'itinéraire du Maître [24].

20. Narration *ultérieure*, comme dirait Genette.

21. Il va de soi que les instructions aux disciples sur les temps de la fin touchent directement tous les lecteurs-disciples qui vivent cette attente dans la foi.

22. Cf. par ex. Lc 12,42 ; 17,5.6 ; 18,6.

23. Que les foules entendent ce que Jésus dit aux disciples (cf. par ex. Lc 12,1.13 ; 20,45) signifie que le narrateur en fait des disciples potentiels.

24. L'identification lecteur-acteurs est sans doute le point le plus délicat de l'analyse narrative, du moins jusqu'à présent, car les procédures d'analyse manquent encore de fermeté.

3. Un récit où s'unissent deux écritures

Si la facture du IIIe évangile est en partie déterminée par le lecteur auquel Luc s'adresse, le choix des épisodes s'explique par la finalité du récit, autrement dit par le processus de véridiction et de cohérence [25]. En réalité, eu égard à la manière dont les Écritures sont reprises par le narrateur pour faire partie intégrante du récit, l'évangile permet de mettre à nu la conception que Luc se fait de l'unité des Écritures et de leur accomplissement.

Le projet du narrateur

A la fin de la préface, Luc dit à Théophile qu'il raconte, « afin que tu aies connaissance de la solidité (des choses) au sujet desquelles tu as été informé » (Lc 1,4). La formule est suffisamment vague pour que chacun y mette ce qu'il veut.

Il est possible d'y voir un projet apologétique, car si le récit montre la solidité de l'enseignement et donc du témoignage apostolique, n'est-ce pas pour répondre à d'éventuels détracteurs, juifs ou païens ? L'hypothèse n'est pas à exclure, mais le préfacier ne nomme personne ni ne mentionne de possibles griefs faits à la doctrine apostolique, pour qu'on puisse identifier avec certitude les adversaires à combattre et l'objet du litige. Quant aux épisodes choisis par le narrateur, ils ne permettent pas davantage de caractériser le macro-récit comme *apologie* [26]. Au demeurant, la vérification de la solidité du message n'est pas nécessairement provoquée par des attaques extérieures, elle fait partie du cheminement de la foi, tel que le conçoit Luc. La dynamique du récit lucanien reflète en quelque sorte celle d'une *fides quaerens intellectum*.

25. La composition d'ensemble de l'évangile, vu comme *récit*, vient de sa facture biographique (de la naissance à la mort), ce qui n'empêche pas les épisodes, en particulier ceux de la section du grand voyage, d'être regroupés en fonction de critères esthétiques (au niveau de la forme de l'expression) et thématiques.

26. Je ne considère ici que l'évangile, premier volet du diptyque lucanien.

Pourquoi le narrateur ne ferait-il pas plutôt de son récit la rumination d'une expérience ? Que le IIIe évangile soit le résultat d'une longue réflexion et méditation, personne n'en doutera. Pour Luc toutefois, raconter ne consiste pas seulement à dire une rencontre et à montrer les traces durables, fortes, décisives, qu'elle a laissées dans le cœur des disciples et dans le monde. Même si la préface du livre des Actes ne mentionne laconiquement que l'agir et l'enseignement de Jésus, le IIIe évangile ne se contente pas de présenter avec minutie la vie de Jésus, il va plus loin, mettant sans cesse les événements vécus par le maître et ses disciples en rapport avec le passé biblique : les allusions du type promesse-accomplissement structurent le récit. Pour Luc, raconter signifie en effet manifester la logique d'une histoire, en ses plus lointaines préparations. Le lecteur doit donc éviter de croire que la recherche de cohérence ne commence qu'avec l'explication systématique des Écritures, en Lc 24 : si la finalité du récit n'est explicitée qu'à la fin, et pour des raisons qu'il a fallu exhumer, il n'en demeure pas moins vrai que le rapport entre les deux séries d'événements – ceux vécus par les témoins mentionnés en Lc 1,2 et ceux du passé biblique – a déterminé la naissance du récit et les choix de Luc.

Le récit lucanien est ainsi la manifestation, voire la révélation d'une cohérence à tous les niveaux, comme le suggère le terme « enseignements » (ou « informations ») de Lc 1,4, suffisamment vague pour tout englober. Mais à aucun moment, dans cette même préface et par la suite, le narrateur n'appelle son récit Bonne Nouvelle (*euaggelion* [27]), à la manière de Marc, par exemple (Mc 1,1). Oubli ou silence délibéré ? Il ne peut s'agir d'un oubli, puisque Luc connaît et emploie ailleurs le mot *euaggelion*. En omettant de qualifier son récit « Évangile », Luc laisse entendre que pour lui la Bonne Nouvelle ne se laisse pas réduire à son (double) récit. Distinction précieuse, même si elle reste implicite : elle anticipe celle qui deviendra classique, entre Évangile et Écriture.

27. Le terme *euaggelion* est d'ailleurs absent de Lc. On ne le trouve que deux fois en Ac (15,7 ; 20,24). Luc fait par contre un emploi massif du verbe *euaggelizomai* dans l'un et l'autre livre.

Jésus unifie les livres saints

L'épisode de Nazareth s'est montré décisif pour une première réflexion sur l'utilisation lucanienne de l'Écriture [28]. Et les autres épisodes de l'évangile ont confirmé les conclusions faites à propos de Lc 4,16-30. Jamais ou presque [29], Luc ne cite explicitement les livres saints comme narrateur, à moins qu'une citation ne lui vienne de la double ou triple tradition : elle se trouve alors chez les autres Synoptiques.

Cette discrétion vient de ce que Luc laisse systématiquement à Jésus, prophète et herméneute par excellence, le soin de renvoyer explicitement aux Écritures, de manière globale [30]. Car c'est Jésus qui, par sa parole, confirme les Écritures comme prophétie des événements du ministère public, de la Passion et de la Résurrection. Au moment même où les livres saints sont convoqués pour éclairer ce qui se donne à voir et à entendre, ils deviennent à leur tour confirmés comme prophéties véridiques.

La parole de Jésus n'authentifie pas seulement les Écritures. En y renvoyant, Jésus énonce une loi de continuité qui s'étend au dessein divin de salut et à la réponse humaine, vue surtout comme refus, rejet des envoyés de Dieu : la vérification s'exerce à ce double niveau. A vrai dire, la cohérence n'apparaît pas seulement dans la continuité, car avec Jésus l'histoire arrive à son *climax* : l'aujourd'hui eschatologique permet de ressaisir l'ensemble des Écritures comme une unité cohérente orientée vers sa fin, et donc de déterminer les critères de son interprétation. Lc 4,18-27 a été sur ce point révélateur ; l'unité globale de l'Écriture n'autorise pas seulement à interpréter l'Écriture par elle-même, autrement dit un passage par un autre, en suivant les principes exégétiques déjà connus des commentateurs juifs : c'est l'accomplissement, l'événement Jésus, qui permet de relier Is 61 et 1-2 R.

Enfin, en laissant à Jésus le soin de donner les règles de lecture de l'Écriture, le narrateur souligne un point capital : ce ne sont pas les disciples qui ont inauguré l'exégèse dont les *Actes* donnent de nombreux exemples : Jésus, leur maître, a non seulement

28. Cf. *infra*, p. 50-58.
29. Cf. Lc 2,23-24, exception qui confirme la règle.
30. Excepté en Lc 22,37.

déclaré l'unité des livres saints mais a donné les moyens de la reconnaître, quant à l'objet et quant à la méthode.

Une écriture unifiante

Si Jésus est l'herméneute officiel et autorisé des Écritures, il n'en reste pas moins vrai que le narrateur fait aussi de nombreuses allusions au passé biblique : *tous* les passages analysés, de l'épisode de Zachée (ch. I) à celui d'Emmaüs (ch. X), l'ont amplement montré. Et l'écriture lucanienne est à ce point nourrie du vocabulaire, du style de la LXX et des situations qui y sont décrites, qu'on peut sans risque d'erreur parler d'*imitation* [31], laquelle n'a rien à voir avec le plagiat – Virgile imite Homère sans que son génie en pâlisse ! L'Écriture n'est donc pas seulement un point de référence auquel Jésus renvoie. En reprenant la langue, les syntagmes et les phrases de la LXX, Luc montre que le présent du salut peut (en partie) s'écrire avec les mots du passé : les Écritures ne restent pas extérieures au récit lucanien, sous forme de citations explicites ou d'interventions du narrateur (« ainsi s'accomplit la prophétie... »), elles l'habitent secrètement et lui donnent sa dimension de mémoire exaucée. Autrement dit, *dans* le récit de la vie de Jésus et unifiées par lui, les Écritures se donnent à lire. Ce résultat ne manque pas d'être paradoxal : étant condamné, ou presque, à ne procéder que par allusions bibliques [32], le récit de Luc ne semblait pas pouvoir atteindre la force démonstrative de ceux de Matthieu et de Jean, où les citations explicites alertent le lecteur et facilitent son travail. En réalité, notre évangéliste sait jouer avec cet apparent handicap : les nombreuses allusions scripturaires sont autant de traces d'une assomption concrète du passé dans le vécu du salut. Le lecteur qui doit vérifier la solidité du message à tous les niveaux n'a donc pas besoin de sortir du récit, d'aller vers un ailleurs : le vocabulaire et le fil du récit transpirent de ce passé biblique qui ressuscite dans la discrétion des signifiants.

31. Cf. en particulier T.L. Brodie, « Greco-Roman Imitation of Texts as a Partial Guide to Luke's Use of Sources », in C.H. Talbert (éd.), *Luke-Acts. New Perspectives from the Society of Biblical Literature*, New York, 1984, p. 17-46.
32. Cf. *supra*, p. 194-195.

Simple rédacteur ou véritable narrateur ?

Au début du parcours la question de l'unité du texte lucanien s'est posée, car la prise au sérieux de la tradition antérieure à la rédaction finale a pour un temps relégué les évangélistes au rôle de simples compilateurs ou, au mieux, de rédacteurs. Depuis lors, les études d'histoire de la rédaction ont montré l'existence d'une véritable théologie lucanienne, point n'est besoin d'y revenir. Mais si cette touche lucanienne est reconnue pour les unités minimales du discours, autrement dit pour le vocabulaire et pour l'ordonnance de quelques épisodes, on a jusqu'à présent hésité à reconnaître en Luc un véritable narrateur qui maîtrise avec brio et constance les techniques afférentes au récit [33]. Peut-on vraiment parler d'un récit, demandait il y a encore peu de temps S.D. Moore [34] ? Sa réponse négative vient surtout des difficultés rencontrées par les exégètes pour mettre en évidence, au niveau de la forme de l'expression, l'ordonnance de la section du voyage vers Jérusalem. Si, eu égard à la maîtrise narrative de l'auteur, la prudence était requise au début de notre travail, car seuls les résultats montrent le bien-fondé d'une hypothèse, au terme du parcours à travers le IIIe évangile le doute n'est plus possible : Luc est un grand, un très grand narrateur.

Plus que l'élégance du style ou la densité du vocabulaire, par lequel s'exprime la profondeur d'une théologie, c'est le choix et l'articulation des diverses unités narratives qui donnent au récit toute son ampleur. Les exégètes n'ont jamais totalement ignoré cette composante narrative des évangiles, en particulier pour Jean [35]. Mais ils se sont plutôt orientés vers la forme de l'expression [36], négligeant ainsi la spécificité et l'effet propre de la

33. R.C. Tannehill, *The Narrative Unity of Luke-Acts,* t. I, est vraiment le premier à avoir entrepris cette étude.

34. « Are the Gospels Unified Narratives ? », *SBL Seminar Papers*, 1987, p. 443-458.

35. Cf. par ex. en Jn 1-12 le choix et l'ordonnance des signes, avec les discours qui les suivent.

36. Dans l'exégèse des évangiles, la recherche de structure est principalement celle des parallélismes chiastiques, pour les micro- et les macro-unités. Sans nier l'existence de tels parallélismes (au niveau de la phrase et du discours), on regrettera que la recherche en reste souvent là, car un chiasme ou une organisation concentrique ne manifeste pas la dynamique du récit. Les approches structurelle et narrative sont ici nécessairement complémentaires.

narrativité évangélique. Or, Luc développe une véritable théorie du récit, comme lieu privilégié où se révèlent la cohérence, la vérité des êtres et des événements. Non point démonstration abstraite, par laquelle le narrateur devrait intervenir massivement pour soutenir une histoire qui ne parlerait pas d'elle-même, mais simple exposition de la vérité qui advient par et dans une vie, conjonction progressive de l'être et de l'apparaître, pour les acteurs et pour le lecteur.

Si le titre d'un livre, fût-il de fiction (fable, conte, roman), doit être pris au sérieux, *a fortiori* la préface d'un récit qui se présente comme une enquête systématique, exhaustive et ordonnée.

Les titres sont plus ou moins explicites. Certains ne prennent d'ailleurs tout leur sens qu'à la fin du récit [37]. Il en est un peu de même pour la préface du IIIe évangile. Non que Luc n'y livre les grandes lignes de son projet, mais il emploie des termes délibérément flous pour que leur extension reste maximale ; il ouvre ainsi toutes les dimensions de son récit. Les analyses de la préface ont confirmé celles des différents épisodes : le récit lucanien ne se veut pas le compte rendu des faits et gestes de Jésus ; sa vérification est d'un autre ordre : la cohérence s'y donne à reconnaître dans le rapport des événements narrés au passé qui les avait annoncés, dans la reconnaissance, *par les acteurs du récit*, de l'accomplissement du projet divin en Jésus, Fils et Christ, enfin dans la postérité des événements. Écriture complexe et riche, née de l'émerveillement et faite pour le provoquer.

37. Cf. *Le Nom de la rose* d'U. Eco, où il faut attendre la dernière phrase pour voir s'éclairer le titre et l'idéologie sous-jacente du narrateur. Et puisque me voilà dans la littérature contemporaine italienne, j'ose signaler un autre roman, apparemment plus explicite, *L'Ile d'Arturo*, de la grande Elsa Morante : le titre indique l'unité d'espace (tout le récit se déroule sur l'île de Procida : le récit finit avec le départ) et mentionne le protagoniste (Arturo), mais rien n'est dit sur le type d'intrigue (aventure, caractère, révélation, etc.). Ces titres, de facture plutôt métonymique, sont aujourd'hui fréquents.

Conclusion

De quelques silences

N'avons-nous pas vérifié la cohérence de l'itinéraire lucanien en lisant la dernière page de l'évangile (Lc 24) ? Il en est de même pour toute démarche, y compris la mienne. La logique toute relative du parcours exige que soient justifiés certains silences.

Ayant choisi de suivre le fil du récit lucanien pour en montrer les arêtes vives, j'ai dû laisser de côté certaines composantes : l'articulation Lc/Ac et le projet global qui se dessine de l'un à l'autre livre, la place et le rôle des toponymes (Jérusalem, le Temple surtout), le statut des opposants dans le déroulement du récit, l'évolution des disciples... A vrai dire, ces silences étaient prévisibles dès le début, puisque je voulais éviter de traiter les instances narratives pour elles-mêmes – comme l'a fait, et de belle manière, Culpepper. J'avoue d'ailleurs ressentir peu de regrets pour ces manques, mais il m'en a davantage coûté de devoir, sous peine de rompre l'équilibre du livre, renoncer à exploiter narrativement d'autres passages où brille, d'une lumière toujours discrète, le génie de Luc.

Dans l'introduction, j'ai affirmé que ce n'était pas l'appât de la nouveauté qui avait suscité cette étude, bien plutôt la joie d'une lecture des évangiles qui n'a jamais cessé d'être narrative et que mon grand-père, conteur de premier ordre, a provoquée sans le vouloir. Pourquoi des récits, même fictifs comme les contes, peuvent-ils avoir autant de force sur l'auditeur ? Cette fascination d'enfant ne m'a jamais quitté. Outre ces raisons personnelles, indépendantes de la conjoncture, il en est d'autres, plus importantes parce qu'elles résonnent de la situation ecclésiale. Dire Jésus Christ, ce n'est pas d'abord énoncer des dogmes mais raconter une histoire, une expérience, celle d'un Amour qui nous a blessés. Qu'il faille répéter ces truismes signifie que trop nombreux encore sont ceux qui voient le Seigneur comme une vérité abstraite et font du texte évangélique une simple illustration ou un réservoir de preuves. Si les exégètes redécouvrent les vertus du récit, ce n'est pas par hasard. Souhaitons qu'ils ne soient pas les seuls à y trouver profit.

Un autre silence requiert une brève explication. A aucun moment ou presque je n'ai abordé la question de la nature du récit lucanien. Récit populaire de type épique, conçu pour célébrer le héros Jésus, ses actions d'éclat et ses aphorismes ? La catégorie d'épopée faisant déjà difficulté pour les textes de la Bible hébraïque, on conçoit aisément que les spécialistes du Nouveau Testament restent prudents ; les précédentes analyses montrent d'ailleurs que ce qualificatif ne peut s'appliquer au IIIe évangile : le processus de reconnaissance passe par des paradoxes qui n'ont rien à voir avec l'épopée. Ne s'agit-il pas plutôt d'une biographie, semblable à celles faites par les écrivains d'alors sur les hommes célèbres, princes ou philosophes [1] ? Biographie qui serait plus un guide pour la vie (du lecteur) qu'une explication de la vie et du sort de Jésus. Le récit lucanien a sans nul doute de telles applications, mais il n'est pas d'abord un guide de vie, un exemple d'accord parfait entre conduite et enseignement. Les allusions bibliques et autres [2] sont trop nombreuses en Luc pour que le récit soit la réplique d'un modèle unique. La richesse du texte lucanien explique en partie ma discrétion sur la question du genre narratif auquel il pourrait se rattacher. En restant aussi générique dans l'un et l'autre *incipit* (Lc 1,1-4 et Ac 1,1) sur sa propre écriture (*diègèsis* et *logos*), Luc invite d'ailleurs son lecteur à la prudence. Pourquoi spécifier ce qu'il a lui-même

1. Cf. Dion Chrysostome, *Discours* ; Diogène Laërce, *Vie, Doctrines et Sentences des philosophes illustres* ; Sénèque, *Exemples*...

2. Les voyages, en particulier celui qui va de 9,51 à 19,44, avec leurs rebondissements et retardements rhétoriques, rappellent les techniques d'Homère dans l'*Odyssée* et favorisent l'hypothèse d'une imitation, malheureusement impossible à prouver. Pour l'influence d'Homère à l'époque, cf. G. Glockmann, *Homer in der frühchristlichen Literatur bis Justinus*, Berlin, 1968, qui pense aussi que Luc a connu et subi l'influence du poète.

délibérément tu, sans doute parce que le modèle (et donc le mot) manquait ?

De quelques résultats

Les analyses ont montré l'utilité de l'approche narrative. Sans redire les avantages qu'on trouvera à la pratiquer, il reste à relever quelques points à propos desquels son apport est essentiel.

Comment savoir que les silences d'un narrateur ont parfois autant sinon plus d'importance que les informations fournies par la narration ? Autrement dit, comment discerner entre les silences insignifiants et les autres ? Seule l'approche narrative, nous en avons donné plusieurs exemples au cours des précédentes analyses, permet d'arriver à des résultats fermes.

Les questions de perspective (et donc de focalisation) sont également décisives pour déterminer les statuts respectifs du récit, du narrateur et du lecteur. Nous avons ainsi pu donner les raisons de l'absence relative de citations bibliques explicites dans le IIIe évangile, alors que les allusions y sont très nombreuses. L'information massive fournie au lecteur en Lc 1–2 sur l'identité de Jésus a sa raison d'être dans le processus de véridiction que le narrateur poursuit avec constance jusqu'à la fin de son récit. Écrire et raconter deviennent ainsi la manifestation d'une cohérence s'opérant à tous les niveaux : entre l'être de Jésus et son apparaître [3], entre le début et la fin de l'évangile, entre le temps du récit et le passé biblique [4], entre le temps du récit et le futur qu'il appelle [5]. Tout l'art du narrateur est de n'intervenir explicitement à aucun moment (ou presque) dans le processus de véridiction : ce sont les *acteurs du récit* qui, par des chemins et à des niveaux différents, reconnaîtront progressivement Jésus pour ce qu'il est.

Les termes conjoints de véridiction, reconnaissance et cohérence ne rendent évidemment pas compte de tous les phénomènes

3. L'être = son identité de Fils de Dieu, de Messie-Roi, de Sauveur ; l'apparaître = la façon dont son agir et son enseignement donnent chair et vie à ces titres.

4. Temps de l'événement-Jésus et toutes les figures du passé biblique.

5. Temps de la vie du Maître et futur de la geste apostolique, où devront se vérifier la puissance du nom de Jésus et la présence vivifiante, salvifique de l'Esprit.

narratifs. Mais l'art du narrateur est de les avoir reliés au protagoniste de son récit, Jésus : prophète omniscient, interprète des événements et des Écritures, c'est sa parole toute-puissante qui appelle les événements et donc le choix des épisodes du récit, sans que pour autant la trame en devienne évanescente. Il fallait tout de même du génie pour laisser aux acteurs, Jésus le premier, une liberté qui ne soit pas feinte, dans un récit où les événements sont le fruit d'une initiative supérieure [6].

On le voit, l'approche narrative doit affronter la question essentielle de l'épaisseur des personnages, de leur liberté, de leur conscience, et par là du rapport entre liberté humaine et dessein divin. Mais, objectera-t-on, exégètes et théologiens n'ont pas attendu les méthodes narratives pour poser ces questions essentielles. Certes, mais le tort est de les avoir posées sans suivre des procédures sérieuses. Ce n'est pas pour le plaisir de compliquer les choses que l'exégèse doit de plus en plus vérifier ses pratiques : la cassure entre sens et vérité, qui a immédiatement soulevé le délicat et toujours lancinant problème du sens littéral, ne date pas d'aujourd'hui [7]. Mais peut-être plus que jamais sommes-nous conscients du rapport entre une interprétation et la démarche qui l'a permise : même s'il n'y avait que cette raison, la narratologie aurait déjà droit à l'existence et à la parole.

Pourquoi revenir à ce récit ?

La vertu principale du récit lucanien n'est pas dans les procédures auxquelles il convie l'exégète. Si l'Évangile ne se réduit pas, Dieu merci, à l'Écriture, la magie de ce récit est de ne jamais fatiguer le croyant qui le relit. Parce qu'il nous reporte dans un passé de rêve, dans un ailleurs qui nous ferait oublier les options et les urgences du présent ? Certes non. Parce qu'il nous parle de la grandeur de Dieu, de sa transcendance ? Peut-

6. Cf. les « il faut » (*dei*), « il fallait » (*edei*) énoncés par Jésus tout au long du récit et l'analyse faite, *supra*, p. 205-209. Pour le lecteur contemporain, la difficulté des récits évangéliques, et du récit lucanien en particulier, vient également de ce que les personnages, y compris et surtout le protagoniste Jésus, sont présentés selon leurs rôles (inchangés du début à la fin) et non selon leur évolution intérieure (conscience, etc.). Sur ce point, les évangélistes suivent les règles de leur temps.

7. Sur ce point cf. T. Todorov, *Symbolisme et Interprétation*, Seuil, 1978.

être, mais à condition d'ajouter que le récit lucanien ne sépare pas la grandeur divine des voies qu'elle a voulu prendre : miséricorde, respect de l'épaisseur de notre humanité, paternité de Dieu qui s'est révélée définitivement en des extrêmes de tendresse et de simplicité à propos desquels nous n'aurons jamais fini de nous étonner, de nous émerveiller. Récit, voie royale pour Luc et son lecteur attentif.

LEXIQUE DES TERMES PLUS TECHNIQUES

M.H. Abrams, *A Glossery of Literary Terms*, New York, [4]1981.

S. Chatman, *Story and Discourse : Narrative Structure in Fiction and Film*, Ithaca NY, 1978.

G. Genette, *Figures III*, Seuil, 1972 (toute la partie intitulée « Discours du récit : essai de méthode », p. 62-273).

G. Genette, *Nouveau Discours du récit*, Seuil, 1983.

A.J. Greimas, *Du sens II. Essais sémiotiques*, Seuil, 1983.

A.J. Greimas et J. Courtès, *Sémiotique. Dictionnaire raisonné de la théorie du langage*, t. I, Hachette, 1979.

D. et A. Patte, *Pour une exégèse structurale*, Seuil, 1978, p. 244-248.

R. Scholes et R. Kellog, *The Nature of Narrative*, New York, 1966.

Actant (voir *rôle*). Le terme, utilisé par les sémioticiens, relève de la syntaxe narrative. Les actants sont les éléments de la signification qui constituent les relations et s'engagent dans des programmes narratifs. Au niveau discursif, ils se manifestent comme acteurs (un même actant peut être représenté par un/plusieurs acteurs et un acteur peut avoir plusieurs rôles actantiels).

Acteur. 1) Tout individu ayant un rôle dans un récit, dans une pièce de théâtre ou dans un film. Voir *personnage*. 2) En sémiotique, ce terme est préféré à celui de personnage, car plus précis et plus large à la fois : formant avec le temps et l'espace un des axes de la composante discursive, l'acteur y est défini comme une figure autonome (de l'univers sémiotique) qui est la conjonction d'au moins un rôle actantiel et d'un rôle thématique. L'acteur est inscrit dans des situations d'espace et de temps. Selon les cas, le terme est utilisé ici dans l'une ou l'autre acception.

Analepse. Toute évocation d'un événement qui s'est déroulé dans le temps précédant le point où en est le récit (Genette). Une analepse peut être :

1) interne : elle est alors l'évocation d'un événement passé intérieur au temps de l'histoire racontée (ex. : Lc 22,61 : Pierre se rappela la parole du Seigneur) ;

2) externe : l'événement passé évoqué est alors extérieur au temps de l'histoire narrée (ex. : Lc 1,13 allusion à la prière de Zacharie) ; mixte : évocation d'un événement passé commencé avant le temps du récit et se continuant pendant ;

3) homodiégétique (l'univers évoqué porte sur la même ligne d'action que le récit premier) ou hétérodiégétique (elle porte sur un contenu diégétique différent de celui du récit premier).

L'expression « analepse biblique » recouvre toutes les évocations (explicites et implicites) du passé biblique faites par le narrateur ou l'un de ses personnages (Jésus).

Voir *prolepse*.

Auteur (*Author*). On discute sur la distinction faite par certains narratologues entre auteur réel et « implied author » (l'idée que le lecteur se fait de l'auteur à partir de ce qu'il lit). Dans son *Nouveau Discours du récit*, Genette la rejette même explicitement. Nous n'abordons pratiquement pas cette question à propos du IIIe évangile. Pour la différence entre narrateur et auteur, voir au vocable *narrateur*.

Diégèse. Le terme grec *diègèsis* signifie « récit » (cf. Lc 1,1) et peut renvoyer à toute espèce de récit ; dans les discours, il désigne également la partie réservée aux preuves par les faits (en latin *narratio*). Pour certains narratologues le terme « diégèse » équivaut à « histoire » (succession d'actions ou d'événements), mais pour d'autres il s'applique à l'univers dans lequel cette histoire advient et se déroule.

Épisode. Originellement dans la tragédie grecque : l'élément d'action compris entre deux chants du chœur (cf. Aristote, *Poétique* 1452b 20).

Voir *scène*.

Événement. Les narratologues divergent sur la définition du terme. Certains y voient une unité narrative (« quelque chose qui arrive »), faisant ainsi du récit une succession d'événements. D'autres au contraire, comme les sémioticiens, pensent que, pour être un événement, une action doit être reconnue comme telle par les acteurs du récit ou par le narrateur qui la sélectionne et la met en relief. J'utilise le mot dans cette dernière acception.

Figure

1) En sémiotique, « un élément de signification relativement déterminé et reconnaissable à la lecture, mais ne correspondant pas directement à

des unités du plan de l'expression ». Ainsi, la figure « pécheur » peut être exprimée par des mots différents du récit : « publicain », « pécheur », « perdu », « prostituée », « païen », etc. Le classement des figures se fait autour de trois pôles ou axes : les acteurs, les lieux et les temps. Pour la sémiotique, l'important n'est pas le référent (hors texte ou non) de la figure, mais la manière dont le texte l'utilise, la fait évoluer (dans les parcours figuratifs) et l'interprète.

2) La connotation généralement donnée par les exégètes trouve dans les *Pensées* de Pascal de remarquables antécédents, sur le rapport des événements et prophéties du passé à leur accomplissement, sur l'aspect nécessairement visible des figures et son enjeu, etc. Voici, au hasard, quelques-uns de ses énoncés : « figure porte absence et présence, plaisir et déplaisir » ; « la mer rouge image de la rédemption » ; « le vieux testament est un chiffre » ; « sens caché des prophéties » ; « il fallait que pour donner foi au Messie il y eût eu des prophéties précédentes... ».

Voir *typologie*.

Figuratif. Mot utilisé ici avec l'acception qu'il a en sémiotique : les figures sont disposées en parcours figuratifs (ex. : au cours d'un récit, un pécheur peut s'enfoncer dans le péché, se convertir, de nouveau retomber dans le péché, etc.).

Focalisation. Si le champ visuel ou l'information vient d'un narrateur omniscient (qui sait et dit plus que les personnages), le récit est dit « non focalisé » (ou de focalisation zéro), sinon il est dit « focalisé ». La focalisation est « interne », si le narrateur en sait (et en dit) autant que les personnages ; elle est « externe », s'il en sait (et feint d'en savoir et dire) moins que les personnages (cf. Genette).

Voir *perspective* et *point de vue*.

Histoire (*Story*). Par histoire, les narratologues entendent « les événements narrés abstraits de leur disposition dans le récit et reconstruits dans leur ordre chronologique » (Chatman). C'est le « signifié », le « contenu » (Genette), le « what » (Chatman).

Voir *récit*, *événement*.

Les formalistes contemporains s'interrogent encore sur les éléments nécessaires pour qu'il y ait une « histoire minimale ». Une transformation (un sujet d'état devenant transformé par conjonction ou disjonction d'avec un objet valeur ou autre) : perspective sémiotique ? Une succession temporelle ou un enchaînement d'événements (au moins deux) ? Une causalité entre deux événements ? Pour ces diverses hypothèses, cf. Rimmon-Kenan, *Narrative Fiction : Contemporary Poetics*, Londres, 1983, p. 18-28.

Intrigue (*Plot*). Si l'on s'accorde pour distinguer l'*intrigue* et l'*effet de surprise* (qui peut venir de la mise en *intrigue*, mais pas nécessairement) ou encore l'*intrigue* et le *tournant* (*turning point*, *svolta*) d'un récit, il est en revanche plus difficile d'arriver à une définition unifiée de l'*intrigue*. Il est cependant possible de retenir plusieurs traits dominants : 1) les actions doivent être *ordonnées*, *articulées*, former une unité dynamique (Abrams) ; 2) en vue d'une transformation à un ou plusieurs niveaux : changement de situation (en bien ou en mal, etc. : intrigue de situation), changement de caractère (moral, psychologique), changement d'idées ou d'idéologie ; 3) certains narratologues incluent l'effet sur le lecteur (l'intrigue comme visant à provoquer certaines émotions).

Lecteur. Voir *narrataire*.

Métadiégétique. L'adjectif *métadiégétique* renvoie au récit fait par un narrateur intradiégétique : ainsi, dans les évangiles, les paraboles de Jésus (narrateur intradiégétique) sont des récits métadiégétiques.

Métalepse (*métaleptique*). La métalepse consiste à substituer l'expression indirecte à l'expression directe, c'est-à-dire à faire entendre une chose par une autre, qui la précède, la suit ou l'accompagne (Fontanier).

Narrataire. Instance à laquelle le narrateur raconte ou s'adresse (en Lc et Ac, Théophile, explicitement mentionné dans les préfaces respectives). Distinctions à retenir :

1) narrataire intradiégétique : qui fait partie du récit lui-même, soit comme personnage (ex. : les auditeurs des paraboles de Jésus) ;

2) narrataire extradiégétique : qui n'est pas un personnage du récit ; il peut n'être jamais interpellé par le narrateur (majorité des récits), ou interpellé dans une préface (ex. Lc 1,3), voire tout au long du récit (ex. : *La Modification* de M. Butor) ;

3) narrataire et lecteur (réel) ; ici, j'ai identifié le narrataire extradiégétique et le lecteur virtuel (comme Genette), que j'ai tout simplement nommé « lecteur ».

Voir *narrateur*.

Narrateur. Le narrateur est « une personne qui raconte ». Comme pour le narrataire, distinguer :

1) le narrateur intradiégétique : qui fait partie du récit lui-même, étant un de ses personnages, et même le principal (narrateur-héros) comme l'Hadrien des *Mémoires d'Hadrien* (M. Yourcenar), ou comme Adso de Melk (narrateur-témoin), dans *Le Nom de la rose* ou encore comme le narrateur des Actes des Apôtres, qui va dire « nous » (ici encore, narrateur-témoin) à partir d'Ac 16,10 ;

2) le narrateur extradiégétique : qui n'est pas un personnage du récit, mais qui peut cependant intervenir pour faire ses remarques sur la situation ou sur ce qu'il pense des personnages, pour signaler également qu'il ne partage pas toujours leurs points de vue.

3) narrateur et auteur : la distinction est obvie, lorsque par ex. l'auteur est un homme et fait raconter le récit par une femme (A. Maurois dans la seconde partie de *Climats*) ou le contraire, comme M. Yourcenar dans les *Mémoires d'Hadrien* et Elsa Morante dans *L'Île d'Arturo*, ou encore lorsque, comme U. Eco et A. Camus (*La Peste*), l'auteur se déclare simple éditeur d'un manuscrit ou d'une chronique écrits par un autre (noter les précautions prises par Eco qui se dit le *second* éditeur – le premier étant un certain abbé Vallet, si je ne me trompe – du manuscrit d'Adso).

Voir *auteur* et *narrataire*.

Narration. L'acte ou le processus de production du récit (oral ou écrit).

Narratif (comme opposé à discursif, en sémiotique). 1) Composante narrative d'un texte : suite d'états et de transformations entre ces états ; 2) schéma narratif : modèle organisant l'enchaînement des énoncés et programmes narratifs en quatre grandes phases (déterminant les relations entre actants), appelées communément « manipulation », « compétence », « performance » et « sanction ».

Paradigme

1) Unité signifiante caractérisée par l'organisation en système des éléments qui la constituent... Les relations paradigmatiques sont d'ordre métaphorique.

2) Dans un signe (ou macro-signe) une série d'éléments de la substance de l'expression ou du contenu organisés en système signifiant. La forme de l'expression et du contenu manifeste des structures paradigmatiques (les lois qui régissent l'organisation paradigmatique) ainsi que des structures syntagmatiques (D. Patte).

3) Le terme est souvent utilisé de manière large : toute classe d'éléments linguistiques ou narratifs regroupés organiquement quel que soit le principe qui amène à réunir ces unités.

Péricope. En exégèse, le mot désigne une unité littéraire et sémantique isolable.

Personnage. Désigne une personne ou un acteur anthropomorphe. Dans ce livre, les termes « acteur » et « personnage » ont, sauf indication contraire, la même extension.

Perspective. Voir *point de vue* et *focalisation*.

Point de vue. Il est difficile de donner une définition de cette expression, étant donné la variété des positions exprimées. Tous s'accordent pour dire que le point de vue ici considéré n'est pas celui d'un des personnages du récit mais celui du narrateur. Cela ne résout pourtant pas les difficultés. Car certains prennent le point de vue au sens d'angulation ou focalisation (*externe* : description des faits, gestes, paroles, sans commentaires ; *interne* : description à partir d'un personnage, avec révélation des pensées, réflexions, etc.). D'autres entendent par là l'idéologie sous-jacente de l'auteur.

D'autres encore préfèrent parler de mode (ou d'aspect). Le narrateur peut 1) utiliser une certaine *perspective* : en savoir et/ou en dire plus ou moins sur événements et personnages ; 2) se tenir à plus ou moins grande *distance* de ce qu'il raconte : écrire en je/il ; intervenir par des réflexions de son cru ; en faisant ou non parler ses personnages, etc. Pour Genette, perspective et distance sont les modalités qui règlent l'information narrative.

Voir *focalisation.*

Prolepse. « Récit ou évocation à l'avance d'un ou plusieurs événements qui se dérouleront plus tard » (Genette). Une prolepse peut être :

1) interne : elle est alors l'évocation d'un événement futur intérieur au temps de l'histoire narrée (ex. : les annonces de la Passion) ;

2) externe : elle est alors l'évocation d'un événement futur extérieur au temps de l'histoire narrée (ex. : l'annonce de la fin des temps ou de la destruction de Jérusalem) ;

3) mixte : évocation d'événements futurs commencés durant le récit et se continuant après.

Voir *analepse.*

Récit (*Narrative*). Non pas l'histoire, les actions en leur déroulement chronologique, mais la façon dont ils sont mis ensemble dans le langage : le « signifiant », le « comment » (Genette), le « discourse » ou encore l'« expression » (Chatman). Cette dernière appellation (« expression ») peut être mal comprise, refusée même par les sémioticiens, pour qui le récit est composé de deux plans différents, la forme de l'expression et la forme du contenu, donnant lieu à deux types d'analyse différents et complémentaires.

Rôles. Dans un récit les personnages peuvent être considérés selon un certain modèle social, psychologique ou religieux de comportement, autrement dit un rôle.

En sémiotique, la définition est plus formelle car elle ne considère que les parcours ou transformations à l'intérieur du récit ; les rôles sont de deux types : 1) actantiels (destinateur, sujet, objet, destinataire, adjuvant, opposant) ; 2) thématiques (représentation d'un thème : ex. le parcours « suivre-Jésus » peut être représenté par le rôle « disciple »).

Voir *actant* et *acteur*.

Scène. Une scène est généralement définie par l'espace ; on dit qu'il y a scène nouvelle lorsqu'il y a changement de lieu ou lorsque dans un même lieu (théâtral) entrent et/ou sortent un ou plusieurs personnages.

Voir *épisode*.

Séquence. Les narratologues désignent ainsi une suite plus ou moins longue d'unités narratives (scènes) ou même d'épisodes. 1) Le terme a moins d'extension que celui de *section*, qui regroupe plusieurs péricopes articulées entre elles assez étroitement, aux niveaux des personnages, de l'espace/temps, des actions (récit à la troisième personne ou dialogue ; discours ou guérisons ; etc.) ou des thèmes. 2) Mais il a plus d'extension que celui de *syntagme*.

Showing (= « montrer »). Opposé à *telling* (« narrer »). Distinction qui vient d'Henry James. Le *showing* suppose une distance moins grande par rapport à l'action : description de l'action et dialogues.

Voir *point de vue* et *telling*.

Syntagme. 1) Unité signifiante caractérisée par l'organisation en chaîne des éléments qui la constituent... Les relations syntagmatiques sont d'ordre métonymique. 2) Dans un *signe* (ou *macro-signe*) : une série d'éléments de la substance de l'expression ou du contenu organisés en chaîne. La *forme* de l'expression et du contenu manifeste des structures syntagmatiques (les lois qui régissent l'organisation syntagmatique) ainsi que des structures paradigmatiques (D. Patte).

Taxinomie. Équivaut à *classification*. Voir *typologie*.

Telling (= « narrer »). Opposé à *showing* (« montrer »). Le *telling* suppose une distance plus grande par rapport aux événements décrits : descriptions brèves, sommaires, récit en troisième personne, sans dialogues.

Voir *point de vue* et *showing*.

Trait. Toute manière distincte et relativement durable par laquelle un individu diffère d'un autre. Les traits peuvent être physiques, psychologiques, moraux, religieux, etc. Selon certains narratologues, les traits sont ce qui permet de définir un personnage (Chatman, *Story and Discourse* ; Todorov, *La Notion de littérature*).

Typologie. Terme ayant deux acceptions différentes. Certains en font un synonyme de « taxinomie », « classification ». D'autres l'utilisent en relation aux types et *figures* bibliques. La typologie est alors soit la mise en relation (ici par Luc) des types et figures, soit l'examen de cette mise en relation. Cf. T. Todorov, *Symbolisme et Interprétation*, p. 112 : « Seul un rapport particulier, celui de l'*accomplissement*, entre deux faits historiques permet de parler de typologie. Il faut qu'il y ait une gradation entre les deux faits en faveur du second : le premier annonce le second, le second accomplit le premier. »

Voir *figures*.

Véridiction. S'applique au dire-vrai du récit. Les deux composantes de la véridiction sont l'*être* et l'*apparaître* ; en effet : vrai = être + apparaître, faux = non-être + non-apparaître, mensonger = non-être + apparaître, secret = être + non-apparaître. L'analyse doit repérer toutes les marques grâce auxquelles les énoncés (ceux du narrateur et ceux des personnages) se manifestent comme vrais, faux, mensongers ou secrets. La véridiction s'applique aussi à l'*être* et à l'*apparaître* des acteurs ou personnages (apparaître franc, mais être menteur ; apparaître violent, mais être tendre ; être messie, mais ne pas apparaître tel, être messie et apparaître tel, etc.).

SIGLES DES LIVRES DE LA BIBLE

Ac	Actes des Apôtres	Mc	Marc
Dt	Deutéronome	Mt	Matthieu
Ex	Exode	Nb	Nombres
Ez	Ezéchiel	Ps	Psaumes
Gn	Genèse	1 R	1er livre des Rois
Is	Isaïe	2 R	2e livre des Rois
Jn	Jean	1 S	1er livre de Samuel
Lc	Luc	2 S	2e livre de Samuel
Lv	Lévitique	Za	Zacharie

ABRÉVIATIONS COURANTES

BJ	Bible de Jérusalem
LXX	Version grecque de la Bible hébraïque, par les Septante
NT	Nouveau Testament
TOB	Traduction œcuménique de la Bible

INDEX DES PASSAGES DE LUC ANALYSÉS

SIGLES DES PÉRIODIQUES ET COLLECTIONS

AB	Anchor Bible
Bib	*Biblica*
CBQ	*Catholic Biblical Quarterly*
ETL	*Ephemerides Theologicae Lovanienses*
HeyJ	*Heythrop Journal*
JBL	*Journal of Biblical Literature*
JR	*Journal of Religion*
JSOT	*Journal for the Study of the Old Testament*
NT	*Novum Testamentum*
NTS	*New Testament Studies*
RB	*Revue biblique*
RHPR	*Revue d'histoire et de philosophie religieuses*
RSR	*Recherches de science religieuse*
SBL	*Society of Biblical Literature*
SNTS	Societas Novi Testamenti Studiorum
SNTSMS	SNTS Monograph Series
VT	*Vetus Testamentum*
ZAW	*Zeitschrift für die alttestamentliche Wissenschaft*
ZNW	*Zeitschrift für die neutestamentliche Wissenschaft*

INDICATIONS BIBLIOGRAPHIQUES

I. APPROCHE NARRATIVE

De l'énorme production littéraire sur la narrativité, j'ai retenu ici les travaux les plus connus ou les plus utiles pour l'analyse d'un texte ancien comme le IIIe évangile.

M.H. Abrams, *A Glossary of Literary Terms*, New York, [4]1981.

J.-M. Adam, *Le Texte narratif. Traité d'analyse textuelle des récits*, PUF, 1985.

E. Auerbach, *Mimesis. La représentation de la réalité dans la littérature occidentale*, Gallimard, 1968 (original. all. 1946).

S. Barnet, – M. Berman, – W. Burton, *A Dictionary of Literary, Dramatic and Cinematic Terms*, Boston, [2]1971.

W.C. Booth, *The Rhetoric of Fiction*, Chicago, 1961 (Chicago-Londres, 1983).

W.C. Booth, « Distance et point de vue » (1961) dans *Poétique du récit*, Seuil, 1976.

W.C. Booth, *A Rhetoric of Irony*, Chicago, 1974.

P. Brooks, *Reading for the Plot : Design and Interpretation in Narrative*, New York, 1984.

S. Chatman, *Story and Discourse : Narrative Structure in Fiction and Film*, Ithaca NY, 1978.

D. Cohn, *Transparent Minds : Narrative Modes for Presenting Consciousness in Fiction*, Princeton Univ. Press, 1978 (tr. fr. *La transparence intérieure*, Seuil, 1981).

R.S. Crane, « The Concept of Plot » in R. Scholes (éd.), *Approches to the Novel : Materials for a Poetics*, San Francisco, 1966, p. 233-243.

J. Culler, « Defining Narrative Units » in R. Fowler (éd.), *Style and Structure in Literature : Essays in the New Stylistics*, Ithaca NY, 1975, p. 123-142.

E. Dipple, *Plot*, Londres, 1970.

U. Eco, *Lector in fabula. La cooperazione interpretativa nei testi narrativi*,

Milan, 1979 (trad. angl. *The Role of the Reader. Explorations in the Semiotics of Texts*, Bloomington, 1979).

K. EGAN, « What is a Plot ? », *New Literary History* 9 (1978) 455-473.

M. FISHBANE, *Text and Texture*, New York, 1979.

E.M. FORSTER, « The Plot », dans R. Scholes (éd.), *Approaches to the Novel*, San Francisco, 1966, p. 145-166.

V. FORTUNATI, *Ford...Ford. Teoria e tecnica narrativa*, Bologne, 1975.

W. FREEDMAN, « The Literary Motif : A Definition and Evaluation », *Novel* 4 (1971) 123-131.

N. FRIEDMAN, « Forms of the Plot », dans P. Stevick (éd.), *The Theory of the Novel*, New York, 1967, p. 145-166.

N. FRYE, *Anatomie de la critique*, Seuil, 1969 (original angl. 1957).

N. FRYE, *The Secular Scripture. A Study of the Structure of Romance*, Cambridge MA, 1976.

G. GENETTE, *Figures III*, Seuil, 1972 (toute la partie intitulée « Discours du récit : essai de méthode », p. 62-273).

G. GENETTE, *Nouveau Discours du récit*, Seuil, 1983.

A.-J. GREIMAS, *Maupassant. La sémiotique du texte : exercices pratiques*, Seuil, 1976.

A.-J. GREIMAS et J. COURTÈS, *Sémiotique. Dictionnaire raisonné de la théorie du langage*, vol. I, Hachette, 1979.

Ph. HAMON, « Pour un statut sémiologique du personnage », dans R. Barthes (éd.), *Poétique du récit*, Seuil, 1977, p. 15-180 (déjà paru en *Littérature* 6 [1972]).

W.J. HARVEY, *Character and the Novel*, Ithaca NY, 1966.

W. ISER, *The Implied Reader. Patterns of Communication in Prose Fiction from Bunyan to Beckett*, Baltimore & Londres, 1978 (original all. 1972).

F. KERMODE, *The Sense of an Ending : Studies in the Theory of Fiction*, New York, 1967.

Le Conte. Pourquoi ? Comment ? (Actes des journées d'études en littérature orale : « analyse des contes, problèmes de méthodes », Paris, 23-26 mars 1982), Éd. CNRS, 1984.

J. LINVELT, *Essai de typologie narrative. Le point de vue*, Corti, 1981.

J.M. LOTMAN, « Point of View in a Text », *New Literary History* 6 (1975) 339-352.

A. MARCHESE, *L'Officina del racconto*, Milan, 1983.

D.A. MILLER, *Narrative and Its Discontents : Problems of Closure in the Traditional Novel*, Princeton, 1981.

J.H. MILLER (éd.), *Aspects of Narrative*, New York-Londres, 1971.

E. MUIR, « Novels of Action and Character », dans R. Scholes (éd.), *Approaches to the Novel*, p. 173-189.

M. PERRY, « Literary Dynamics : How the Order of a Text Creates its Meaning », *Poetics Today* (1979) 35-64.

Poétique du récit, Seuil, 1976 (articles de R. Barthes, W. Kayser, W.C. Booth, Ph. Hamon).

G. PRINCE, « Introduction à l'étude du narrataire », *Poétique* 14 (1971) 178-196. (voir les commentaires de G. Genette, *Nouveau Discours du récit*, p. 90-92).

P. PUGLIATTI, *Lo Sguardo nel racconto*, Bologne, 1985.

P.J. RABINOWITZ, « Truth in Fiction : A Reexamination of Audiences », *Critical Inquiry* 4 (1977) 121-141.

S. RIMMON-KENAN, *Narrative Fiction : Contemporary Poetics*, Londres, 1983.

R. SCHOLES et R. KELLOG, *The Nature of Narrative*, New York, 1966.

R. SCHOLES (éd.), *Approaches to the Novel : Materials for a Poetics*, San Francisco, 1966.

C. SEGRE, *Avviamento allo studio del testo letterario*, Turin, 1985.

C. SEGRE, *Teatro e Romanzo*, Turin, 1984.

F.K. STANZEL, *Theory of Narrative*, Cambridge Univ. Press, 1988 (original all. 1979).

M. STERNBERG, *Expositional Modes and Temporal Ordering in Fiction*, Baltimore-Londres, 1978.

S.R. SULEIMAN et I. CROSMAN (éd.), *The Reader in the Text. Essays in Audience and Interpretation*, Princeton, 1980.

T. TODOROV, *Poétique de la prose*, Seuil, 1978.

T. TODOROV, *Symbolisme et Interprétation*, Seuil, 1978.

T. TODOROV, *La Notion de littérature et autres essais*, Seuil, 1987.

M. TORGOVNICK, *Closure in the Novel*, Princeton, 1981.

B. USPENSKY, *A Poetics of Composition. The Structure of the Artistic Text and Typology of a Compositional Form* (trad. angl.), Berkeley-Los Angeles, 1973.

H. WHITE, « The Value of Narrativity in the Representation of Reality », *Critical Inquiry* 7 (1980) 5-27.

R. WILSON, « The Bright Chimera : Character as a Literary Term », *Critical Inquiry* 5 (1979) 725-749.

APPROCHE NARRATIVE APPLIQUÉE À LA BIBLE

1. En général

R. ALTER, *The Art of Biblical Narrative*, New York, 1981.

S. BAR-EFRAT, *The Art of Biblical Story*, Tel Aviv, 1979.

S. BAR-EFRAT, « Some Observations on the Analysis of Structure in Biblical Narrative », *VT* 30 (1980) 154-173.

A. BERLIN, *Poetics and Interpretation of Biblical Narratives*, Sheffield, 1983.

J. Blenkinsopp, « Biographical Patterns in Biblical Narrative », *JSOT* 20 (1981) 27-46.

P. Bühler, – J.-F. Habermacher (éd.), *La Narration. Quand le récit devient communication*, Genève, 1988.

H. Frei, *The Eclipse of Biblical Narrative : A Study in Eighteenth and Nineteenth Century Hermeneutics*, New Haven, 1974.

K.R.R. Gros Louis et J.S. Ackerman (éd.), *Literary Interpretation of Biblical Narratives*, I & II, Nashville, 1982.

R. Lapointe, *Dialogues bibliques et Dialectique interpersonnelle*, Tournai-Montréal-Paris, 1971.

G.W. Savran, *Telling and Retelling. Quotation in Biblical Narrative*, Bloomington-Indianapolis, 1986.

R.N. Soulden, *Handbook of Biblical Criticism*, Atlanta, 1976.

M. Sternberg, *The Poetics of Biblical Narrative. Ideological Literature and the Drama of Reading*, Bloomington, 1985.

J. Van Seters, « Oral Patterns or Literary Conventions in Biblical Narrative », *Semeia* 5 (1976) 139-154.

2. Narrativité dans la Bible hébraïque

N.P. Barsiotis, « Der Monolog im Alten Testament », *ZAW* 73 (1961) 30-70.

C. Conroy, *Absalom Absalom ! Narrative and Language in 2 Sam 13-20*, Rome, 1978.

J.P. Fokkelman, *Narrative Art in Genesis*, Assen-Amsterdam, 1975.

J. Freeman, « Samson Dry Bones : A Structural Reading of Judges 13-16 », in Gros Louis K.R.R. (éd.), *Literary Interpretation of Biblical Narratives* II, Abingdon-Nashville, 1982, p. 146-160.

D.M. Gunn, « Narrative Patterns and Oral Tradition in Judges and Samuel », *VT* 24 (1974) 286-317.

D.M. Gunn, « David and the Gift of the Kingdom (2 Sam 2-4,9-20, 1Kgs 1-2) », *Semeia* 3 (1975) 14-45.

D.M. Gunn, « Traditional Composition in the " Succession Narrative " », *VT* 26 (1976) 214-229.

D.M. Gunn, *The Story of King David*, Sheffield, 1978.

D.M. Gunn, « New Direction in the Study of Biblical Hebrew Narrative », *JSOT* 39, oct. 1987, 65-75.

M. Kessler, « Narratives Techniques in 1 Sam 16,1-13 », *CBQ* 32 (1970) 543-554.

R. Lack, *Letture strutturaliste dell'Antico Testamento*, Rome, 1978.

J. Magonet, « The Bush That Never Burnt (Narrative Techniques in Exodus 3 and 6) », *HeyJ* 16 (1975) 304-311.

Y. MAZOR, « Genesis 22 : Rhetoric and Composition », *Bib* 67 (1986) 81-88.

P.D. MISCALL, *1 Samuel. A Literary Reading*, Bloomington, 1986.

J.-L. SKA, « L'arbre et la tente : la fonction du décor en Gn 18,1-15 », *Bib* 68 (1987) 383-389.

3. Narrativité dans les évangiles

J.-N. ALETTI, « Mort de Jésus et théorie du récit », *RSR* 73 (1985) 147-160.

J.-N. ALETTI, « Jésus à Nazareth (Lc 4,16-30). Prophétie, Écriture et Typologie », *A cause de l'Évangile* (Hommage J. Dupont), Cerf, 1985, p. 431-451.

J.-N. ALETTI, « Luc 24,13-33. Signes, accomplissement et temps », *RSR* 75 (1987) 305-320.

J.-N. ALETTI, « Parabole des mines et/ou parabole du roi. Remarques sur l'écriture parabolique de Luc », dans J. Delorme (éd.), *Paraboles évangéliques. Perspectives nouvelles*, Cerf 1989, p. 309-322.

Y. ALMEIDA, *L'Opérativité sémantique des récits-paraboles. Sémiotique narrative et textuelle. Herméneutique du discours religieux*, Peeters-Cerf, 1978.

T. BOOMERSHINE, « The Narrative Technique of Mark 16 : 8 », *JBL* 100 (1981) 213-223.

T.L. BRODIE, « Greco-Roman Imitation of Texts as a Partial Guide to Luke's Use of Sources », dans C.H. Talbert (éd.), *Luke-Acts. New Perspectives from the Society of Biblical Literature*, New York, 1984, p. 17-46.

T.L. BRODIE, « Towards Unraveling Luke's Use of the Old Testament : Luke 7 :11-17 as an Imitatio of 1 Kings 17 : 17-24 », *NTS* 32 (1986) 247-267.

T.L. BRODIE, « Luke 7,36-50 as an Internalization of 2 Kings 4,1-37 : A Study in Luke's Use of Rhetorical Imitation », *Bib* 64 (1983) 457-485.

R.A. CULPEPPER, « The Narrator in the Fourth Gospel : Intertextual Relationship », *SBL Seminar Papers*, 1982, p. 81-96.

R.A. CULPEPPER, *Anatomy of the Fourth Gospel. A Study in Literary Design*, Philadelphia, 1983.

J. DEWEY, « Point of View and the Disciples in Mark », *SBL Seminar Papers*, 1982, p. 97-106.

R.A. EDWARDS, *Matthew's Story of Jesus*, Philadelphia, 1985.

R.W. FUNKS, *The Poetics of Biblical Narrative*, Sonoma CA, 1988.

V. FUSCO, *Oltre la parabola. Introduzione alle parabole di Gesù*, Rome, 1983.

V. FUSCO, « Narrazione e dialogo nelle parabola del Figlio Prodigo (Lc 15,11-32) », dans G. Galli (éd.), *Interpretazione e invenzione. La parabola del Figlio Prodigo tra interpretazioni scientifiche e invenzioni artistiche (Atti 8 colloquio sulla Interpretazione, 1986)*, Gênes, 1987, p. 17-67.

P. GRELOT, « Le père et ses deux fils : Luc, XV, 11-32. Essai d'analyse structurale », *RB* 84 (1977) 321-348 ; 538-565.

Groupe d'Entrevernes, *Signes et Paraboles. Sémiotique et texte évangélique*, Seuil, 1977.

A. GUEURET, *L'Engendrement d'un récit. L'évangile de l'enfance selon saint Luc*, Cerf, 1983.

A. GUEURET, *La Mise en discours. Recherches sémiotiques à propos de l'évangile de Luc*, Cerf, 1987.

F. KERMODE, *The Genesis of Secrecy : On the Interpretation of Narrative*, Cambridge MA, 1979 (sur l'évangile de Marc).

J.D. KINGSBURY, *Matthew as Story*, Philadelphia, 1986.

H.-J. KLAUCK, « Die erzählerische Rolle der Jünger im Markusevangelium. Eine narrative Analyse », *NT* 24 (1982) 1-26.

W.S. KURZ, « Narrative Approaches to Luke-Acts », *Bib* 68 (1987) 195-220.

F.J. MATERA, « The Plot of Matthew's Gospel », *CBQ* 49 (1987) 233-253.

S.D. MOORE, « Are the Gospels Unified Narratives ? », *SBL Seminar Papers*, 1987, p. 443-458.

G. NUTTALL, *The Moment of Recognition : Luke as Story-Teller*, Londres, 1978 (15 p.).

M.C. PARSONS, « Narrative Closure and Openness in the Plot of the Third Gospel : The Sense of an Ending », *SBL Seminar Papers*, 1986, 201-223.

N.R. PETERSEN, *Literary Criticism for New Testament Critics*, Philadelphia, 1978.

N.R. PETERSEN, « When the End is not the End ? Literary Reflections on the Ending of Mark's Narrative », *Interpretation* 34 (1980) 151-166.

D. RHOADS, « Narrative Criticism and the Gospel of Mark », *Journal of the American Academy of Religion* 50 (1982) 411-434.

D. RHOADS, – D. MICHIE, *Mark as Story. An Introduction to the Narrative of a Gospel*, Philadelphia, 1982.

C.H. TALBERT, *Literary Patterns, Theological Themes, and the Genre of Luke-Acts*, Missoula, Montana, 1974.

C.H. TALBERT, *Reading Luke : A Literary and Theological Commentary on the Third Gospel*, New York, 1986.

R.C. TANNEHILL, « The Disciples in Mark : The Function of a Narrative Role », *JR* 57 (1977) 386-405.

R.C. TANNEHILL, « The Gospel of Mark as Narrative Christology », *Semeia* 16 (1979) 57-95.

R.C. TANNEHILL, *The Narrative Unity of Luke-Acts. A Literary Interpretation.* Vol. I : *Luke*, Philadelphia, 1986.

J. VITÓRIO, « E procurava verquem era Jesus... Análise do sentido teológico de 'ver' em Lc 19,1-10 », *Perspectiva Teologica* 19 (1987) 9-26.

C.W. VOTAW, *The Gospels and Contemporary Biographies in the Greco-Roman World*, Philadelphia, 1970.

II. STRUCTURE ET THÉOLOGIE DE LC

J'ai surtout retenu ici les études de structuration de la forme de l'expression (ensemble de l'évangile, section du voyage vers Jérusalem) et celles sur la typologie de Luc.

C.L. BLOMBERG, « Midrash, Chiasmus and the Outline of Luke's Central Section », dans R.T. France & D. Wenham (éd.), *Gospel Perspectives III : Studies in Midrash and Historiography*, Sheffield, 1983, p. 217-261.

D.L. BOCK, *Proclamation from Prophecy and Pattern. Lucan Old Testament Christology*, Sheffield, 1987.

F. BOVON, *Luc le théologien. Vingt-cinq ans de recherches (1950-1975)*, Genève, 1978 (deuxième édition augmentée 1988).

F. BOVON, « Effet de réel et flou prophétique dans l'œuvre de Luc », *A cause de l'Évangile* (Hommage J. Dupont), Cerf, 1985, p. 349-359.

F. BOVON, *L'Œuvre de Luc. Études d'exégèse et de théologie*, Cerf, 1987.

R.L. BRAWLEY, *Luke-Acts and the Jews. Conflict, Apology, and Conciliation*, Atlanta GA, 1987.

A. CASALEGNO, *Gesù e il Tempio. Studio redazionale di Luca - Atti*, Brescia, 1984.

G.A. EVANS, « Luke's Use of the Elyah/Elisha Narratives and the Ethic of Election », *JBL* 106 (1987) 75-83.

H.K. FARRELL, « The Structure and Theology of Luke's Central Section », *Trinity Journal* NS 7 (1986) 33-54.

N. FERNÁNDEZ, Marcos, « La unción de Salomón y la entrada de Jesús en Jerusalén : 1 Re 1,33-40/Lc 19,35-40 », *Bib* 68 (1987) 89-97.

C.H. GIBLIN, *The Destruction of Jerusalem according to Luke's Gospel : A Historical-Typological Moral*, Rome, 1985.

D. HAMM, « Sight to the Blind : Vision as Metaphor in Luke », *Bib* 67 (1986) 457-477.

R.F. HOCK, « Lazarus and Micillus : Greco-Roman Background to Luke 16 : 19-31 », *JBL* 106 (1987) 447-463.

J. KODELL, « Luke and the Children : The Beginning and End of the Great Interpolation (Lk 9,46-56 ; 18,9-23) », *CBQ* 49 (1987) 415-430.

R. LAURENTIN, *Structure et Théologie de Luc 1-2*, Gabalda, 1957.

L. LEGRAND, « Deux voyages : Lc 2,41-50 ; 24,13-33 », *A cause de l'Évangile* (Hommage J. Dupont), Cerf, 1985, p. 409-429.

R. MEYNET, *Quelle est donc cette parole ? Lecture « rhétorique » de l'évangile de Luc (1–9 ; 22–24)*, Cerf, 1979.

R. MEYNET, *Initiation à la rhétorique biblique. Qui est donc le plus grand ?*, Cerf, 1982.

D.P. MOESNER, « Luke 9 :1-50 ; Luke's Preview of the Journey of the Prophet like Moses of Deuteronomy », *JBL* 102 (1983) 576-605.

M.C. PARSONS, *The Departure of Jesus in Luke-Acts : The Ascension Narratives in Context*, Sheffield, 1987.

J.L. RESSEGUIE, « Interpretation of Luke's Central Section (Luke 9,51–19,44) since 1856 », *Studia Biblica et Theologica* 6 (1975) 3-36.

B. STANDAERT, « L'art de composer dans l'œuvre de Luc », *A cause de l'Évangile* (Hommage J. Dupont), Cerf, 1985, p. 323-347.

R.C. TANNEHILL, « Israel in Luke-Acts : A Tragic Story », *JBL* 104 (1985) 69-85.

J.B. TYSON, « Conflict as a Literary Theme in the Gospel of Luke », dans W.R. Farmer (éd.), *New Synoptic Studies : The Cambridge Gospel Conference and Beyond*, Macon GA, 1983, p. 303-327.

Table

CET OUVRAGE A ÉTÉ TRANSCODÉ ET ACHEVÉ D'IMPRIMER
PAR L'IMPRIMERIE FLOCH À MAYENNE
DÉPÔT LÉGAL : NOVEMBRE 1989 – Nº 10929 (28356)